Erich Zenger

Ich will die Morgenröte wecken

Psalmenauslegungen 2

Herder
Freiburg · Basel · Wien

Gedruckt auf umweltfreundlichem,
chlorfrei gebleichtem Papier

Neuausgabe 1994

2. Auflage

Herstellung: Freiburger Graphische Betriebe 1996
Umschlagmotiv: Vincent van Gogh, Der Sämann (Detail)
ISBN 3-451-08811-8

Für Prof. Dr. Dr. h. c. mult. Laurentius Klein OSB
und die Studierenden
des Theologischen Studienjahres 1989/90
an der Dormition Abbey Jerusalem,
mit denen ich einen Teil der hier ausgelegten
Psalmen in einem Hauptseminar erarbeitet habe.

Inhalt

Vorwort

Die hier veröffentlichten Psalmenauslegungen gehen auf Beiträge zurück, die ich für die Wochenzeitschrift „Christ in der Gegenwart“ geschrieben habe. Deren Chefredakteur Manfred Plate möchte ich nachdrücklich für seine Beharrlichkeit danken, mit der er an dieser Spalte „Die Schrift“ in seiner Zeitschrift festhält. Wie viele Seiten christlicher Organe überschwemmen Woche für Woche die Christen, und wie wenig kommt dabei die Bibel zu Wort!

Die meisten der aufgenommenen Beiträge sind überarbeitet. Zu einigen Psalmen (z. B. über die Psalmen 65 und 93) habe ich auch neue exegetische Einsichten rezipiert, die durch fachwissenschaftliche Gespräche der letzten Zeit gewachsen sind. Hier nenne ich besonders Silvia Schroer (ihr danke ich für die Überlassung eines noch unveröffentlichten Manuskripts zu Psalm 65), Hubert Irsigler (ich denke an ein längeres Gespräch über Psalm 93 am Rande eines Symposions über Biblische Archäologie), Norbert Lohfink (mit ihm habe ich mehrfach längere Telefonate über Psalmenexegese geführt) und besonders Frank-Lothar Hossfeld, mit dem ich seit einigen Jahren an einem umfangreichen, dreibändigen Psalmenkommentar arbeite, dessen erster Band nun endlich druckfertig ist.

Die Psalmenauslegungen dieses Bandes folgen einerseits dem Weg, den ich schon in dem Band „Mit meinem Gott überspringe ich Mauern. Einführung in das Psalmenbuch“ beschritten habe: Beabsichtigt ist *theologi-*

sche Exegese! Andererseits habe ich noch stärker versucht, die Psalmen als „kanonische" Texte auszulegen, also als Teile des biblischen Psalmenbuchs. Dadurch möchte ich die Leserinnen und Leser motivieren, das Psalmenbuch als biblisches Buch im Zusammenhang zu lesen. Daß ich schließlich die Psalmen auch wieder als authentische jüdische Gebete nahebringen will, ist selbstverständlich.

Bei der Fertigstellung des Manuskripts und beim Lesen der Korrekturen haben Barbara Bögge-Schröder, Jutta Schröten und insbesondere Resi Koslowski geholfen; ihnen danke ich sehr herzlich.

Münster, in der Vorfreude auf
das jüdische Pessach 5751
und das christliche Ostern 1991 *Erich Zenger*

I. Ein Lebensbuch

1. Verdichtetes Leben

„Schon oft habe ich gedacht: Wenn ich je ins Gefängnis kommen, wenn ich je Hunger, Schmerz, Folter oder Demütigung erleiden sollte, dann hoffe und bete ich, daß man mir die Psalmen läßt. Die Psalmen werden meinen Geist lebendig halten, die Psalmen werden mir die Kraft geben, andere zu trösten, die Psalmen werden sich als die stärkste, ja revolutionärste Waffe gegen die Bedrücker und Peiniger erweisen. Wie glücklich sind jene, die keine Bücher mehr brauchen, sondern die Psalmen im Herzen tragen, wo immer sie gehen und stehen. Vielleicht sollte ich anfangen, die Psalmen auswendig zu lernen, damit sie mir niemand mehr wegnehmen kann. Dann könnte ich immer wieder sagen:

‚Ihr Mächtigen, wie lange noch schmäht ihr meine Ehre,
warum liebt ihr den Schein und sinnt auf Lügen?
Erkennt doch: Wunderbar handelt der Herr an den
Frommen,
der Herr erhört mich, wenn ich zu ihm rufe‘ (Ps 4).“

So hat der in Amerika lebende holländische Theologe und Psychologe Henri J. M. Nouwen, als er sich für sieben Monate in ein Trappistenkloster zurückgezogen hatte, seine Erfahrungen mit den Psalmen der Bibel zusammengefaßt. Gebete voller Kraft und Trost, Gebete der Hoffnung und des Widerstands, begeisterte Lieder bei Volksfesten und bei den Gottesdiensten am Tempel,

Schreie der Verzweiflung und inständige Bitten, Protest gegen brutale Gewalt der Herrschenden und mystische Gotteslyrik – all dies ist im Buch der Psalmen gesammelt.

Was von der Bibel insgesamt gilt, gilt auch vom Psalmenbuch. Es hat *einerseits* eine sehr komplexe Entstehungsgeschichte. Die hier gesammelten Lieder und Gebete haben sehr unterschiedliche Verfasser: charismatische Männer und Frauen (Ps 131 stammt von einer Mutter!) aus dem „einfachen" Volk, hochgelehrte Priester und Weisheitslehrer, Kultpropheten und oppositionelle Einzelpropheten, Hofdichter und Leiter von Chorgemeinschaften, Gesunde und Kranke, Alte und Junge. Manche Psalmen sind als „Auftragsarbeit" zu besonderen Anlässen entstanden, andere – vor allem die Klagepsalmen – sind „in der Arena" des Leids gewachsen. Andere sind überarbeitete Volkslieder. Da gibt es Psalmen, die von Anfang an als Formulare zur Wiederverwendung gedichtet und weitergegeben wurden. Aber da sind auch Psalmen, in denen sich höchst individuelle Lebens- und Leidenserfahrungen niedergeschlagen haben. Da gibt es Psalmen, die stammen aus der Stadtkultur, und da gibt es Psalmen, die voll ihre bäuerliche Herkunft atmen. Es gibt Psalmen, die zum Auswendiglernen für die Schule gedichtet worden sind, und es gibt Psalmen, die ihre Gestalt beim betenden Meditieren in „Gebetszirkeln" gefunden haben. Manche Psalmen haben ihre „Erstfassung" bewahrt. Andere sind mehrfach erweitert und fortgeschrieben worden.

Wo, wie und wann immer (die allermeisten Psalmen des Psalmenbuchs stammen übrigens aus der nachexilischen Zeit!) die einzelnen Psalmen entstanden sind – nun sind sie in einem einzigen biblischen Buch versammelt. Und darin gleichen die Psalmen *andererseits* der Bibel insgesamt, daß sie als zusammenhängendes Buch gelesen und meditiert werden wollen. *Dazu* sind sie zusammengestellt worden, höchst plan- und kunstvoll. Die Exegese der letzten Jahrzehnte hat dies (beinahe) vergessen. Gewiß, jeder Psalm hat sein eigenes Profil, das erfaßt und aufgenommen werden will. Aber die Redaktoren des Psalmenbuchs haben die einzelnen Psalmen so nebeneinandergestellt und teilweise durch kleine Bearbeitungen so miteinander verklammert, daß programmatische Kompositionen entstanden sind. Das Psalmenbuch ist so zu einem geistlichen Lesebuch geworden, das im Zusammenhang gelernt, rezitiert und meditiert wurde.

Im Judentum zur Zeit Jesu war das Psalmenbuch für weite Kreise das Gebets- und Betrachtungsbuch par excellence. Im Psalter fanden jene Gruppen, die in Opposition zur sadduzäischen Führung standen, und insbesondere das einfache Volk ihr „Lebensbuch". Sie fanden sich als „die Armen" und „die Elenden" mit ihren Nöten „im Psalter an- und ausgesprochen, der damit zu ihrem persönlichen ‚Betrachtungsbuch' geworden ist. Hier finden sie ‚Erbauung', Ermunterung und Trost. Hier wird ihnen jene eschatologisch-messianische Hoffnung zugesprochen, die der politisch-anpasserischen Jerusalemer Oberschicht begreiflicherweise fernliegen mußte" (N. Füglister). Das erklärt auch, wieso gerade der Psalter nach Ausweis der Zitate im Neuen Testament das Lieblingsbuch des entstehenden Christentums war. Gut ein Drittel aller alttestamentlichen Zitate im Neuen Testament stammt aus dem Psalmenbuch. Mit keinem anderen Teil des Ersten Testaments, der Bibel Jesu, waren „die Messianer" (die Christen) offensichtlich in gleicher Weise vertraut – die Adressaten der neutestamentlichen Schriften ebenso wie ihre Verfasser.

Um beides wollen wir uns in den „Psalmenauslegungen" dieses Buches mühen. Die Psalmen sollen sowohl in ihrem Eigenprofil als auch in ihrem Zusammenhang geschaut werden. Vor allem das Zweite kann hier freilich nur andeutungsweise geschehen; es verlangte die fortlaufende Kommentierung der Psalmen, die an anderer Stelle erfolgen soll.

2. „Nachtherbergen für die Wegwunden" (Nelly Sachs)

In ihrem 1949 veröffentlichten Gedichtband „Sternverdunkelung" hat Nelly Sachs unter der Überschrift „Die Muschel saust", wobei „die Muschel" der Erinnerungsort ist, in dem die Geschichte in ihrem geheimnisvollen Rauschen gehört werden kann, auch David ein Gedicht gewidmet, in dem es heißt:

„Aber im Mannesjahr
maß er, ein Vater der Dichter,
in Verzweiflung
die Entfernung zu Gott aus,
und baute der Psalmen Nachtherbergen
für die Wegwunden."

Die Psalmen, insbesondere die Klagepsalmen (der überwiegende Teil der biblischen Psalmen!), kommen aus der „Landschaft aus Schreien" (N. Sachs). Die Angst und die Gefahr, der Zweifel und die Verzweiflung, die Not und der Tod, die Gottesferne und die Gott-Entfernung – das ist „die Nacht", in der die Psalmen „Herberge" sein wollen. Ihr Schrei ist Heimat und Heimatlosigkeit zugleich. Sie sind der Schrei der vom Tod Bedrohten, die in und mit ihnen das Leben suchen. Sie sind Schreie in der Nacht, die – oft gegen alle Hoffnung – daran festhalten, daß es einen Morgen geben muß.

Der 57. Psalm hat dies eindrucksvoll verdichtet:

Psalm 57

1a *Für den Chorleiter. Nach „Vernichte nicht!" Von David. Ein Lied.*
1b *Als er vor Saul in die Höhle floh.*

2a *Sei mir gnädig, Gott, sei mir gnädig,*
2b *denn bei dir sucht Zuflucht meine Seele,*
2c *und im Schatten deiner Flügel suche ich Zuflucht,*
2d *bis vorübergezogen ist das Unheil.*
3a *Ich rufe zu Gott, dem Höchsten,*
3b *zu Gott, meinem Vollender.*
4a *Er sende vom Himmel her und rette mich,*
4b *beschäme die, die schnappen –*
4c *Gott sende seine Güte und seine Treue – nach meiner Seele!*
5a *Mitten unter Löwen muß ich mich niederlegen,*
5b *die gierig sind nach Menschenkindern.*
5c *Ihre Zähne sind Speer und Pfeile,*
5d *und ihre Zunge ist ein scharfes Schwert.*
6a *Erhebe dich über den Himmel, Gott,*
6b *über die ganze Erde (erstrahle) deine Herrlichkeit.*

7a *Ein Netz haben sie ausgelegt für meine Schritte,*
7b *sie haben gebeugt meine Seele.*
7c *Sie haben für mich eine Fallgrube ausgehoben –*
7d *sie sind hineingefallen mitten in sie.*
8a *Fest ist mein Herz, Gott,*
8b *fest ist mein Herz!*
8c *Ich will (Psalmen) singen und spielen!*
9a *Wach auf, mein Inneres!*
9b *Wach auf, Standleier und Tragleier!*
9c *Ich will wecken die Morgenröte.*
10a *Ich will dich loben unter den Völkern, Allherrscher,*

10b *ich will dir aufspielen unter den Nationen:*
11a *Ja, groß ist bis an den Himmel hin deine Güte*
11b *und bis an die Wolken deine Treue.*
12a *Erhebe dich über den Himmel, Gott,*
12b *über die ganze Erde (erstrahle) deine Herrlichkeit.*

Dieser Klagepsalm besteht aus zwei Teilen, die durch die beiden wortgleichen Bittrufe (V. 6 = V. 12) angezeigt sind. Die Dramaturgie der beiden Teile läßt den Psalm als „Nachtherberge für die Wegwunden" erleben. Sein erster Teil (V. 2–6) hebt das Grauen „der Nacht" ins Wort: es ist eine aus Klage und Notschilderung erwachsende Bitte. Sein zweiter Teil (V. 7–12) ist „Herberge": es ist die aus der Gewißheit, daß JHWH den Klagenden nicht allein lassen kann (V. 7 ist „prophetische" Vorwegnahme des Scheiterns der Feinde), heraus gestaltete Bitte. Der Psalm bündelt Bilder der Not: Beutegierige Löwen (V. 5 ab), Krieg (V. 5 cd) und Jagd (V. 7). In dieser Bedrohung will der Beter Zuflucht suchen „im Schatten der Flügel" JHWHs (V. 2 c). Das ist die altorientalische Metapher von JHWH als der geflügelten „Sonne der Gerechtigkeit": „Für euch, die ihr meinen Namen fürchtet (= anbetet!), wird die Sonne der Gerechtigkeit aufgehen, und ihre Flügel bringen Heilung. Ihr werdet hinausgehen und Freudensprünge machen wie Kälber, die aus dem Stall dürfen!" (Mal 3,20). Ihr Licht verjagt das Böse und rettet den vom Tod Bedrohten. Um das Aufstrahlen „der Herrlichkeit" dieser rettenden Sonne auf der ganzen Erde und um ihr „Aufgehen" über den Himmel hin bitten die beiden „Refrains" V. 6 = V. 12.

Noch ist es freilich „Nacht" (vgl. V. 5 a „ich muß mich niederlegen"): Die beutegierigen Löwen sind Tiere der Nacht (vgl. Ps 104,20 f); der Krieg und die Jagd gegen den

Beter sind als Manifestationen des Chaos „Schrecken der Nacht" (vgl. Ps 91,5). Gegen diese „Nacht" des Unheils kämpft der Beter an – mit Lobpsalmen auf Gottes Güte und Treue (V. 10–11). In einem wunderschönen Bild deutet der Psalm diesen „Kampf" gegen das Böse an: Mit seinen Gebeten und Liedern will er die Morgenröte wekken (V. 8–9)! Als die Morgenröte aufstieg, hatte Jakob seinen Kampf mit Gott ausgestanden (vgl. Gen 32,27). Aus dem „Mutterschoß der Morgenröte" wird der Messias geboren (vgl. Ps 110,3; die Einheitsübersetzung liest hier anders!).

Die Morgenröte ist (neben dem Regenbogen: vgl. Gen 9,8–17) das Tag für Tag erlebbare Realsymbol, daß JHWH seine Schöpfung erneuert, weil er sie *liebt* (vgl. zu den erotischen Konnotationen der „Morgenröte" Hld 6,10, aber auch Ijob 3,9; 41,10). Zwar hat die Überlieferung die mythischen und weiblichen Züge „der Morgenröte" (im Moabitischen und Arabischen ist das dem Hebräischen entsprechende Wort weiblich!) aus den biblischen Texten weitgehend zurückgedrängt (die griechische Bibelübersetzung macht daraus eine „einfache" Zeitangabe; in Ps 57,9 ändert sie dann sogar in: „ich will aufstehen vor dem Morgen", was dann von den Kirchenvätern in christologischer Deutung auf die Auferstehung Jesu bezogen wurde), aber die ursprünglichen Konnotationen sind unüberhörbar (vgl. auch Jes 14,12: „der Morgenstern" ist „Sohn der Morgenröte"): Aus der Morgenröte wird „die Sonne des Heils" geboren. Wenn sie in ihrem Feuerrot erstrahlt, ist sie „Offenbarung" der mütterlichen Liebe des Schöpfergottes und „Metapher des Evangeliums – ‚All Morgen ist ganz frisch und neu ...'!" (E. Jüngel). Mit dem Singen der Psalmen und mit den „Psalmeninstrumenten" par excellence, der Stand- und der Tragleier, wird diese mütterliche Seite Gottes „geweckt".

Daß der Psalmdichter die Leiern auffordert, aufzuwachen und gewissermaßen von selbst mit dem Spielen zu beginnen, hängt mit der Tradition zusammen, daß das Leierspiel (die Musik überhaupt) „den bösen Geist" und das Böse vertreibt. Als Saul vom „bösen Geist" befallen wird, holt man den Hirtenjungen David an den Hof, dessen kunstvolles Leierspiel den bösen Geist verjagt (vgl. 1 Sam 16,14–23). Und als Saul im Zorn seinen Speer auf David schleudert, während dieser singt und die Leier spielt, ist es keine Frage: Solange jemand Psalmen singt und spielt, kann ihn der tödliche Speer nicht treffen (vgl. 1 Sam 18,10). Wer „mitten in der Nacht" die Kraft findet, Psalmen zu rezitieren, weckt die Morgenröte, aus der die „Sonne der Gerechtigkeit" geboren wird. Wer mit Psalmen die Morgenröte weckt, trägt zur Erneuerung der Welt bei und hält die Hoffnung wach, daß es einen Morgen gibt, dem kein Abend mehr folgen wird (vgl. Jes 60,19f; Offb 21,4f).

Daß die Morgenröte messianische Assoziationen und Hoffnungen weckt, bezeugt eindrucksvoll der Midrasch Rabba zum Hohenlied (VI,10): „Es wird von Rabbi Chija und Rabbi Simon erzählt, daß sie bei der Morgendämmerung im Tale von Arbela wanderten und die Morgenröte heraufbrechen sahen. Da sagte Rabbi Chija: So ist Israels Erlösung auch; zuerst wird sie nur ganz wenig sichtbar, dann strahlt sie stärker auf und erst nachher bricht sie in voller Macht hervor".

3. Lobgesänge gegen den Tod

Die jüdische Tradition hat dem Psalmenbuch den Ehrentitel „Buch der Lobpreisungen (Gottes)“ gegeben. Das meditierende Rezitieren des Psalmenbuchs ist als „Gotteslob“ der intensivste Lebensvollzug: „Loben ist die dem Menschen eigentümlichste Form des Existierens. Loben und nicht mehr loben stehen einander gegenüber wie Leben und Tod“ (G. von Rad). Solange jemand das Gotteslob der Psalmen „rezitiert“, steht er auf der Seite des Lebens. Auch die Klage und Anklage Gottes ist nach Meinung der Tradition Leben stiftendes „Gotteslob“, von dem gilt: „Ich bete, deshalb glaube ich“ (K. Rahner), ich klage, deshalb hoffe ich. Welche Lebenskraft in den Psalmen als „Gotteslob mitten in der Nacht“ verborgen ist, hat die biblische Überlieferung vielfach meditiert und reflektiert – beispielhaft in einer Erzählung im 3. Kapitel des Buches Daniel. Entstanden zu Anfang des 2. Jahrhunderts v. Chr., in einer Zeit großer Drangsal, sollte diese Geschichte damals den Leidenden Kraft zum Durchhalten und zum Widerstand, vor allem aber Vertrauen in die rettende Macht des Gottes Israels geben. Die Geschichte erzählt davon, wie Nebukadnezzar, der Zerstörer Jerusalems, als Weltherrscher ein goldenes Götterstandbild aufstellen ließ, vor dem sich Vertreter aller seiner Herrschaft unterworfenen Völker versammeln mußten. Als sie versammelt waren, verkündete ein Herold folgenden Erlaß Nebukadnezzars:

„Ihr Männer aus allen Völkern, Nationen und Sprachen, hört den Befehl! Sobald ihr den Klang der Hörner, Pfeifen und Zithern, der Harfen, Lauten und Sackpfeifen und aller anderen Instrumente hört, sollt ihr niederfallen und das goldene Standbild anbeten, das König Nebukadnezzar errichtet hat. Wer aber nicht niederfällt und es anbetet, wird noch zur selben Stunde in den glühenden Feuerofen geworfen“ (Dan 3,6f).

Als dann, so erzählt die Geschichte, die Signale ertönten, warfen sich die Repräsentanten der Völkerwelt zu Boden und beteten das Götterbild an – mit Ausnahme von drei Juden, die in der Erzählung Schadrach, Meschach und Abed-Negro heißen. Dem wütenden König, der sie ultimativ zum Kniefall vor dem Götzen auffordert und ihnen androht, die Todesschergen stünden schon bereit, um sie in den Glutofen zu werfen, aus dem sie kein Gott erretten könne, sagen sie:

„Wenn überhaupt jemand, so kann nur unser Gott, den wir verehren, uns erretten; auch aus dem glühenden Feuerofen und aus deiner Hand, König, kann er uns retten. Tut er es aber nicht, so sollst du, König, wissen: Auch dann verehren wir deine Götter nicht und beten das goldene Standbild nicht an, das du errichtet hast" (Dan 3, 17 f).

Da läßt der Weltherrscher sie fesseln und mit all ihren Kleidern in den brennenden Ofen werfen. Sie aber, so sagt die Geschichte, *lobten Gott und priesen den Gott Israels.* Es ist der Lobgesang der drei Jünglinge, der nur in der griechischen Übersetzung des Ersten Testaments überliefert ist und als Canticum im katholischen Stundengebet zu hohen Ehren kam. Dieser Lobgesang ist eine Kombination verschiedener Lobpsalmen aus dem biblischen Psalmenbuch, eine Art Florilegium; vor allem der große Schöpfungspsalm 148 (vgl. dazu unten II.) ist aufgenommen. Ich zitiere seinen Anfang und seinen Schluß:

„Gepriesen bist du, JHWH, du Gott unserer Väter,
gelobt und gerühmt in Ewigkeit.
Gepriesen ist dein heiliger, herrlicher Name,
hoch gelobt und verherrlicht in Ewigkeit.
Preist alle den Lebendigen, ihr seine Verehrer,
preist den Gott der Götter;
singt ihm Lob und Dank;
denn ewig währet seine Güte" (Dan 3, 52.89 f).

Als sie den Lobgesang auf den Gott Israels sangen, stieg ein Engel Gottes mit ihnen zusammen, so erzählt die Geschichte weiter, in den Feuerofen und war ein Schutzschild für sie, so daß das Feuer ihnen nichts anhaben konnte.

„Da erschrak der König Nebukadnezzar; er sprang auf und fragte seine Räte: ‚Haben wir nicht drei Männer gefesselt ins Feuer geworfen?' Sie gaben dem König zur Antwort: ‚Gewiß, König!' Er erwiderte: ‚Ich sehe aber vier Männer frei im Feuer umhergehen. Sie sind unversehrt, und der vierte sieht aus wie ein Göttersohn!' Dann ging Nebukadnezzar zu der Tür des glühenden Ofens und rief: ‚Schadrach, Meschach und Abed-Negro, ihr Diener des höchsten Gottes, steigt heraus, kommt her!' Da kamen Schadrach, Meschach und Abed-Negro aus dem Feuer heraus. Nun drängten auch die Satrapen, Präfekten, Statthalter und die königlichen Räte herbei. Sie sahen sich die Männer an und fanden, daß das Feuer keine Macht über ihren Körper gehabt hatte. Kein Haar auf ihrem Kopf war versengt. Ihre Mäntel waren unversehrt und nicht einmal Brandgeruch haftete ihnen an. Da rief Nebukadnezzar aus: ‚Gepriesen sei der Gott Schadrachs, Meschachs und Abed-Negros ... Im Vertrauen auf ihn haben sie lieber den Befehl des Königs mißachtet und ihr Leben dahingegeben, als daß sie irgend einen anderen als ihren eigenen Gott verehrten und anbeteten'" (Dan 3,91–96).

Dies ist natürlich kein historischer Bericht, sondern eine Lehrerzählung, die Hoffnung stiften will. Sie bietet eine Theologie des Gotteslobs in nuce. Folgende fünf Aspekte erscheinen mir wichtig:

(1) Der Lobpreis des biblischen Gottes bedeutet zugleich, ja zuallererst eine Verweigerung des Lobpreises und der Anbetung aller falschen Götter und Götzen. Die Lobgesänge der Psalmen sind von daher eine Einübung in das Halten des ersten Gebotes. Wer die Lobgesänge auf den biblischen Gott singt, widersetzt sich laut, öffentlich und in Gemeinschaft allen Individuen und

Gruppen, die sich als Götter aufspielen, mögen sie in der Pose des Verführers, des Dämons oder des Heilbringers auftreten. Die Lobgesänge auf diesen Gott motivieren vor allem zum Widerstand gegen menschenverachtende und totalitäre Ideologien. Es sind die Gesänge derer, die ihre Knie nicht beugen und weder ihre Köpfe noch ihre Herzen einschüchtern lassen. Die Lobgesänge auf den biblischen Gott sind ein dezidierter Standpunkt auch inmitten einer politischen und militärischen Szenerie, die lieber eine angepaßte Masse liebt.

(2) Der Lobpreis des biblischen Gottes ist in seinem tiefsten Wesen bedingungslos und interesselos – wie die Liebe. Das unterscheidet den Lobpreis vom Dank, der aus einer empfangenen Wohltat erwächst und wobei der Dankende seiner Freude und sogar seiner Verpflichtung dem Geber gegenüber Ausdruck verleiht. Wer dankt, schaut immer zugleich auch auf sich selbst. Wer einen anderen lobt und rühmt, schaut von sich selbst weg, schaut auf einen anderen, ist von ihm fasziniert und gibt dieser Bewunderung die Form des Lobpreises. Die Wahrheit dieses Lobpreises gilt auch, wenn der Rühmende selbst nicht Nutznießer aus den Qualitäten des Gelobten ist. Im Gegenteil: Je weniger eigene Interessen und Bedürfnisse im Spiel sind, desto „wahrer" ist die Rühmung. So ist es auch beim Lobpreis der drei jungen Männer. Sie bekennen sich lobpreisend zum Gott ihrer Väter, der sie retten kann, und stellen ausdrücklich fest: Von ihrem Lobpreis nehmen sie nichts zurück, auch wenn dieser Gott sie de facto nicht rettet. Gerade in Zeiten der Not und der Angst ist der Lobpreis Gottes deshalb ein Akt des Glaubens.

(3) Der Lobgesang, den die drei Männer im Feuerofen singen, ist Ausdruck ihrer messianischen Hoffnung, daß das Böse und die Bösen nicht das letzte Wort in der Geschichte und über die Geschichte haben. So wie sie mit

ihrem Lobpreis öffentlich bekunden, daß der wahre Gott nie und nimmer die Unterdrückung von Menschen durch Menschen hinnehmen kann, und wie sie damit bezeugen, daß Unrecht und Krieg nicht der Wille des wahren Gottes, sondern Werk der Menschen und Folge einer oft langen Kette menschlicher Sünde sind, so drükken sie in ihrem Lobpreis zugleich ihre Vision von einer menschenfreundlichen und friedlichen Welt aus, die dann und dort anbricht, wo die Menschen bewundernd zu *diesem* Gott aufschauen, der nicht ein vernichtender, sondern ein rettender Gott sein will. Daß und wie dies geschieht, deutet die Erzählung in der Gestalt des Engels an, der plötzlich im Feuerofen da ist und verhindert, daß die Flammen die drei jungen Männer verbrennen. Wie öfter in der biblischen Tradition ist die Engel-Figur eine Gottesbotschaft, eine Gestalt gewordene Botschaft, daß der wahre Gott seine Erde und sein Volk nicht im Stich läßt. Dieser Engel hat die Gestalt eines Menschen, der mitten im Feuerofen den Lobgesang als Hoffnungslied auf das messianische Reich anstimmt und mitsingt, gerade in jenen Augenblicken und Stunden, da nur noch Vernichtungs- und Rachewünsche über die Lippen kommen möchten oder alle menschliche Sprache in der Kehle erstickt. Das wäre gewissermaßen der zweite Triumph des Bösen, vor dem der Engel, der die Lobgesänge auf den wahren Gott kräftig mitsingt, bewahren möchte.

(4) Die Erzählung betont, daß die drei jungen Männer den Lobgesang „wie aus einem Munde" gesungen haben. Der Lobgesang macht sie zu einer innigen Gemeinschaft. In der Stunde der Not relativieren sich die Unterschiede der Stimmen und Worte, mit denen sie sonst reden. Jetzt erfahren sie, daß Gemeinschaft möglich ist und Kraft gibt. Die Lobgesänge der Bibel wollen gewissermaßen ein Medium sein, daß die Völker wieder, bei all ihrer not-

wendigen Verschiedenheit, zugleich eine gemeinsame Sprache finden, indem sie Lieder auf den wahren Gott singen, der nicht vernichtet, sondern retten will und kann. Wir kennen die biblische Erzählung von der Sprachverwirrung der Menschen, die damit einsetzt, daß Menschen sich zusammenrotten, um den Turm und die Stadt von Babel als Realsymbol ihres eigenen Ruhms und ihrer eigenen Macht zu bauen: „Auf, wir wollen uns eine Stadt und einen Festungsturm bauen, der bis zum Himmel reicht, damit wir uns einen großen Namen machen" (Gen 11,4). Wo Menschen sich verbünden, um sich einen großen Namen zu machen und um sich selbst zu rühmen, da entsteht keine echte Gemeinschaft, der es um Solidarität und Rettung geht. Die Kumpanei, die Türme wie jenen von Babel bauen und feiern will, war noch allemal eine Kumpanei des Todes, an deren Ende nicht die Erfahrung gemeinsam geteilten Lebens stand, sondern der Scherbenhaufen der Menschlichkeit. Das rufen die gemeinsam gesungenen Lobgesänge auf den befreienden Gott ins befreiende Gedächtnis: Wo Menschen sich in den Dienst SEINES Reichs stellen und gemeinsam „wie aus einem Munde" die Loblieder SEINER Herrschaft singen, geschieht Verwandlung der Welt durch das Nein dieser Lieder zum Selbstruhm und zum menschenverachtenden Größenwahn.

(5) Die Erzählung hat am Ende noch eine Pointe, die ins Wunderbare reicht und gewissermaßen die biblische Grundüberzeugung widerspiegelt, nämlich, daß Gott wirklich rettet und die großen und kleinen Weltherrscher zur Einsicht, ja sogar zur Umkehr bewegt. Der Nebukadnezzar unserer Erzählung kommt aus dem Staunen gar nicht heraus: Zunächst wagen es da drei Juden, mit dem Lobpreis ihres Gottes auf den Lippen sich der Anbetung seiner Götzen zu widersetzen – und schließlich überleben sie sogar noch diesen Holocaust. Das for-

dert nicht nur seinen Respekt, sondern sogar seinen Lobpreis auf diesen wahren Gott heraus. Die Lobgesänge der Bedrängten, die ihre Hoffnung nicht fahren lassen, führen hier sogar zur Umkehr des Bedrängers. Die Gotteslieder der Opfer können sogar die Täter verändern. Der biblische Gott ist, wie wir sagen, immer für eine Überraschung gut. Auch heute.

Freilich, all dies, was wir bisher gesehen und gesagt haben, gilt nicht pauschal für alle Lieder und Lobgesänge, in denen das Wort „Gott", möge es nun jüdisch, christlich oder muslimisch buchstabiert werden, vorkommt. Es gilt, wenn es Loblieder auf den wahren Gott sind, wenn es wahre Gotteslieder sind. Um die wahren von den falschen, die lebenbringenden von den tödlichen Gottesliedern unterscheiden zu lernen, bietet uns die Bibel ein ganzes Lieder- und Gebetbuch – die Psalmen.

4. Mystische Biographie Israels und der Kirche

Die jüdische Tradition hat schon in biblischer Zeit das ganze Psalmenbuch David als Verfasser zugeschrieben. Dieser Vorgang der „Davidisierung" (N. Füglister) des Psalters, der damit einsetzte, daß in den (sekundären) Überschriften David als Verfasser von Psalmen genannt wurde (in der hebräischen Bibel bei 73 der 150 Psalmen, in der griechischen Übersetzung sind es 83), und sich darin fortsetzte, daß mehrfach Angaben über Situationen aus dem Leben Davids hinzugefügt wurden, in denen der jeweilige Psalm „beheimatet" war, ist eine theologische Qualifizierung des Psalters: Er ist das königlich-messianische Buch schlechthin. Salomo, dem Sohn Davids, wurden die Bücher der Weisheit (Buch der Sprüche, Kohelet, Weisheit Salomos) und der Liebe zwischen Mann und

Frau (Hoheslied) zugeschrieben, seinem Vater David aber die „Gotteslieder" (Psalmen). Sie sind der „Vater" der „Weisheit" und der Liebe! Sie sind die Lieder der messianischen Hoffnung. Solange die Psalmen „Davids" erklingen, bleibt die Hoffnung auf den wiederkommenden „David" wach!

Natürlich weiß auch die Tradition, daß nicht *alle* überlieferten Psalmen von „David" stammen. Die Überschriften im Psalmenbuch nennen schließlich außer David auch noch Mose (Ps 90), Salomo (Ps 72), die Korachiten und Asaf; die rabbinische Tradition schreibt auch noch Adam, Melchisedek und Abraham Psalmen zu, insgesamt nimmt man zehn (!) Verfasser an. Dennoch sagt der Midrasch Tehillim (Midrasch zu den Psalmen): „Rab Huna hat im Namen des R. Acha gesagt: Obgleich das Psalmbuch durch zehn gesagt (verfaßt) worden ist, so ist es doch nur durch David, den König von Israel, gesagt (verfaßt) worden. Gleich einem Sängerchor, der einen Hymnus auf den König anstimmen wollte, dieser aber sprach zu ihnen: Obgleich ihr alle liebliche und vorzügliche Sänger seid und würdig seid, den Hymnus auf den König anzustimmen, so soll doch nur N. N. ihn für euch alle anstimmen. Warum? Weil seine Stimme noch süßer ist als die eurige. Das ist, was geschrieben steht: ‚Und des lieblichen Sängers von Israel' (2 Sam 23,1), (was sagen will): Wer ist der lieblichste Sänger der Gesänge Israels? David, der Sohn Isais, der Edle, der Sohn eines Edlen" (MTeh 1,6).

„David", der Psalmendichter und Psalmenbeter, ist die Idealgestalt des vor und mit seinem Gott lebenden Israel. Der Midrasch sagt dies so: „Jeden Abschnitt, den David im Buch der Psalmen gesagt hat, hat er mit Bezug auf sich selbst und mit Bezug auf ganz Israel gesagt" (MTeh 24,3). Und umgekehrt gilt: Wenn „Israel" die Psalmen spricht, dann ist, als ob David selbst sie spräche und sänge (vgl. MTeh 4, 1). Dabei ist wichtig, daß die „biographischen" Angaben in den Überschriften nicht den „Helden" und „Krieger" David, sondern den Verfolgten, Leidenden, Sünder und Büßer David als Typus des gottgeliebten und gottliebenden Israel ausgewählt haben. David in der „Nacht", voller Sehnsucht nach der „Morgenröte", ist die messianische Leitfigur, die aus und in den Psalmen gegenwärtig wird. In diese mystische Biographie Davids sollen die Psalmenbeter sich hineinhören und hineinbeten. *So* hat auch Jesus die Psalmen gebetet: in der „Nachfolge" Davids. *So* betet Israel die Psalmen bis heute. Und so, Schulter an Schulter mit Israel, in der Nachfolge „Davids" sollen auch die Christen die Psalmen beten. *Mit* Jesus. In der Hoffnung auf das Kommen des Gottesreichs (vgl. unten IV.).

Seit wir Christen, nicht zuletzt unter dem Schock von Auschwitz, dem sogenannten Alten Testament, das *in sich* authentisches Gotteswort ist (vgl. dazu meine im Herbst 1991 erscheinende Streitschrift „Das Erste Testament"), wieder sein Erstgeburtsrecht zurückzugeben beginnen, müssen wir auch die Psalmen als Gebete des Ersten Testaments neu sehen und beten lernen. In den Psalmen begegnen wir nicht primär der „Erfüllung", sondern der „Verheißung" des Gottesreichs. Der Psalmen betende Jesus, den uns die Evangelien vor Augen stellen, ist der Vorbeter, dem wir uns anschließen. Sein Psalmenschrei am Kreuz: „Mein Gott, mein Gott, warum hast du mich verlassen ..." (Ps 22, 1), der den Horizont christlichen Psalmengebets aufreißt und in den von eben diesem 22. Psalm entworfenen Verheißungsraum (vgl. Ps 22, 23–32!) hineinstellt, bleibt auch die messianische Vorgabe für uns „Messianer": Mit den Psalmen besingen wir nicht die Erfüllung, sondern wecken wir die messianische Morgenröte.

Liturgie- und theologiegeschichtlich muß ohnedies

festgehalten werden, was der große Liturgiewissenschaftler J. A. Jungmann herausgearbeitet hat: Zwar kennt die frühe Kirche in einigen Ausnahmefällen das an Christus gerichtete Gebet, aber bis zum 4. Jahrhundert gibt es im wesentlichen kein Priester- oder Eucharistiegebet, das sich an Jesus Christus wendet. Die alte Kirche blieb darin ihrer jüdischen Wurzel treu, daß sie ihr Gebet nicht an Jesus Christus, sondern an Gott richtete. Wo betont christologisch gebetet werden sollte, wurde die Gebetsrichtung erweitert zu „durch Christus zu Gott".

Wenn Christen *so* die Psalmen „Davids" beten, *mit* und *durch* Christus als Vor-Beter, üben sie sich ein in die Israel und der Kirche gemeinsame mystische Biographie, die Israel und Kirche bei ihrer unterschiedlichen Geschichte und in ihrer je eigenen Identität beläßt und sie dennoch zusammenbindet in messianischer Weggemeinschaft.

II. Geheimnis der Schöpfung

Daß JHWH die Welt als ihr Schöpfer liebt, durchwaltet und vollendet, ist eine Grundüberzeugung, die der erste Teil unserer Bibel in Erzählungen, Prophetensprüchen, weisheitlichen Reflexionen und nicht zuletzt in hymnischen Psalmen zu verkünden nicht müde wird. In diesen schöpfungstheologischen Texten spricht sich keineswegs, wie bisweilen zu lesen ist, eine unkritische Naivität und eine optimistische Weltsicht des antiken Menschen aus, deren wir Menschen des 20. Jahrhunderts angesichts der erlittenen und befürchteten Katastrophen, die wir nicht verdrängen dürfen, nicht mehr fähig sind. Historisch richtig ist: Die Schöpfungstheologie ist in Israel gerade angesichts erlittener Katastrophen zu ihrer Reife durchgebrochen. In ihr ringt sich Israel allen schmerzlichen Erfahrungen zum Trotz sein grundsätzliches Ja zur Welt und zum Leben in dieser Welt ab. Wie die einzelnen Beterinnen und Beter in Stunden des Leids und der Verzweiflung den Menschen-Schöpfergott beschwören (vgl. Ps 22, 10f; Ijob 3; Jer 20, 14–18), so sollten angesichts geschichtlicher und kosmischer Erschütterungen und Ängste die Erzählungen und Bilder von dem Welt-Schöpfergott die Erde als Ort der Gottesherrschaft, als Kosmos inmitten von Chaos, wahr- und annehmen lehren.

Wenn Israel die Darstellung seiner Ursprünge in den beiden großen Geschichtsentwürfen (Jahwist und Priesterschrift), die im Pentateuch kunstvoll verbunden wurden, mit Schöpfungserzählungen beginnt, soll die Geschichte buchstäblich im Schöpfergott „begründet“

werden, der die Erde und alles Leben auf ihr, ja sogar den Himmel liebt – trotz aller Sünde (vgl. Gen 3–4) und Gewalttat (vgl. Gen 6,11f). Die schöpfungstheologische Rede von Gott als dem Liebhaber des Lebens (vgl. Weish 11,24–26) entspringt aus einer „nachkritischen Naivität", in der Israel aller Schuld- und Leiderfahrung zum Trotz das Leben der Erde als kostbares Geschenk betrachtete, an dem es selbst hing – wie sein Gott.

Daß die biblischen Schöpfungserzählungen anthropozentrisch mißverstanden wurden, ist leider allzu wahr. Aber daß sie *so* gemeint waren und sind, wird man kaum sagen können, wenn man das geradezu prophetisch-kritische Menschenbild dieser Erzählungen erfaßt. Daß das Leben fundamental und schöpfungswidrig bedroht und zerstört wird, ist – das schärfen diese Erzählungen provozierend offen ein – Werk des gierigen (Gen 3) und gewalttätigen (Gen 4) Menschen, ja „allen Fleisches" (Gen 6,11f). Der Resignation und der Verzweiflung, die angesichts dieser Realität aufkommen könnten, setzen die Schöpfungserzählungen ihre Hoffnungsbilder entgegen: Der Gott, der die „nackten Menschen" bekleidet (Gen 3,21), der den Brudermörder vor dem tödlichen Kreislauf der Blutrache schützt (Gen 4,15), der schließlich den Regenbogen als Zeichen seines „ewigen Bundes" mit allem (!) Leben in die Wolken setzt (Gen 9,12–17) – das sind die Merkzeichen, mit denen die Erzähler festhalten wollen, daß der Schöpfergott sich nach wie vor von seiner Vision gelingenden Zusammenlebens im Lebenshaus der Schöpfung (vgl. Gen 1) und im Paradeisos (vgl. Gen 2) leiten läßt.

Wenn die jüdische Tradition bis heute dazu einlädt, beim Aufscheinen des Regenbogens, die Beraka „Gepriesen bist Du, Herr unser Gott, König des Universums, weil du des Bundes [mit dem Leben] gedenkst, ihm die Treue hältst und zu Deinem Wort stehst" zu sprechen, bringt sie diese Funktion der Schöpfungstheologie auf den Punkt: Sie will einerseits Trost und Hoffnung stiften, und sic fordert andererseits dazu auf, das Universum als Reich Gottes zu begreifen und sich dankbar und demütig in die Lebensordnung dieses Reiches einzufügen.

Psalm 104

1a *Segne, meine Seele, JHWH!*
1b *JHWH, mein Gott, du bist sehr groß.*
1c *Mit Pracht und Glanz bist du bekleidet,*
2a *du umgibst dich mit Licht wie mit einem Mantel.*

2b *Der den Himmel ausspannt wie eine Zeltdeckc,*
3a *der die Balken seiner Gemächer in den Wassern festmacht,*
3b *der Wolken bestimmt zu seinem Wagen,*
3c *der einherfährt auf den Flügeln des Sturmes,*
4a *der zu seinen Boten Winde macht,*
4b *zu seinen Dienern brennendes Feuer.*

5a *Er hat die Erde gegründet auf ihre Pfeiler,*
5b *daß sie nicht wanke auf immer und ewig.*
6a *Das Urmeer bedeckte sie wie ein Kleid,*
6b *bis über die Berge standen die Wasser.*
7a *Vor deinem Anschreien flohen sie,*
7b *vor der Stimme deines Grollens hasteten sie davon,*
8a *sie stiegen die Berge hinauf, fuhren hinab in die Täler*
8b *zu dem Ort, den du gegründet für sie.*
9a *Eine Grenze bestimmtest du, die sie nicht überschreiten dürfen,*

9b daß sie nicht zurückkehren, um wieder die Erde zu bedecken.
10a Der Quellen sendet in die Täler,
10b zwischen den Bergen laufen sie dahin,
11a zu tränken alle Tiere des Wildlands,
11b Wildesel stillen daraus ihren Durst,
12a an ihnen wohnt das Fluggetier des Himmels,
12b aus dem Dickicht erhebt es seine Stimme.
13a Der die Berge tränkt aus seinen Gemächern,
13b von der Frucht deiner Werke wird satt die Erde,
14a der Gras sprießen läßt für das Vieh
14b und Pflanzen für die Arbeit des Menschen,
14c um Brot aus der Erde hervorzubringen
15a und Wein, der des Menschleins Herz froh macht,
15b um zum Glänzen zu bringen sein Angesicht mit Öl,
15c und daß Brot des Menschleins Herz stark mache.
16a Es trinken sich satt die Bäume JHWHs,
16b die Zedern des Libanon, die er gepflanzt hat,
17a wo Vögel ihre Nester bauen,
17b wo in den Wipfeln der Storch sein Haus hat.
18a Die hohen Berge sind für die Steinböcke da,
18b die Felsen sind Zuflucht für die Klippdachse.
19a Der den Mond gemacht hat als Maß für die Zeiten,
19b die Sonne, die ihren Untergang kennt.
20a Du befiehlst Finsternis, und es wird Nacht,
20b in ihr wimmeln alle Tiere des Waldes,
21a die Junglöwen brüllen nach Beute,
21b um von Gott ihre Nahrung zu fordern.
22a Du läßt aufstrahlen die Sonne, da ziehen sie ab
22b und lagern sich in ihren Höhlen,
23a da tritt der Mensch heraus zu seinem Tun,

23b *zu seiner Arbeit bis zum Abend.*

24a *Wie zahlreich sind deine Werke, JHWH!*
24b *Sie alle hast Du in Weisheit gemacht!*
24c *Übervoll ist die Erde von deinen Geschöpfen!*

25a *Da ist (noch) das Meer, groß und unermeßlich weit,*
25b *in ihm ein Gewimmel ohne Zahl:*
25c *kleine Lebewesen zusammen mit großen.*
26a *Da ziehen Schiffe dahin,*
26b *der Leviatan, den du gebildet, mit ihm zu scherzen.*

27a *Sie alle warten (voll Sehnsucht) auf dich,*
27b *daß du ihnen Speise gibst zur rechten Zeit.*
28a *Gibst du ihnen, so sammeln sie ein,*
28b *öffnest du deine Hand, so sättigen sie sich mit Gutem.*
29a *Verbirgst du dein Angesicht, sind sie verstört,*
29b *ziehst du ihren Atem zurück, schwinden sie dahin,*
29c *und zu ihrem Staub kehren sie zurück.*
30a *Sendest du deinen Atem, werden sie geschaffen,*
30b *und du erneuerst das Angesicht der Erde.*

31a *Die Herrlichkeit JHWHs währe auf ewig!*
31b *JHWH freue sich seiner Werke!*
32a *Der die Erde anblickt, und sie erzittert,*
32b *er berührt die Berge, und sie rauchen.*
33a *Ich will JHWH singen, solange ich lebe,*
33b *ich will meinem Gott aufspielen, solange ich da bin.*
34a *Ihm möge gefallen mein (Psalmen-)Rezitieren,*
34b *ich selbst will mich freuen an JHWH.*
35a *Verschwinden sollen die Sünder von der Erde,*
35b *und Gottlose soll es nicht mehr geben!*
35c *Segne, meine Seele, JHWH!*
35d *Hallelu-Jah (= Lobpreiset JHWH)!*

Einführung

Der 104. Psalm ist insofern weisheitlich, als er die konkret wahrgenommene Welt „systematisch" beschreibt. Der Psalmdichter listet, gewiß in poetischer Auswahl, all sein naturkundliches Wissen auf. Geradezu ins Detail verliebt (auch uns moderne Weltbetrachter faszinieren ja immer wieder die Vielfalt und die Schönheit jedes „Einzelexemplars" von Mineralien, Pflanzen, Tieren und Menschen) zeichnet der Verfasser von Ps 104 die Welt so nach, wie er sie sieht. Er durchschreitet die Lebensräume seiner dreigeteilten Welt, den Himmel (V. 2–4: kurz), die Erde (V. 5–23: lang) und das Meer (V. 25–26: kurz). Wie unsere Auslegung zeigen wird, zeichnet er nicht nur die einzelnen Lebensräume und Lebenszeiten nach, sondern sieht das Leben geradezu in funktionalen Zusammenhängen. So verbindet er auch Aussagen über die Erschaffung der Erde (V. 5–9) mit solchen über ihre Erhaltung (V. 10–23).

Aber all dies geschieht nicht in der distanzierten Beschreibung des empirischen Wissenschaftlers oder des interessierten „Laien", sondern im hymnischen Lobpreis. Nicht nur die Selbstaufforderungen zum Lobgesang am Anfang und am Schluß des Psalms, nicht nur die für den Hymnus typischen Partizipien (in unserer Übersetzung leider nicht zu erkennen!) lassen für den, der mit der Tradition der hymnischen Formen vertraut ist, sofort deutlich werden, daß es hier von Anfang an bis zum Schluß um das Rühmen des guten Schöpfergottes geht. Die ganze „Skizze" des Weltbilds zielt auf die zentrale Aussage von V. 27–30: daß alles, was lebt, sein gemeinsames Leben der gebenden Hand, dem liebevoll zugewandten Angesicht und dem belebenden Atem Gottes verdankt – einem Du, vor und zu dem der Beter begeistert sein Schöpfungslob singt.

So ist der Psalm insgesamt ein weisheitlicher Schöpfungshymnus, um dessen schöpfungstheologischen „Hauptteil" (V. 2b–30) ein doppelter Rahmen gelegt ist. Den äußeren Rahmen bilden „Aufgesang" (V. 1a: Selbstaufforderung zur Beraka) und „Abgesang" (V. 33–34: Widmung des Psalms; V. 35ab: Bitte um „Erlösung von dem Übel", das die Schöpfung mutwillig bedroht und verletzt; V. 35c: Selbstaufforderung zur Beraka, wie V. 1a). Der innere Rahmen ist von (altorientalisch breit belegten) Motiven der Gottkönigtums-Theologie bestimmt und zeichnet in V. 1b–2a JHWH als den im Königsglanz erscheinenden Gott, dessen welterhaltende „Herrlichkeit" und freudige Zugewandtheit für die Welt bis zum Ende der Weltzeit in V. 31–32 erfleht wird. Dieser innere Rahmen läßt JHWH die von ihm geschaffene und geordnete Welt gewissermaßen buchstäblich umfangen und halten. Zu dieser theologischen Rahmenstruktur gehört auch, nach dem breiten Abschnitt über die Erde (V. 5–23), der faszinierte Ausruf V. 24, der in seiner dritten Zeile nochmals das den Abschnitt einleitende (V. 5a!) Themawort „Erde" wiederholt.

Der Psalm liest sich wie ein religionsgeschichtliches Florilegium von phönizisch-kanaanäischen, ägyptischen und assyrisch-babylonischen, aber auch genuin altisraelitischen Überlieferungen über die Themen „Bändigung und Verwandlung des (Wasser-)Chaos zu Kosmos durch eine (königliche) Gottheit" und „Der (Gott-)König als Lebensmittler (Ernährer) seines Volkes/Reiches"; beide Themen sind im Psalm in der spannungsreichen Perspektive Tod – Leben kunstvoll verschmolzen. Er bietet eine gezielt monotheistische Synthese, die JHWH als (kanaanäischen) Regenbringergott und als (ägyptischen) Sonnengott zeichnet. Er dürfte aus der nachexilischen Weisheitsschule stammen, der wir auch sonst wunderschöne Schöpfungstexte (z.B. Spr 8,20–31) verdanken.

Sein besonderes Profil macht schon ein flüchtiger, vergleichender Blick auf Ps 93 bewußt, mit dem sich Ps 104, 1b–9 teilweise bis in den Wortlaut hinein berührt. Während Ps 93 in seiner nachexilischen Gestalt durch V. 2b und V. 5 eine tempeltheologische Gründung der Welt verkündet (vgl. dazu unten IV.), ist Ps 104 durch und durch davon bestimmt, daß die Welt tagtäglich neu und unvermittelt aus der gütigen Hand Gottes hervorgeht.

Der Psalm ist nun ein Abschnitt im vierten Psalmenbuch (Ps 90–106), das stark vom Thema des Leben stiftenden Königtums JHWHs (vgl. besonders Ps 93–100), aber auch vom Leiden am Tod in seinen vielen Formen (vgl. besonders Ps 90; 102; 105–106) bestimmt ist. Dabei hat die Redaktion Ps 103 und Ps 104 gezielt nacheinander gestellt (vgl. die Stichwort- und Motivbezüge zwischen Ps 103, 19–22 und Ps 104, 2–4 sowie besonders die den beiden Psalmen gemeinsame Rahmung!). Ps 104 ist demgemäß als Fortführung von Ps 103 die schöpfungstheologische Grundlegung der in Ps 103 verkündeten Botschaft vom vergebenden Gott.

Auslegung

Mit dem den Hymnus eröffnenden „Aufgesang" V. 1a fordert der Beter „seine Seele", d. h. sich selbst als Wesen voller Lebenshunger, auf, den Psalm als Beraka, d. h. als Preis- und Dankgebet, zu rezitieren (vgl. die Doppel-Beraka über Brot und Wein in der Eucharistie!). Er gilt JHWH als dem allen Göttern überlegenen König („Pracht und Glanz" sind typische Königsattribute: vgl. Ps 8, 5f; 21, 6), der sich als „Licht", d. h. als Leben und Heil, offenbart – eben in seiner Schöpfung und für sie.

Im ersten Abschnitt des corpus hymni (V. 2b–4b) beschreibt der Psalm JHWHs Schöpferhandeln im und am Himmel (das Themawort „Himmel" steht entsprechend in V. 2b). Mitten in die Chaoswasser baut JHWH seinen Königs-Palast und entmachtet sie so. Zugleich bestimmt er wie ein altorientalisch-kanaanäischer Wettergott die „Himmelsphänomene" Wolken, Winde und Blitze zu Dienern für seine „königlichen" Aufgaben, für die Erde Geber des Lebens durch die Gabe des lebenswichtigen Wassers zu sein, wie dann im nächsten Abschnitt V. 5–18 (beachte wieder das Themawort „Erde" in V. 5a!) plastisch entfaltet wird.

Im Rückgriff auf die Vorstellungen vom Chaoskampf, bei dem JHWH „in illo tempore" dem Chaos seine chaotisch-destruktive Gewalt nahm und in dem er zugleich die immer noch vom Chaos ausgehenden partiellen Störungen Tag für Tag abwehrt, wird in V. 5–9 die anfängliche Gründung der Erde besungen. Daß das Chaos hier *all* seine destruktive Potenz verloren habe, wie bisweilen gesagt wird, widerspricht nicht nur der Sicht der Welt, die in V. 29–30 anklingt, sondern insbesondere der weisheitlichen Weltwahrnehmung, die für den Psalm charakteristisch ist. Dem Chaos ist eine Grenze gesetzt, die es nicht überschreiten kann, aber eben nur, weil der Schöpfergott Tag für Tag seine chaosbändigende Mächtigkeit aufbietet. Geradezu plastisch läßt der Dichter miterleben, wie der Urflut-Drachen vor der gebieterischen Stimme JHWHs über die Berge und Täler hinhastet, bis er ins Meer kommt, wo er bleiben „darf", aber von wo aus er die Erde immer wieder bedroht und ihre Bewohner ängstet. Dem „bösen" Wasser wird nicht nur seine katastrophische Zerstörungsgewalt, gewissermaßen sein „Sintflut-Charakter", genommen. Noch mehr preist der Dichter, daß JHWH das Chaoswasser in „gutes" Wasser verwandelt, indem er aus dem himmlischen Wasservorrat die Erde in ihren unterschiedlichen Landschaften mit je spezifischer Lebenswelt (V. 10–12: Wildland „zwischen den Bergen"; V. 13–15: Acker- und Kulturland „auf den Bergen"; V. 16–18: „die hohen Berge" mit ihrer Tier- und Pflanzenwelt; beachte das Schwenken der „Kamera" von unten nach oben!) mit Quell- und Regenwasser versorgt.

Im „Schöpfungsbild" von V. 10–12 hat sich nicht die Erfahrung der großen Flußkulturen Ägyptens und Mesopotamiens, wo die Flüsse der Lebensnerv von Ansiedlung und Ackerbau waren, niedergeschlagen, sondern das Erlebnis der syrisch-palästinischen Flüsse, nicht zuletzt des Jordans, dessen Ufer noch bis zum Beginn unseres Jahrhunderts von dschungelähnlichem Urwald und üppigem Dickicht gesäumt waren, die wilden und gefürchteten Tieren Lebensraum boten. Der Wildesel (V. 11 b) repräsentiert die Steppen- und Wüstentiere, denen JHWH ebenfalls durch Quellbäche in den Wadis das lebensnotwendige Wasser gibt. So reichlich fließt das Wasser in den Flüssen und Wadis des Wildlandes, daß an ihnen Vogelparadiese mit Gekreische und Gesang aller Art entstehen. So preist dieser Abschnitt V. 10–12 JHWH als Spender überschäumenden Lebens. Wenn gleichwohl diese Regionen und die dort lebenden Tiere den Menschen damals nicht als nützlich, sondern eher als bedrohlich erschienen, so sieht unser Psalm hier die gleiche Leben gebende Hand des Schöpfergottes am Werk wie in der Lebenswelt der Menschen, die V. 13–15 besingt.

Der Lebensraum von Vieh und Mensch wird von JHWH so mit Regen versorgt, daß der Boden durch die von JHWH gegebene Lebenskraft (JHWH ist in V. 13–15 der Handelnde!) die lebensnotwendigen Güter hervorbringt: Weide für das Vieh sowie Pflanzen und Bäume, aus denen der Mensch durch seine Arbeit Brot (Essen), Wein (Trinken) und Öl (Salben) gewinnen kann

(V. 13–15). Nicht nur das tägliche Brot (es ist besonders wichtig; so wird es zweimal genannt!) gibt JHWH, sondern auch Wein und Öl, Gaben des Überflusses und der festlichen Lebenskultur. Hier ist nichts von der in Gen 3,17–19 beklagten Mühsal des palästinischen Bauern zu spüren; hier spricht sich im Gegenteil das Staunen darüber aus, was diese Erde an Gutem und Schönem hervorbringen kann, wenn sie unter dem Segen eines gütigen Schöpfergottes steht. Dabei hebt der Dichter hervor: diese Gaben der von Gott gegründeten und versorgten Erde erfreuen das Herz und das Angesicht des Menschen, d. h., sie können ihn stark, glücklich und schön machen.

Noch einmal setzt der Dichter im Abschnitt über die Bergwelt (V. 16–18) mit dem Motiv des Wassers an, um JHWHs überreiche Lebensgabe zu preisen. Die mächtigen und uralt werdenden Libanonzedern, deren Stämme bis zu 40 m Höhe und bis zu 4 m Durchmesser erreichen können, sind in der alttestamentlichen Tradition Symbol für Kraft und Macht (vgl. Ez 17,22–24). Solch riesige Bäume sind Götterbäume; der Psalm nennt sie „Bäume JHWHs", er hat sie gepflanzt, und sie sind in besonderer Weise Ausdruck seiner Lebensmächtigkeit. Selbst die Bäume der Bergregion sind, so staunt der Dichter, „Lebensbäume" für Vögel. Ja, sogar dort, wo die Waldregion aufhört, gibt es immer noch Leben; hier tummeln sich (wie man in der Bergregion über En-Gedi erleben kann!) Steinböcke und Klippdachse.

Wie für den priesterschriftlichen Theologen, dem wir Gen 1,1 – 2,4a verdanken, ist auch für Ps 104 eine Voraussetzung dafür, daß die Erde das vom Schöpfergott gewollte „Lebenshaus" bleibt, daß die unterschiedlichen Lebewesen die ihnen zugewiesenen Lebensräume und Lebenszeiten respektieren. Deshalb kommt nun in V. 19–23 die vom Schöpfergott gesetzte Lebensordnung der Zeiten so zur Sprache, daß zunächst Mond und

Sonne als die „Ordner" der Zeit und danach die dadurch geordneten Lebensvollzüge für die Wildtiere und sodann für die Menschen (und der mit ihnen lebenden Tierwelt) beschrieben werden. Der Mond zeigt die grundlegenden Ordnungen „Jahr" und „Monat" (der altorientalische Kalender hat ursprünglich ein Mondjahr!) sowie die großen Festtage des landwirtschaftlichen und des kultischen Lebens (z. B. Neumond- und Vollmondfesttag, aber auch Pessach, Wochen- und Herbstfest) an. Die an zweiter Stelle genannte Sonne strukturiert die Zeit in Tag und Nacht und begründet die in Israel entstandene Siebentage-Woche mit ihrer grundlegenden Unterscheidung von Arbeit und Ruhe. Daß hier zunächst der Sonnenuntergang (V. 19b) genannt wird, hängt mit der in der nachexilischen Zeit vorherrschend gewordenen Tageszählung zusammen, die den Tag mit dem Sonnenuntergang beginnen läßt (so im Judentum und im liturgischen Kalender des Christentums bis heute!). Nur wenn die Zeiten der Arbeit und der Ruhe, die Zeiten der Natur und der Feste, aber auch die unterschiedlichen Zeiten der Tiere und der Menschen (V. 20–23) beachtet werden, kann sich das allen gemeinsame Leben in seinem Reichtum entfalten – das ist die großartige Idee dieses Abschnitts, die uns im Zeitalter der ökologischen Neubesinnung höchst modern erscheint.

Nachdem der Psalmdichter in V. 5–23 die der Erde eingestifteten Lebensordnungen und -möglichkeiten besungen hat, bricht er in V. 24 in sein begeistertes „Zwischenfazit" aus: All dies ist die Erde von JHWH her – vorgängig vor allem Eingreifen des Menschen und unabhängig davon. Das ist ja das schöpfungstheologische „Ur-Erlebnis" der alttestamentlichen Menschen, über das sie unaufhörlich staunen: Daß das Leben einfach da ist, schier unerschöpflich vorgegeben, freilich auch darauf angewiesen, es immer neu entgegenzunehmen, weil keines der Lebewesen es für sich selbst machen kann. So ist für den Psalmdichter die natürliche Welt, insofern und wie sie lebt, ein höchst positives Machterlebnis, das ihm die grundlegende und bleibende Zuwendung des Schöpfergottes zur Welt bewußtmacht. Alles ist „in Weisheit" gemacht, und übervoll ist die Erde von der Lebenskraft, die Gott in sie „investiert". Die „Weisheit", von der hier die Rede ist, meint nicht nur eine Eigenschaft Gottes, sondern zugleich eine Eigenschaft der Welt, die Gott ihr eingestiftet hat. Sie ist das Geheimnis, durch das sie den Menschen anrührt, geradezu als ein Ich anredet. Es ist nicht das Ich JHWHs – Israel hat immer um die unaufhebbare Grenze zwischen der Schöpfung und dem Schöpfer gewußt –, sondern es ist die Sinndimension und die Schönheit der Schöpfung, insofern sie von und durch die Weisheit JHWHs gestaltet und geliebt wird. Wer auf diese „Weisheit" der Schöpfung hört, gewinnt Weisheit, mit der das Leben zu sich selbst kommt.

Knapp, aber ausdrucksstark skizziert V. 25–26 noch das Meer, also das Wasser, das nach dem altorientalischen Weltbild die Erdscheibe umgibt, als Lebensraum für Tiere – und als Raum, der durch Gottes Schöpfermacht seine mythisch-chaotische Gefährlichkeit verloren hat (V. 26b). Das Meer ist übervoll von großen und kleinen Wassertieren, die hier leben. Sogar Schiffe können hier „einhergehen". Da Schiffe keine Lebewesen sind, scheinen sie hier zu stören. Aber sie passen voll zur Perspektive des Psalms, weil die Schiffe auf dem Meer eindrucksvoll dokumentieren, daß das Meer als Teil der von JHWH umsorgten Schöpfung seine chaotische (nicht: seine gefährliche!) Macht verloren hat. Daß darauf nur so kurz angespielt wird, ist dadurch bedingt, daß der Durchschnittsisraelit das Meer und die Seefahrt nur vom Hörensagen kennt (doch vgl. immerhin Spr 30, 18f; 31, 14; Sir 43, 24f). Dem Psalmdichter ist wichtig: Auch über das Meer hält JHWH seine ordnende Hand; den Leviatan, den Meereschaosdrachen der kanaanäischen und altorientalischen Mythologie (wo er mit unterschiedlichen Namen „auftritt"), hat JHWH als Schöpfergott ein für allemal entmachtet (vgl. auch Ijob 40,25 – 41,26) – er spielt mit ihm wie ein Dompteur mit dem Delphin!

Sind in der „Weltbetrachtung" von V. 2b–26 die elementaren Voraussetzungen und Bedingungen für Leben im Blick, so ist es in V. 27–30 das Leben selbst: „Sie alle warten auf dich" (V. 27a). Das gemeinsame Sich-Ausstrecken aller Lebewesen voller Lebenshunger und -sehnsucht macht die Welt zur Schöpfung. Worauf aber wartet sie? Gewiß – sie wartet, wie der Psalm bildreich entfaltet, auf Regen, der sie belebt, auf Nahrung und Kleidung, auf Brot, Wein und Öl. Aber darin wartet sie auf mehr: daß der lebendige Gott selbst auf sie zukommt – „zur rechten Zeit!" Auf *seine* Zukunft warten sie alle, weil ER allein ihre Zukunft ist. Mit ihm und durch ihn sind sie lebendig, ohne ihn werden sie todesstarr und zerfallen in Staub (V. 28–30). Hier sprechen sich die leidvollen Erfahrungen aus, die Israel auch mit dem Leben, mit der Natur und mit seinem Gott selbst gemacht hat. Israels Theologie hat die Störungen und Katastrophen nie verdrängt. Sie hat auch Krankheit und Tod nie verklärt. Die Klagepsalmen und das Buch Ijob zeigen überdeutlich, daß Israels Theologie einerseits der Versuchung widerstand, die Welt als Mißgriff eines launischen oder zornigen Gottes zu verachten, und daß sie andererseits nie der Illusion erlag, durch menschliches Machertum könne die Welt vollkommen werden. Im Gegenteil: Unser Psalm erlebt diese Störungen als Zeichen der absoluten Verwiesenheit allen Lebens auf den einen Lebensatem, der JHWH selbst ist und an dem alle teilhaben, die leben. Wenn und wo JHWH seine Lebenskraft „ausschickt", macht er Tote wieder lebendig (vgl. V. 30a mit Ez 37, 1–14) und gibt er der Erde immer wieder neue jugendliche Lebensfrische (V. 30b). Daß die „alte" Erde täglich „jung" wird, ist die „neue" Botschaft, mit der der Psalm seine Weltbetrachtung hoffnungsvoll zusammenfaßt. Aber zugleich gilt: Wo die Lebewesen sich ihr Leben selbst nehmen wollen, gierig und gewalttätig wie Adam und Kain, zerstören sie sich selbst und ihre Lebenswelt.

Das ist der lebenspraktische Realismus der Weisheit, die um die Schicksalsgemeinschaft von Mensch, Tier und Pflanze, ja um die unlösbare Verwiesenheit aller aufeinander weiß. Von einer „königlichen" Sonderstellung redet unser Psalm (vielleicht als bewußte Gegenstimme zu Gen 1, womit der Psalm 104 sich vielfach berührt?) nicht. Im Gegenteil: Ihm wird in V. 14.23 „Dienst" an der Erde zugewiesen. Das ist seine „Sonderstellung", die Pflanzen, die JHWH aus der Erde „herauskommen" läßt, zu Brot, Wein und Öl umzuwandeln. Die in Gen 1–2 programmatisch entworfene Vision von pflanzlicher Nahrung als Absage an die Tötung von Tieren leuchtet auch hier wieder auf. Es ist die Vision gewaltlosen Zusammenlebens, in das die Menschen hier eingewiesen werden. Ihr Leben ist Leben neben und mit anderem Leben. Das Leben des Menschen im Lebenshaus der Schöpfung ist Teil „eines Vorgangs göttlichen Wirkens, der keineswegs nur für den Menschen oder nur auf ihn hin, sondern zugunsten alles Lebendigen geschieht ... Was der Mensch für sein Leben wahrnimmt, gilt auch für tierisches Leben, und damit ist den Tieren prinzipiell das gleiche Lebensrecht zugestanden wie dem Menschen" (O. H. Steck). Die Sonderstellung der Menschen spricht der Psalm erst im „Abgesang" an (V. 35ab). Sie besteht traurigerweise darin, daß er als Sünder und Gott-loser den gemeinsamen Lebensprozeß stört und gefährdet –

und vor allem den Schöpfergott verleugnet und sich der ihm zugewiesenen „Lebensaufgabe" verweigert.

Die zum „inneren Rahmen" gehörende Bitte V. 31–32 zielt darauf, daß das Warten der Schöpfung nicht unerfüllt bleibt. Es ist die Bitte, der Weltkönig JHWH möge die Erde als Ort des Offenbarwerdens seiner Herrlichkeit vollenden, gerade angesichts der Erfahrung, daß so vieles auf der Erde das Erscheinen der Herrlichkeit behindert. Hier klingt jenes Leiden aller Kreaturen an, das Röm 8,22 die Geburtswehen der „neuen" Erde nennt. Gerade eine Erde, der er täglich seine erneuernde Zuwendung schenkt, soll und wird JHWH besonders liebgewinnen und sich an ihr freuen. Um und für sie wird er kämpfen (V. 32), so er denn seine Bindung an die Schöpfung zu seinem fundamentalen Lebensvollzug gemacht hat.

Die „Widmung" V. 33–34 stammt schon aus der „Gebetsgeschichte" des ursprünglichen Psalms V. 1b–32. Hier redet einer, der den Hymnus gebetet und sich dabei so sehr von dessen theologischer Leidenschaft hat anstecken lassen, daß er in einem individuellen Lobpreisgelübde verspricht, sein ganzes weiteres Leben als einen einzigen großen Lobgesang zu leben. Das ist in der Tat eine angemessene „Fortschreibung" des Hymnus, insofern alles Gotteslob in eben dem Gott gründet, dessen liebevolle Zuwendung in V. 1b–32 hymnisch gefeiert wird. Der Mensch, der das Gotteslob zur Gestalt seines Lebens macht, verwirklicht genau das, was der Psalm mit Leben als verdankter Gottesgabe meint. Daran will der Beter sich auch nicht durch die deprimierende Gegenerfahrung des Bösen und Rätselhaften in der Welt, um dessen Verschwinden er bittet (V. 35ab), behindern lassen. Im Gegenteil: Mit der abschließenden „Andachtsformel" V. 35c fordert der Beter sich (wie in V. 1a) abermals auf, bei aller Bedrohtheit der Schöpfung auf den Schöpfergott zu blicken und in ihm „Freude" an der Schöpfung sowie die Kraft zu einem schöpfungsgemäßen Leben zu finden – auch als Antwort auf die in V. 35 beklagte Realität des Bösen.

Das Schöpferlob von Ps 104 ist Gebet eines Menschen, der sich aufbrechen läßt von dem Geheimnis, daß das Reich Gottes in der Schöpfung im Kommen ist. Der Psalm ist das Ja des Lobenden, der von sich selbst und von seinen Bedürfnissen weg- und auf das Ganze hinblickt – und dies voller Hoffnung, daß dieses Ganze Tag für Tag vom Schöpfergott neu geschaffen wird (V. 30). Als lobpreisendes Ja zum Schöpfergott ist der Psalm weder blinde noch blenden wollende Zustimmung zu allem, was ist und geschieht. Im Gegenteil: Er ist Ausdruck des Leidens daran, daß vieles nicht so ist, wie es sein könnte. Und er ist noch mehr Widerspruch gegen alles, was das Kommen des Gottesreichs in der Schöpfung behindert. Wer diesen Psalm singt, singt ihn auch gegen sich selbst! Indem er die Vision vom solidarischen Zusammenleben *aller* Lebewesen besingt, ist der Psalm ein öffentlicher Protest insbesondere gegen alle „Weltbilder" und die daraus entspringenden Taten der Menschen, die die Menschen und ihre Bedürfnisse zum „Maß aller Dinge" machen. So ist der Psalm keine kitschig-idyllische Meditationsmusik, sondern ein kritisch-utopisches Lied, das heute zur ökologischen Umkehr ruft. Indem es die Schönheit der Schöpfung, jenseits aller menschlichen Zwecke, besingt, hält es an der Verheißung fest, daß die Schöpfung zum Leben berufen ist. Insofern es diese Schönheit aber als täglich zu erneuernde aus der gütigen Hand Gottes kommen sieht und insofern es die verbrecherischen, gott-losen Menschen als Zerstörer dieser Schönheit benennt und das Nicht-Schöne nicht ausblendet, mahnt und motiviert es zu Umkehr.

Psalm 148

1a *Hallelu-Jah (= Lobpreiset JHWH)!*
1b *Lobpreiset JHWH vom Himmel her!*
1c *Lobpreiset ihn in den Höhen!*
2a *Lobpreiset ihn, alle seine Boten!*
2b *Lobpreiset ihn, alle seine Heerscharen!*
3a *Lobpreiset ihn, Sonne und Mond!*
3b *Lobpreiset ihn, alle leuchtenden Sterne!*
4a *Lobpreiset ihn, Himmel der Himmel*
4b *und ihr Wasser über den Himmeln!*
5a *Lobpreisen sollen sie den Namen JHWHs,*
5b *denn er gebot und sie waren erschaffen,*
6a *und er stellte sie hin für immer und ewig,*
6b *eine Ordnung gab er, die nicht vergeht.*

7a *Lobpreiset JHWH von der Erde her,*
7b *Meeresdrachen und alle Urfluten,*
8a *Feuer und Hagel, Schnee und Nebel,*
8b *Sturmwind, der sein Wort ausführt,*
9a *Berge und alle Hügel,*
9b *Fruchtbäume und alle Zedern,*
10a *Wildtiere und alles Vieh,*
10b *Kriechtiere und geflügelte Vögel,*
11a *Könige der Erde und alle Nationen,*
11b *Fürsten und alle Richter der Erde,*
12a *junge Männer und auch junge Frauen,*
12b *Alte zusammen mit den Jungen!*
13a *Lobpreisen sollen sie den Namen JHWHs,*
13b *denn erhaben ist sein Name allein,*
13c *seine Hoheit ist über Erde und Himmel hin,*
14a *und er erhöhte seinem Volk das Horn,*
14b *einen Lobpreis all seinen Getreuen,*
14c *den Kindern Israels, dem Volk, das ihm nahe ist.*
14d *Hallelu-Jah (= Lobpreiset JHWH)!*

Einführung

Der Psalm ist Teil des großen Finales Ps 146–150, mit dem das Psalmenbuch schließt. Daß diese fünf Psalmen, die allesamt eine Aufforderung zum Lobpreis JHWHs sind, als Komposition verstanden werden wollen, ist durch zwei Eigenheiten angezeigt: Alle haben als „Überschrift" und „Unterschrift" den Hallelu-Jah-Ruf (die Gruppe wird deshalb auch „Letztes Hallel" genannt), und sie sind durch ein enges Stichwortgeflecht miteinander verwoben (vgl. u.a. 146,10 mit 147,12; 147,4 mit 148,3; 147,11 mit 149,4; 147,20 mit 148,14; 148,14 mit 149,1.9; 148 mit 150). Zugleich sind diese fünf Lobpreis-Psalmen auf der Ebene der Psalmenbuchredaktion die Durchführung des in der letzten Zeile von Ps 145 vom Beter angekündigten Lobpreises: „Den Lobpreis JHWHs soll mein Mund rezitieren, alles was lebt, soll das Dank- und Preisgebet seinem heiligen Namen sagen – für ewig und immer!"

Mit der Komposition Ps 146–150 kommt das Psalmenbuch zu seiner Vollendung im wahrsten Sinne des Wortes: In den Worten der Psalmenbeter verdichtet sich die Erfahrung, daß alles, was lebt, von Gott her und auf ihn hin lebt – und der Lobpreis ist das dankbar-freudige Ja zu dieser Realität. Die Beter von Ps 146–150 machen sich zu Sprechern dieses Lobes für alles, was ist und lebt, im Himmel und auf Erden. Mit ihrem Lob wollen sie die unbelebte und die belebte Schöpfung in jene freudige Erregung versetzen, in der Liebende fühlen und wissen, daß sie miteinander und voneinander leben. Wer Ps 146–150 nacheinander rezitiert und sich von ihrer Dynamik ergreifen läßt, wird die zweifache Bewegung erleben, mit der hier in immer gewaltigeren Kreisen alles auf JHWH als die schöpferische Quelle des Lebens hindrängt. Ps 146 beginnt damit, daß ein einzelnes Ich sich selbst zum

Gotteslob auffordert. Ps 147 weitet die Aufforderung auf Jerusalem/Zion aus. Ps 148 wendet sich an alles, was im Himmel und auf Erden ist – und schließt, außerordentlich wirkungsvoll, mit dem Blick auf die JHWH-Gemeinde der Getreuen. Und mit der Aufforderung an diese Gemeinde zum Gotteslob setzt in Ps 149 die zweite Bewegung ein, die sich im abschließenden Psalm 150 abermals ausweitet zur Einladung, am großen Schöpfungsfest für JHWH teilzunehmen.

Von dieser Kompositionsidee her sind Ps 148 und Ps 150 in gewisser Hinsicht parallelisiert. Beide Psalmen arbeiten – typisch für die frühjüdische Zeit ihrer Entstehung – mit theologisch bedeutsamer Zahlensymbolik (diese Vorliebe nimmt in der Zeit der Rabbinen noch zu!). Der Zehnerreihe der Imperative „lobpreiset" von Ps 150 entspricht das zehnmalige Vorkommen der Imperative (acht) und Jussive (zwei: V. 5a.13a) des Verbums „lobpreisen" in Ps 148 (ohne die den Psalm rahmenden Hallelu-Jah-Rufe!). Innerbiblisch ist diese zehnfache (zehn: Zahl der Totalität) Aufforderung zum Lobpreis, die auf die beiden Teile von Ps 148 (1b–6b: Lobpreis „vom Himmel her"; 7a–14c: Lobpreis „von der Erde her") aufgeteilt ist, in Beziehung zu setzen mit den zehn Worten des Schöpfergottes in Gen 1 und mit den zehn Worten des Dekalogs vom Sinai (Ex 20; Dtn 5). Auf die zehn Schöpfungsworte, die die Grundordnung des Kosmos festlegen (vgl. Ps 148,6), und auf die zehn Gesetzesworte, die die Lebensordnung für das Zusammenleben der Menschen proklamieren (vgl. Ps 148,14), antworten die zehn Lobaufforderungen von Ps 148 und Ps 150. Auch von daher wird deutlich: das Psalmenbuch ist die dankbare Antwort auf das Heilshandeln JHWHs in Schöpfung und Geschichte.

Die unseren Psalm durchziehende Zahlensymbolik ließe sich (unter Aufnahme entsprechender Beobachtungen von L. Ruppert) noch vielschichtig beschreiben; einige Andeutungen müssen hier genügen (wer den Psalm laut rezitiert, wird vieles intuitiv erfassen). Insgesamt werden im Psalm dreißig (drei mal zehn!) Adressaten mit Vokativ zum Lobpreis aufgefordert (im ersten Teil: sieben!). Die Totalitätsangabe „alle" wird im Psalm zehnmal verwendet. Der durch die überschriftartigen Verse 1 b.7 a in zwei Teile gegliederte Psalm läßt sich in sieben (!) Strophen unterteilen (vgl. die Auslegung), wobei der den himmlischen Bereich umfassende 1. Teil mit seinen drei Strophen auf das Dreimal-Heilig von Jes 6 bzw. Ps 99 (vgl. dazu unten IV.) anspielt; die vier Strophen des 2. Teils, die dem irdischen Bereich gelten, inspirieren sich an den vier Himmelsrichtungen. Ohne die beiden Hallelu-Jah-Rufe besteht der Psalm aus dreißig (!) Zeilen. All dies ist keine Spielerei, sondern Stilmittel, um die Grundüberzeugung des Psalms, daß in der Vielgestaltigkeit der Schöpfung eine durchdachte, schöne Ordnung (= Kosmos) waltet, rhetorisch und poetisch nahezubringen.

Auslegung

Die beiden Teile des Psalms (V. 1–6 und V. 7–14) haben die gleiche Struktur: Sie beginnen mit einer imperativischen Aufforderung zum Lobpreis JHWHs, wobei die Adressaten in listenartiger Reihung einzeln aufgerufen werden (1. Strophe: 1 b–2; 2. Strophe: 3–4; 4. Strophe: 7–8; 5. Strophe: 9–10; 6. Strophe: 11–12). Dann folgt jeweils eine zusammenfassende (jussivische: „sie sollen ...") Aufforderung zum Lobpreis des Namens JHWHs (V. 5 a = V. 13 a), die mit einem für den Hymnus typischen „Denn-Satz" begründet wird (3. Strophe: 5–6; 7. Strophe: 13–14). Im ersten Teil lautet die Begründung, daß der Schöpfergott der Schöpfung durch sein machtvolles Wort (vgl. auch Ps 33,9) eine ein für allemal gültige Ordnung eingestiftet hat (V. 5b–6b). Die Begründung des zweiten Teils (V. 13b–14c) blickt auf die Geschichte, in der sich der Name JHWH als rettender Schutz (vgl. Spr 18,10) und insbesondere als Lebenskraft (V. 14a: „er erhöhte seinem Volk das Horn" = Symbol für Kraft und Rettung; vgl. Ps 75,6; 89,18.25; 1 Sam 2,10) für sein Volk erwiesen hat. Der Psalm denkt hier zunächst an die wunderbare Rettung Israels aus der tödlichen Katastrophe des Exils, aber auch an das Wunder, daß Israel auf der Erde inmitten der Völkerwelt überlebt, – weil ER es als „sein Volk" geschaffen hat. Damit hat er, dessen Hoheit Himmel und Erde durchstrahlt (V. 13c spielt auf Ps 8,2c an!), Israel Grund genug gegeben, den Lobpreis (V. 14b) zur grundlegenden Lebensgestalt zu machen (beide Zeilen sind redaktionelle Erweiterungen).

In seiner listenartigen Nennung der Adressaten, die zum Schöpferlob aufgerufen werden, inspiriert sich der Psalm an der vor allem in der ägyptischen Weisheitsschule zur Blüte gelangten altorientalischen „Listenwissenschaft". Schon die Erfindung der Schrift verdankt sich dem wirtschaftlichen Interesse, Gegenstände und Lebewesen in Listen zu erfassen. Damit war der Schritt von der wirtschaftlichen zur wissenschaftlichen Erfassung der „Welt" nicht mehr weit: So entstanden Listen von Haustieren, Göttern, Orten, Pflanzen usw. (Manche Kinder üben auch heute noch das Schreiben, indem sie „Listen" der ihnen bekannten Tiere, von Vornamen, Städten usw. zusammenstellen). Durch die Listen, die teilweise über tausend Eintragungen hatten, wurde die Welt entmythisiert, geordnet und in die menschliche Lebenswelt integriert. Am bekanntesten ist das „Onomastikon (Namenliste) des Amenope" mit 610 Eintragungen. Es entstand im 12. Jahrhundert v. Chr., vermutlich in

Memphis, wo das Haupttheiligtum des Schöpfergottes Ptah war. Seine ersten Zeilen lauten: „Beginn der Lehre, um den Verstand zu klären, um den Unwissenden zu unterweisen und alle Dinge kennenzulernen, die existieren, die Ptah geschaffen und (der Schreibergott) Thot aufgeschrieben hat, den Himmel mit seinen Dingen, die Erde und was in ihr ist ..." Aus den enzyklopädischen Listen spricht letztlich das Bemühen, das vielschichtige Geheimnis der Schöpfung zu erfassen, um sich die Welt vertraut zu machen.

Unser Psalm steht in dieser Kultur- und (Natur-)Wissenschaftstradition. Er teilt die Schöpfung in einen himmlischen und irdischen Bereich, schreitet diese Bereiche durch exemplarisch ausgewählte, aber systematisch angeordnete Elemente und Lebewesen ab: Lebewesen im Himmel: der himmlische Hofstaat JHWHs (1. Strophe: 1 b–2 b); unbelebte Wesen und Mächte am bzw. über dem Himmelsfirmament: Sonne, Mond und Sterne (2. Strophe: 3–4); Wesen und Phänomene um die Erdscheibe herum und über ihr: Meeresdrachen und personifiziert gedachte Urfluten, Wetterphänomene (4. Strophe: 7–8); nichtmenschlicher Bereich auf der Erdscheibe: Berge und Hügel, Fruchtbäume und Zedern (Vertreter der wildwachsenden Bäume!), vier Arten der Tierwelt nach der Einteilung von Gen 1 (5. Strophe: 9–10); die Menschen auf der Erde (6. Strophe: 11–12), geordnet nach politischen und gesellschaftlichen Kategorien (V. 11), nach der Geschlechterdifferenz (V. 12 a) und nach dem Lebensalter (V. 12 b). In der Auswahl der einzelnen Elemente dieser Liste gibt es eine auffällige Nähe zu Ps 104, aber auch zu Gen 1, was auf Herkunft aus der gleichen weisheitlich-priesterlichen Tradition hinweist.

Das Faszinierende an unserem Psalm, der im sogenannten Lobgesang der drei Jünglinge im Feuerofen (Dan

3) (vgl. oben I. 3) eine großartige Fortschreibung erfahren hat, ist aber nun: Die listenartige Benennung von „Himmel und Erde" (sogenannter Merismus: alles, was geschaffen ist!) bindet alle zu einer umfassenden Lobgemeinschaft zusammen. Was allen gemeinsam ist, von den Mineralien bis zu den Königen, von der Sonne bis zu den Zedern, vom Jordanbär bis zu den jungen Frauen, ist dies: daß in ihnen ein wundervoll vielstimmiges Schöpfungslied schwingt und klingt, das von der Herrlichkeit und Großzügigkeit des Schöpfergottes erzählt.

Mit seiner zehnfachen Einladung „dirigiert" der Psalm gewissermaßen dieses Schöpfungsoratorium, das nie verstummt, solange der Schöpfer seine Schöpfung am Leben hält.

III. Zion – Quelle des Lebens

Die biblische Zionstheologie hat gegenüber den anderen theologischen Strömungen Israels ihr unverwechselbar eigenes Profil. Insofern sie den Berg Zion und die auf ihm gelegene Stadt Jerusalem als Orte des Heils deutet, reflektiert sie eine Beziehung zwischen JHWH und einem Ort. Gewiß hat sie dabei auch die auf dem Zion und in Jerusalem lebenden Menschen im Blick, auch die Beziehung der Menschen, die wegen der Bedeutung von Zion/Jerusalem dorthin kommen, aber der Ansatz aller theologischen Aussagen ist dieses „Stück" Erde inmitten des Landes Israel bzw. inmitten des Kosmos. Durch diesen Ansatz unterscheidet sie sich beispielsweise von der Exodus-Theologie, die die personale Beziehung zwischen JHWH und seinem Volk erzählt und meditiert.

Diese Besonderheit der Zionstheologie hängt mit ihrer Herkunft, aber auch mit ihrem Überlieferungsort zusammen. Ihre Herkunft reicht in die vor-jahwistische Zeit zurück. In ihr wirken alte, kanaanäische Jerusalemer Traditionen weiter. Und die Jerusalemer Theologen haben sich auch in der Zeit, als der Zion längst der heilige Berg JHWHs geworden war, immer noch bemüht, die ureigenen Traditionen Jerusalems zu bewahren, auch wenn die Zionstheologie neue Vorstellungen integrierte oder, vor allem angesichts der Zerstörung Jerusalems und des Tempels im Jahre 587 v.Chr., nach neuen Ansätzen suchte.

Schon in vorjahwistischer Zeit waren mit dem Zion vor allem kosmogonische Vorstellungen verbunden, die dann auf JHWH, als er Stadt- und Reichsgott wurde, mit seinem „Tempelpalast“ auf dem Zion, übergingen. Der Zion war „Götterberg“ und „Weltberg“ zugleich. Auf ihm hatte JHWH als „Götterkönig“ seinen Thron und von hier aus bändigte er das Chaos. Sein kanaanäischer „Vorgänger“ Baal hatte sich die Königswürde durch seine mythischen Siege über das Chaosmeer Jammu und über die Trockenhitze Mot erkämpft und feierte Jahr für Jahr im Herbst, nach dem Ende der Trockenzeit und mit Einsetzen des ersten Regens, sein Inthronisationsfest auf dem Götterberg. Der beim Neujahrsfest im Herbst erklingende kultische Ruf „Baal ist König geworden“ beschwor die Macht Baals, im beginnenden landwirtschaftlichen Jahr das Chaos zu bändigen und den für den Regenfeldbau, aber auch für die Kleinviehweiden notwendigen Regen zu spenden.

Als JHWH den Zion „übernahm“, übernahm er auch diese Kompetenzen der Bekämpfung des Chaos und der Regengabe als Götterkönig des Zion. Von hier aus ordnete er, insofern der Zion „Weltberg“ war, an dem sich Himmel und Erde berührten und die Erde ihren Halt erhielt, auch die politische und die soziale Ordnung. Am Zion und vom Zion aus bekämpfte er die feindlichen Völker und die Frevler. Am Zion zerschellen die Könige und Völker, die sich dort gegen ihn zusammenrotten – oder aber sie „bekehren“ sich hier zu JHWH und nehmen IHN als ihren Gott an, wie Ps 46 besingt (vgl. dazu die Auslegung unten!) und wie die große Friedensvision Jes 2, 1–5 = Mi 4, 1–5 verheißt: „An jenem Tag wird der Berg Zion hoch aufragen als der höchste der Berge … Vom Zion geht die Tora aus …“

Es gab auch die Vorstellung, daß vom Zion aus die Schöpfung begann. Jene Bearbeitung, die in die Paradiesgeschichte Gen 2 den Abschnitt von der Quelle, die im Paradies entspringt und sich dann in die vier (!) Weltströme zerteilt, einfügte, wollte damit die Paradiesgeschichte auf den Zion als „Weltberg" verlegen; die Quelle, die nach Ez 47 inmitten des Tempels entspringt und das tote Land in ein Paradies verwandelt, gehört ebenso zu dieser Tradition wie die Vorstellung vom „Gotteskanal" in den Psalmen 46 und 65, die wir hier auslegen wollen.

Die Zionstheologie arbeitete aber auch mit dem Thema „Stadt". Die auf dem Zion liegende Stadt Jerusalem war „die Gottesstadt", die für ihre Bewohner und die dorthin kamen ein Ort besonderer Gottesgegenwart war. Was in der altorientalischen und altisraelitischen Welt mit „Stadt" als Ort der Sicherheit und des Schutzes, als kulturellem, kultischem und politischem Zentrum der Region (bzw. im Fall der Königs- und Hauptstadt Jerusalem: des Reichs!) verbunden wurde, das schrieb die Zionstheologie Jerusalem als der „Gottesstadt" zu. Sie galt als uneinnehmbar, weil JHWH in ihr wohnte.

So wurden Zion und Jerusalem zum mythisch-hymnischen Topos für Leben und Heil (schālōm). JHWH, der Zion und die Stadt als Quelle des Lebens für die Menschen und das Land, ja für den ganzen Erdkreis wurden in den Hymnen und in den großen Kultfesten, die „der Staat" feierte, so eng miteinander verschmolzen, daß eine schier unerschütterliche Allianz entstand. Wenn der 48. Psalm die Könige der Völker und deren Soldaten auffordert, den Zion zu umkreisen und die auf ihm liegende Stadt Jerusalem zu meditieren, um dabei zu dem Fazit: „Ja, da ist wirklich ein Gott. Auch unser Gott soll er fürderhin sein" (Ps 48,15), zu kommen, dann ist dies Ausdruck jener Symbiose von JHWH und Jerusalem, die in der spätvorexilischen Zeit, nicht zuletzt angesichts der wunderbaren Rettung Jerusalems vor den Assyrern im Jahre 701 v. Chr., besonders intensiv war.

Als dann Jerusalem 587 v. Chr. erobert und zerstört

wurde und der Zion ein Ruinenfeld war, war dies die Stunde einer „neuen" (d. h. erneuerten!) Zionstheologie. Nun wurde über die Voraussetzungen und die Bedingungen reflektiert, unter denen JHWH auf dem Zion „wohnt" oder „erscheint". Und nun wurde Zion/Jerusalem vor allem als Frau, als Mutter der Kinder Israel, ja sogar der Völker (Ps 87!) vorgestellt, aber auch als „Geliebte" JHWHs und als Königin an der Seite des königlichen Gottes JHWH. Als Mutter weint und klagt Zion über ihre im Exil verschleppten und getöteten Kinder, als „Witwe" Zion trauert sie über den Verlust ihres Mannes JHWH, als „Tochter" Zion jubelt sie, weil ihr Geliebter zurückkehrt. Die ursprüngliche Beziehung zu einem Ort wandelt sich nun zu einer personalen Beziehung, in der Zion zu JHWH steht – und für die Menschen und Völker in „neuer" Weise zur Quelle des Lebens wird.

Psalm 46

1a *Für den Chorleiter. Von den Korachiten.*
1b *Nach der Weise „*ʿAlamōt". Ein Lied.

2a *Ein Gott ist für uns Fluchtburg und Festung,*
2b *als Hilfe in Bedrängnissen ließ er sich sehr finden!*
3a *Darum müssen wir nicht fürchten, daß die Erde sich wandelt*
3b *und daß die Berge mitten ins Meer wanken,*
4a *sogar wenn toben, sogar wenn schäumen seine Wasser,*
4b *sogar wenn beben die Berge bei seinem Aufbäumen.*

5a *Ein Strom! Seine Kanäle erfreuen die Stadt Gottes.*
5b *Die heilige Wohnung des Höchsten ist es.*
6a *Ein Gott ist in ihrer Mitte, so wankt sie niemals.*
6b *Es hilft ihr ein Gott, wenn der Morgen anbricht.*
7a *Völker tobten, Herrschaften wankten.*
7b *Er donnerte mit seiner Stimme, daß die Erde schwankte.*
8a *JHWH Zebaot (der Heerscharen) ist mit uns.*
8b *Schutz ist für uns der Gott Jakobs!*

9a *Geht, schaut die Taten JHWHs,*
9b *der Schrecken legt auf die Erde:*
10a *Er ist es, der den Kriegen ein Ende macht bis an den Rand der Erde.*
10b *Den Bogen zerbricht er, er zerschlägt die Lanze,*
10c *die Lastkarren verbrennt er im Feuer.*
11a *„Laßt ab und erkennt: Gott bin Ich!*
11b *Ich erhebe mich über die Völker, ich erhebe mich über die Erde!"*
12a *JHWH Zebaot (der Heerscharen) ist mit uns,*
12b *Schutz ist für uns der Gott Jakobs.*

Einführung

„Ein feste Burg ist unser Gott ... Er hilft uns frei aus aller Not ... Und wenn die Welt voll Teufel wär und wollt uns gar verschlingen, so fürchten wir uns nicht so sehr ... das Reich muß uns doch bleiben!" So hat Martin Luther in seinem bekannten Psalmlied die Bilder und die Aussageabsicht des Psalms umgesetzt. In der katholischen Tradition ist es das 1876 von Joseph Mohr verfaßte Lied „Ein Haus voll Glorie schauet", das vom biblischen Psalm inspiriert ist. Da klingt's weit kämpferischer als bei Luther: „Gar herrlich ist's bekränzet mit starker Türme Wehr ... Wohl tobet um die Mauern der Sturm in wilder Wut ... Ob auch der Feind ihm dräue, anstürmt der Hölle Macht ... Viel Tausend schon vergossen mit heil'ger Lust ihr Blut ... Auf, eilen liebentzündet, auch wir zum heil'gen Streit; der Herr, der's Haus gegründet, uns ew'gen Sieg verleiht." Kein Wunder, daß im neuen „Gotteslob" von der Urfassung dieses Lieds nur noch die erste Strophe geblieben ist.

An beiden Liedern wird die Gratwanderung spürbar, die auch im Psalm selbst da ist: Das Vertrauen auf die wirkmächtige Gegenwart Gottes, gerade angesichts katastrophischer, ja teuflischer Gefahren, darf weder in verbales Pathos noch gar in Vorstellungen umschlagen, die Gott zum Krieger und Sieger und seine Verehrer zu wakkeren Soldaten auf der Schlachtstatt der Geschichte machen. Daß schon der Psalm selbst in alttestamentlicher Zeit so (miß)verstanden wurde, läßt sich an seiner Wirkungsgeschichte ablesen. In der eschatologischen Vision Joel 4,9–21 (der Abschnitt hat zahlreiche Anspielungen an Ps 46), wo überdies das „Schwerter-Pflugscharen-Programm" von Jes 2 / Mi 4 umgekehrt wird, werden die Völker zum Krieg gegen Zion aufgerufen, um dort vom „Gott-mit-uns" vernichtet zu werden. Und in der aus dem 3. Jahrhundert v. Chr. stammenden Erzählung des zweiten Chronikbuchs über die im Jahr 701 geschehene unerwartete Rettung Jerusalems vor dem assyrischen Belagerungsheer des Sanherib wird dem König Hiskija unter Aufnahme von Worten unseres Psalms folgende Rede an sein Volk in den Mund gelegt: „Seid mutig und tapfer! Fürchtet euch nicht (vgl. Ps 46,3) und erschreckt nicht vor dem König von Assur und der tobenden Menge (vgl. Ps 46,7 a), die mit ihm ist, denn mit uns ist mehr als mit ihm. Mit ihm sind Arme aus Fleisch, mit uns ist JHWH, unser Gott, der uns hilft (vgl. Ps 46,6a.8a.12a) und unsere Kriege führt" (2 Chr 32,7f).

Daß Gottes Nähe *gerade* im Krieg und im Sieg erfahren wird, ist eine archaische Vorstellung, die Israel mit seiner Umwelt teilte – und die leider bis in unsere Tage vielerorts immer noch lebendig ist. Wir werden ihr noch in Ps 44 begegnen, werden dort zugleich sehen, daß und wie Israels Theologie sich mit dieser problematischen Vorstellung auseinandersetzte (vgl. unten VII.). Auch Ps 46 hat an diesem theologischen Lernprozeß Anteil. So gewiß einerseits die Hoffnung legitim ist, daß Gott sich, auch in Zeiten des Krieges, stärker erweisen soll als alle Mächte des Todes, so bleibt andererseits doch die Frage, die sich schon zum Exodusgeschehen aufdrängt: „Was denken die Ägypter über diesen Gott?", d. h., kann dieser Gott sein Volk denn nur durch die Vernichtung der Feinde retten?

Psalm 46 bildet zusammen mit den motivlich und strukturell sehr ähnlichen Psalmen 48 und 76 die Gruppe der Zionslieder im engen Sinn; eng verwandt damit ist Ps 87, der als zusammenfassende Neuinterpretation von Ps 45–48 zu lesen ist. Zwischen Ps 46 und Ps 48 gibt es zahlreiche sprachliche Bezüge. Sie haben insbesondere eine ähnliche Struktur:

(1) Am Anfang steht mottoartig ein Bekenntnis zum Zion-Gott.

(2) Das Bekenntnis wird dann erzählerisch entfaltet und begründet.

(3) Es folgen imperativische Aufrufe, die beide Male an die Könige der Völker gerichtet sind, und in denen die Ziongemeinde die Völkerwelt einlädt, JHWH als ihren Gott zu übernehmen.

(4) Am Schluß steht ein Bekenntnissatz, den Israel stellvertretend für die Völker spricht. In ihm kommt die

Zionstheologie als eine Theologie der Neuschöpfung der Welt zu ihrem tiefsten Wesen.

Die Erkenntnis des Aufbaus von Psalm 46 und des in ihm „ablaufenden" Sprachgeschehens hängt nicht unwesentlich an der Frage, ob die von den meisten neueren Auslegern (und im Anschluß daran auch von der „Einheitsübersetzung") vorgenommene Einfügung des „Kehrverses" V. 8 = V. 12 auch nach 4ab berechtigt ist. Für diese Einfügung werden vor allem drei Gründe genannt:

(1) Fügt man den Kehrvers ein, entsteht ein wunderschönes Lied von drei gleich langen Strophen.

(2) Die Strophen 1 und 2 erhalten dadurch eine parallele Struktur: Bekenntnis – Chaoserfahrung (1. Strophe: mythisch; 2. Strophe: geschichtlich) – Bekenntnis (wortgleicher Kehrvers).

(3) Da V. 5 einen Neueinsatz markiert, wäre die 1. Strophe ohne den „Kehrvers" offen und unvollständig.

Der Haupteinwand gegen die Einfügung lautet und ist für mich entscheidend: Die Einfügung ist weder durch hebräische Textzeugen noch durch die alten Übersetzungen gestützt; sie entspringt neuzeitlichem Harmoniedenken. Vor allem zerstört die Einfügung die ganze Dynamik des Psalms!

Der Psalm setzt in V. 2 mit dem Bekenntnis derZiongemeinde in Wir-Form ein, die in V. 3 daraus eine Schlußfolgerung zieht, die angesichts der in V. 4 benannten Realität immer wieder in Frage gestellt wird. Diese erste Strophe des Psalms ist ein einziger syntaktischer Zusammenhang; man kann sich die Strophe gut von einem Chor gesungen vorstellen.

Die zweite Strophe setzt in V. 5 mit einem Gegenbild zu V. 4 ein. Den ängstigenden Chaoswassern (V. 4) wird das mythische Bild von dem die Gottesstadt erfreuenden

Strom entgegengestellt, an dem erfahrbar ist, was das in V. 2 gesungene Bekenntnis konkret in der Geschichte bedeutet: Der Chaosbekämpfer JHWH ist der Retter seiner Stadt und der in ihr Zuflucht Suchenden, gerade in höchster Gefahr (V. 6–7). Auf diese (von einem Vorsänger entfaltete) Zionstheologie antwortet in V. 8 die Ziongemeinde mit einem vertieften Glaubens-Satz: Nun fallen erstmals Namen und Titel des Ziongottes. Und nun ist auch klar, vor wem die Ziongemeinde diesen Hymnus singt: vor der Völkerwelt!

Die dritte Strophe (V. 9–12) wendet sich an die Völker, die in feindlicher Absicht gegen Zion/Jerusalem gezogen waren und dabei vom Ziongott gestoppt worden waren (2. Strophe). Sie werden nun (vom Vorsänger) aufgefordert, ihre Kriegswut zu beenden und JHWH als Friedensgott anzunehmen (V. 9–11) und zusammen mit Israel das den Kosmos „erneuernde" Bekenntnis V. 12 zu singen (vom Chor bzw. der Gemeinde gesungen!)

Die Entstehungszeit des Psalms wird sehr unterschiedlich bestimmt. Mir scheint: Die zweite Strophe ist in ihrer ungebrochenen Gewißheit nur *vor* der Eroberung Jerusalems (587 v. Chr.) denkbar (V. 6a), sie spielt auf die überraschende Rettung Jerusalems vor Sanherib (701 v. Chr.) an, hat den Untergang des Nordreichs (722 v. Chr.) und den Niedergang der Nachbarstaaten Judas im 8. Jahrhundert, aber auch den Machtzerfall des assyrischen Weltreichs (7. Jahrhundert) vor Augen (V. 7) und könnte deshalb aus der Frühzeit der joschijanischen Restauration (vgl. Ps 44, 2–9) stammen – mit Ausnahme von V. 10a. Diese Zeile ist in der poetischen Struktur „überschüssig" und in ihrer „pazifistischen" Tendenz nachexilisch.

Der Psalm dürfte ursprünglich seinen „Sitz im Leben" bei liturgischen Feiern gehabt haben, mit denen JHWH als Schutzgott seiner Stadt gefeiert wurde. Er wird insbesondere beim Jerusalemer Herbst- und Neujahrsfest (Thronbesteigung JHWHs als Aktualisierung seines weltgründenden Königtums) gesungen worden sein. Als Festpsalm feiert und verkündet er JHWHs „von Urzeit her" gegebenes Weltkönigtum als ein in der konkreten Geschichte bis zu deren Vollendung hin sich verwirklichendes Geschehen. Indem die Ziongemeinde den Psalm singt und dabei sogar stellvertretend für die Völker JHWH als Weltkönig anerkennt, bildet sie das Kommen der Gottesherrschaft nicht nur kultisch ab, sondern bietet sich zugleich als der „Ort" an, von dem aus der Ziongott „Quelle des Lebens" für den ganzen Kosmos sein kann.

Auslegung

Die *erste Strophe* setzt in V. 2 mit einem vollmundigen Bekenntnis der Ziongemeinde ein, das aus der Erfahrung kommt: Als „Fluchtburg", „Festung" und „Hilfe" ließ ER sich finden (vgl. Dtn 4,29; Jes 55,6; 65,1). Diese Bilder von V. 2 stammen aus der Erfahrung einer feindlichen Invasion, vor der die Leute sich in die durch Mauern befestigte Stadt flüchteten. Oft gab es in den Städten, auch im Jerusalem der Königszeit, noch eine auf dem höchsten Punkt der Stadtanlage (die Städte lagen gewöhnlich auf Hügeln!) gelegene Zitadelle („Burg"), in der der König oder der Stadtgouverneur residierte; sie konnte nochmals, wenn der Feind schon in die Stadt eingedrungen war, als „Fluchtburg" dienen. „Hilfe" in solcher „Bedrängnis", wenn sich der Belagerungsring der Feinde immer enger schnürte, ereignete sich dann, wenn die Feinde die Belagerung aufgaben – und die Stadt gerettet war. Als einen Gott, der aus solchen Nöten befreit, hat Israel seinen Gott seit der Rettung vor Pharao immer wieder erlebt, so in besonderer Weise im Jahre 701 v. Chr., als der assyrische König Sanherib urplötzlich die Belagerung Jerusalems abbrach (vgl. 2 Kön 18, 13 bis 19, 37).

Aus dem Bekenntnis zieht die Gemeinde in V. 3 eine Schlußfolgerung, die ähnlich am Ende der Sintfluterzählungen im Munde Gottes begegnet (vgl. Gen 8, 21 f; 9, 8–17): Weil „ein Gott" da ist (auf dem Zion, dem „Weltberg", und in der Gottesstadt), fürchtet die Ziongemeinde nicht, daß die Welt wieder ins totale Chaos zurückfallen könnte, dadurch daß die Erde sich in ihr Gegenteil wandelt und daß die Berge, die der Erde Stabilität geben und das von der Erdscheibe weggejagte Chaoswasser zurückhalten (vgl. Ps 104, 5–9; Jer 5, 22), in das Chaoswasser um sie herum stürzen. An diesem Bekenntnis hält sich die Gemeinde fest, auch wenn in der Gegenwart alles dagegen spricht, weil das Chaos mächtig ist: es läßt seine „Wasserwogen" beängstigend laut toben (V. 4 a) und es bäumt sich voller Empörung wild auf (vgl. Ps 89, 10; Ijob 38, 11), so daß die Berge wie bei einem Erdbeben erzittern (V. 4 b; vgl. Jes 24, 18 f).

Der abgewehrten Schreckensvision (V. 3) und der real erfahrenen Bedrohung (V. 4) setzt die *zweite Strophe* das Kontrastbild der „Gottesstadt" entgegen: Sie ist die Stadt auf dem paradiesischen Götter- und Weltberg, über der immer wieder (aus dem Chaoswasser!) die rettende Morgensonne aufgeht, die das Dunkel vertreibt und das wärmende, klärende Licht bringt. Der Schöpfergott als Chaosbekämpfer wehrt das „böse" Chaoswasser ab und wandelt es zugleich in „gutes" Lebenswasser um (vgl. zu diesem zusammenhängenden mythischen Bild: Ps 74, 12–15; 89, 10–15; 104, 5–18 und vor allem den folgenden Psalm 65!). Statt der aufschäumenden Chaoswasser entspringt hier ein mythischer „Strom", dessen „Kanäle" (Bezeichnung für „lebendiges Wasser" im Unterschied zu abgestandenem Grundwasser oder Wasserbassins!) die Stadt, ihre Bewohner und ihr Umland „erfreuen". Wer dieser Strom ist, sagt V. 5b: Der Tempel „des Höchsten", des Stadtgottes von Jerusalem (vgl. Gen 14,18–20; Ps 47,3.6), ist diese Quelle. Genauer: Der in diesem Tempel wohnende Gott ist es! Weil er „in der Mitte seiner Stadt" (vgl. Jer 8,19; Mi 3,11) ist, kann dieser Stadt das rings um sie tobende Chaos nichts anhaben. Dies wird mit der gemeinaltorientalischen Vorstellung von der siegreich aus den Chaoswassern aufgehenden Sonnengottheit erläutert. Wenn die Morgenröte aufsteigt, geht die Nacht als Zeit des tödlich bedrohlichen Chaos zu Ende. Die Sonne bringt das Licht als Quelle des Lebens und der Freude. Der Sonnengott kommt hervor als „Sonne der Gerechtigkeit" (vgl. Mal 3,20), die die Frevler vertreibt und die Lebensordnung schützt. Das ist ein alttestamentlich breit belegter Topos, mit dem Israel auch seine geschichtlichen Erfahrungen deutete (vgl. die Rettung Israels am Schilfmeer beim Anbrechen des Morgens Ex 14,27, die Rettung Jakobs beim Gotteskampf „am Morgen, als die Sonne aufging" Gen 32,32; besonders aber die Rettung Jerusalems vor den Assyrern „am Morgen" 2 Kön 19,35 = Jes 37,36). V. 7 erläutert und begründet dieses Bekenntnis zu JHWH als „Lebensquelle" und „Sonne" mit einem Blick in die Geschichte (vgl. schon V. 2b): Da ließen sich Völker und ihre Könige vom „Chaos" anstecken (vgl. die Stichwortbezüge von V. 7 nach V. 3–4) und rotteten sich zusammen, um die „Gottesstadt", das Zentrum des „Kosmos" zu zerstören. Doch da „erschien" der Ziongott als kanaanäischer Gewittergott (Baal) „im Donner" und beendete das anstürmende Kriegschaos. Auf diese „Erinnerung" durch den Vorsänger antwortet „die Gemeinde" in V. 8 mit einem zusammenfassenden Bekenntnis. Sie nennt sich mit dem alten Würdetitel „Jakob" (Anspielung auf die

Rettung Jakobs „am Morgen" Gen 32,27.32?), zitiert den ursprünglich mit der Lade verbundenen und danach auf den Zion übergegangenen Gottestitel JHWH Zebaot („Gott der Heerscharen") und betont mit einer weiteren aus der Kriegserfahrung stammenden Metapher ihre Rettungsgewißheit: Der Ziongott ist *für uns* (vgl. den Rückbezug nach V. 2a) „Schutz", d.h. eigentlich eine auf einer unzugänglichen Berghöhe (Zion!) liegende Festung (Gottesstadt).

In der *dritten Strophe* ergreift zunächst wieder der Vorsänger das Wort und wendet sich nun an die Völker und ihre Könige, denen die Gottesstimme bereits ihre chaotische Gefährlichkeit genommen hat; V. 7b sprach ausdrücklich nur vom „Schwanken" der Erde, worauf V. 9b nochmals zurückblickt. Mit zwei Imperativen („geht und schaut"!) werden sie aufgefordert, „die Taten JHWHs" in ihrer Tiefendimension zu erfassen (V. 10) und daraus die entsprechenden Konsequenzen zu ziehen (V. 11–12). Dem Ziongott als dem Chaosbekämpfer geht es darum, alle Kriege weltweit und für immer aufhören zu lassen (V. 10a; vgl. Jes 2,4 = Mi 4,3; Hos 1,7; 2,20 u.ö.). Um Kriege zu verhindern, vernichtet er selbst alle Kriegswerkzeuge. Zuerst „zerbricht" er die hölzernen Bogen, die gefährlichsten der damaligen Waffen, weil der Pfeil aus weiter Ferne und heimtückisch traf; zugleich ist „der Bogen" Symbol von Herrschaft und Macht (vgl. Gen 9,13–15; Jer 49,35). Sodann „zerschlägt" er die Lanzen, d.h. er schlägt die Metallspitze vom hölzernen Schaft. Und schließlich verbrennt er „die Schilde" oder „die Lastkarren", die den Troß bilden (der Text ist hier unsicher!).

Wie aber will und wird JHWH dies tun? Der Vorsänger sagt es in V. 11 mit einer direkten Gottesrede, die als inhaltliche Explikation von V. 7b („er ließ seine Stimme ertönen") verstanden werden will: Der Friede kommt durch die Anerkenntnis des Gottes Jakobs durch die Völkerwelt als des allen (!), d.h. Israel *und* den Völkern, gemeinsamen Königs JHWH (zu V. 11b als Königsaussage vgl. vor allem Ps 99,2; dazu unten IV.), der vom Zion aus „Quelle des Lebens" sein will.

So schließt der Psalm mit der von der Ziongemeinde proleptisch für die Völker gegebenen Antwort, die Israel und die Völker (V. 12 = V. 8) „zusammenklingen" läßt: Wo die ganze Erde sich nicht mehr von der chaotischen Gewalt anstecken läßt, sondern sich unter der schützenden, kosmosstiftenden und „erfreuenden" Gottesherrschaft des Ziongottes geborgen weiß, haben die Kriege ihre Anlässe und ihre schreckliche Faszination verloren. Bis es soweit ist, will der Psalm die Hoffnung wachhalten – und zumindest Israel und die Kirche, die den Psalm singen, dazu befähigen, jetzt schon auf den Wegen dieses Gottes zu gehen (vgl. Mi 4,5) und so zum „Ort" des Anbrechens der Gottesherrschaft zu werden.

Psalm 65

1 *Für den Chorleiter. Ein Psalm Davids. Ein Lied.*

2a *Dir geziemt Lobpreis,*
2b *Gott auf dem Zion,*
2c *und dir erfüllt man Gelübde,*
3a *du Hörer des Bittgebets.*
3b *Zu dir kommt alles Fleisch*
4a *unter der Last der Schuldverstrickungen.*
4b *Zu schwer sind unsere Vergehen,*
4c *du bist es, der vergibt.*
5a *Selig, den du erwählst und dir nahen läßt,*
5b *daß er in deinen Höfen wohnt,*

5c *Wir wollen uns sättigen am Guten deines Hauses,*
5d *heilig ist dein Tempel.*

6a *Mit furchterregenden Taten antwortest du uns in Gerechtigkeit,*
6b *Gott unserer Rettung,*
6c *du Zuversicht aller Enden der Erde*
6d *und der fernen Meere.*
7a *Der die Berge gründet mit seiner Kraft,*
7b *der sich gürtet mit Macht,*
8a *der glättet das Tosen der Meere,*
8b *das Tosen der Wogen*
8c *und das Toben der Nationen.*
9a *Es fürchten die Bewohner der Enden deine Wundertaten,*
9b *die Aufgänge des Morgens und Abends machst du jubeln.*

10a *Du sorgst dich um das Land und überschüttest es,*
10b *du machst es überreich,*
10c *der Gotteskanal ist voll von Wasser,*
10d *du gibst ihnen Getreide.*
11a *Ja, so gibst du es: seine Furchen netzend,*
11b *ebnend seine Schollen,*
11c *mit Rieselregen lockerst du es,*
11d *sein Gewächs segnest du.*
12a *Du krönst das Jahr mit deinem Guten,*
12b *und deine Spuren triefen von Fett.*
13a *Es triefen die Auen der Steppe,*
13b *und mit Jubel gürten sich die Hügel,*
14a *die Triften kleiden sich mit Schafen,*
14b *und die Täler hüllen sich in Korn:*
14c *sie jauchzen sich zu und singen gar!*

Einführung

Der Psalm gliedert sich in die drei Teile 2–5.6–9.10–14. Diese sind durch Stichworte aufeinander bezogen (V. 3: „Hörer des Bittgebets" – V. 6: „du antwortest"; V. 5: „am Guten deines Hauses" – V. 12: „mit deinem Guten"; V. 7: „sich gürtet mit Macht" – V. 13: „mit Jubel gürten sich"; V. 9: „machst du jubeln" – V. 14: „sie jauchzen"). Jeder dieser Teile hat sein eigenes literarisches und motivliches Profil.

Der erste Teil (2–5) ist hymnischer Lobpreis der auf dem Zion versammelten „Gemeinde" des Ziongottes (Du – Wir). Er ist von kultischer Sprache und Vorstellungswelt geprägt; er nennt kultische Vollzüge der nachexilischen Tempelfrömmigkeit (Lobpreis, Bittgebet, Gelübdeerfüllung durch Opfergaben, Sündenvergebung) und läßt durch topographische Hinweise den Jerusalemer Tempelbezirk vor unseren Augen Gestalt annehmen (Zion, Höfe, Haus, Tempel). Der Teil kulminiert in der pluralischen Selbstaufforderung: „Wir wollen uns sättigen ...". Er ist gerahmt durch die Angaben „auf dem Zion" und „heilig ist dein Tempel".

Der zweite Teil (6–9) setzt zwar noch in V. 6 mit Du-Wir-Rede ein, geht dann in den hymnischen Partizipialstil über (in unserer Übersetzung leider nicht erkennbar!) und endet mit dem Blick auf „die Bewohner der Erde", übersteigt also bei weitem das „Wir" des ersten Teils. Er ist geprägt vom „schöpfungstheologischen" Vokabular der Zionstheologie, die JHWH als „Gründer der Erde" und als Bekämpfer der Chaosfluten (vgl. u. a. Ps 46; 104) feiert. Der Teil ist gerahmt durch die Wortaufnahmen „furchterregende Taten" – „es fürchten" sowie „Enden der Erde" – „die Bewohner der Enden".

Der dritte Teil (10–14) läßt nicht erkennen, wer als sein Sprecher gedacht ist. Von der Dynamik des Psalms, aber auch von der analogen Struktur der Zionpsalmen 46 und 48 her, die beide mit dem (fiktiven) Zitat einer den Völkern in den Mund gelegten Rede (vgl. auch Ps 87!) schließen, könnte V. 10–14 als Zitat eines Hymnus verstanden werden, den die in V. 9 genannten „Bewohner der Welt" singen (so schon S. Schroer 1991 mit Hinweis auf B. Fuglistaller). Dieser Teil feiert JHWH als Spender des Regens und dadurch als Geber der Fruchtbarkeit des Landes. In dieser „Strophe" überlagern sich mehrere Wortfelder bzw. Bildwelten. Zum einen stammen die Bilder aus der bäuerlichen Lebenswelt („Land" = Erdboden, Getreide, Ackerfurchen, Schollen, Gewächs, Auen der Steppe, Triften, Schafherden, Korn; bewässern, auflockern, ebnen = „eggen"). Zum anderen spielt dieser Teil mit Assoziationen, die die Erde/das Land als Gestalt lebendig werden lassen (gekrönt werden, sich gürten, sich kleiden, sich umhüllen, jauchzen und singen). Im Hintergrund stehen hier Vorstellungen von Baal als Regenspender und Befruchter des Landes, wobei zugleich Bilder von der „Heiligen Hochzeit" zwischen Baal und der Erde mitklingen (vgl. Hos 1–3). Dieser Teil, der die geradezu verschwenderische Großzügigkeit des sich um seine Erde kümmernden Gottes besingt, verwendet vierzehn unterschiedliche Verben, um das Handeln Gottes (sieben Verben) und die dadurch ausgelösten Lebensvollzüge der Erde (sieben Verben) zu bezeichnen (sieben: Zahl der *Segensfülle*).

Die drei Teile wechseln jeweils den Horizont und die Perspektive: JHWH als der Gott der auf dem Zion versammelten kultischen Gemeinde (1. Teil) – JHWH als der Gründer und Erhalter der universalen Schöpfungsordnung (2. Teil) – JHWH als der Regen- und Fruchtbarkeitsspender für das landwirtschaftliche Jahr (3. Teil). Andererseits besteht zwischen diesen Teilen ein theologischer Zusammenhang: Daß das Land sich Jahr für Jahr nach der sommerlichen Dürre in ein Paradies von Getreidefeldern und grünen Weidetriften für die Herden verwandelt (3. Teil), verdankt sich dem Schöpfergott, der das fortwährend andrängende Chaos machtvoll abhält (2. Teil) – und vor allem dem auf dem Zion wohnenden Gott, der die Bittgebete seines Volkes hört und in seiner Barmherzigkeit die Schuld vergibt (1. Teil).

Der Psalm ist insgesamt eine nachexilische Komposition (1. Teil!), könnte aber altes Textmaterial (Teile 2 und 3) integriert haben (S. Schroer: V. 10–14 Aufnahme eines alten kanaanäischen Hymnus?). Er dürfte seinen Sitz im Leben bei einem der großen landwirtschaftlichen Feste gehabt haben. Manche Autoren denken an das Sukkotfest im Herbst vor dem das landwirtschaftliche Jahr eröffnenden „Frühregen". Andere denken an das Mazzotfest im Frühling zur Zeit des „Spätregens", wenn das Getreide voll im Halm steht. Am wahrscheinlichsten ist die Verbindung des Psalms mit dem „Herbstfestkreis". Zum einen spielt das im 1. Teil wichtige Sündenvergebungsmotiv auf das große Versöhnungsfest (V. 4c verwendet das Verbum *kipper* = sühnen, versöhnen, vergeben; Versöhnungsfest = Jom Kippur) an; zum anderen ist das Neujahrsfest im Herbst das Fest der Königsherrschaft des Ziongottes, womit das landwirtschaftliche Jahr beginnt!

Im Psalmenbuch bildet Ps 65 zusammen mit den Psalmen 66; 67; 68 eine durch zahlreiche Stichwortaufnahmen angezeigte thematische Komposition (den vier Psalmen ist die auffällige Doppelüberschrift „ein Psalm, ein Lied" gemeinsam!), die den Ziongott als den Gott feiert, der alle Chaosmächte entmachtet und der Erde Leben in Fülle schenkt (vgl. als programmatischen Schluß dieser Komposition: Ps 68,36).

Auslegung

Der *erste Teil* (V. 2–5) wird mit der betonten Anrede „dir" (und keinem anderen!) eröffnet. Ihm, dem auf dem „Schöpfungsberg" Zion (vgl. dazu Ps 46; 48) gegenwärtigen und von ihm aus segnenden (vgl. Ps 134,3) Gott, wird der Psalm als „geziemender Lobgesang" gesungen (vgl. den Anfang der Präfation!). Er ist die Einlösung eines Versprechens, womit Dankbarkeit und Ehrerbietung zugleich ausgedrückt werden sollen. Hier spiegelt sich ein tief verwurzelter kultischer Brauch wider, der seinen Ursprung im zwischenmenschlichen Bereich hat. Da hat eine Familie in einer Notsituation einen potentiellen Helfer um Hilfe gebeten und ein Geschenk versprochen; nach erfolgter Hilfe kommt nun die ganze Sippe in das Haus des Retters, um feierlich Dank abzustatten und das versprochene Geschenk zu übergeben. Zur kultischen Gelübde-Erfüllung wurden vor allem Tier- und Speiseopfer dargebracht. Unser Psalm versteht sich selbst als das feierliche Dankopfer für den Gott, der sich als lebendiger Gott erweist, indem er die Bittgebete seines Volkes hört. Als größtes Geschenk des Ziongottes nennt V. 4 die Durchbrechung des Teufelskreises „Schuld–Strafe" und die Vergebung der Sünden, die auf „allem Fleisch" (vgl. dazu Gen 6,12) als schwere Last liegen (vgl. Ps 130,3: „Wenn du die Schuldverstrickungen bewahrtest – wer könnte dann Bestand haben?"). Wie Lev 16 als literarische und theologische Mitte des Pentateuch anzeigt, wurde dies in der nachexilischen Zeit die entscheidende theologische Frage: Wie kann die sündige Menschheit vor dem heiligen Gott bestehen? Die dort gegebene Antwort, die auch im Zentrum der neutestamentlichen Botschaft steht, lautet: Durch die Gnade des vergebungswilligen Gottes, der nicht den Tod, sondern das Leben liebt – und, wie V. 5 in einer Seligpreisung zusammenfaßt, dazu einlädt, in der am Tempel erfahrbaren Gottesgemeinschaft das tiefste Lebensglück („das Gute") zu suchen und zu finden, das sich nicht auf bloße Innerlichkeit beschränkt, sondern in den konkreten, guten Schöpfergaben greifbar wird, wie die beiden nächsten Teile des Psalms entfalten.

Der *zweite Teil* (V. 6–9) zeichnet die universale Wirkmächtigkeit des Schöpfergottes, die bis an die Ränder der von den Meeren umspülten Erde (V. 6) reicht und alle Erdenbewohner fasziniert und beglückt (V. 6c und 9a). Aus den vielen Einzelzügen der altorientalischen und altisraelitischen Schöpfungsvorstellungen wählt unser Psalm zwei Aspekte aus: Daß die Erde inmitten der Meere (V. 6cd) nicht versinkt und daß die bisweilen wild aufschäumenden Meereswogen die Erde nicht überspülen, hat die Menschen der alten Welt ungeheuer beeindruckt. Gewiß haben sie die Erde als fortwährend gefährdet erlebt, aber daß sie bei allen partiellen Störungen sich immerzu als bergendes und nährendes Lebenshaus bewährte, das schrieben die biblischen Menschen dem Schöpfergott zu, der die Erde mitten aus den Chaoswassern abgrenzte und sie als „Chaosbekämpfer" täglich neu vor dem anbrandenden kosmischen und geschichtlichen Chaos (V. 8!) beschützt. Unser Psalm ist überzeugt: Der Welt ist eine Lebensordnung (V. 6a „Gerechtigkeit" = umfassende Heilsordnung; ägyptisch: ma'at) eingestiftet; der tägliche Aufgang der Sonne und des Mondes (V. 9b) sind dafür wahrnehmbare Zeichen (vgl. Ps 19,1–7).

Im Hintergrund des *dritten Teils* (V. 10–14) steht die kanaanäische Bildwelt, die den Gewittergott Baal als Spender des Regens feiert, der die als Frau vorgestellte Erde befruchtet und als Geliebte wundervoll schmückt. Freilich markiert das den Teil eröffnende Verbum *pāqad* „sich kümmern um, heimsuchen" die gegenüber der

Baalüberlieferung neue Perspektive: Weil der Schöpfergott Verantwortung für seine Erde übernommen hat (vgl. Gen 8,20–22; 9,8–17), sorgt er für sie, indem er den im palästinischen Klima lebenswichtigen Regen schickt. Der im Oktober für wenige Tage kommende „Frühregen" lockert den Boden und ermöglicht die Aussaat, der kräftige „Winterregen" im Januar und Februar stabilisiert den Wasserhaushalt des Landes und das Wachstum, der wieder nur wenige Tage währende „Spätregen" Ende April ist nötig für die Reifung des Getreides. In der Gabe des Regens aus dem „Gotteskanal" (entweder Bezeichnung für den „Wasserkanal", durch den der Regen durch das Himmelsfirmament fließt [vgl. Ijob 38,25], oder mythisches Bild für das vom Schöpfergott gebändigte und in „gutes" Wasser umgewandelte Chaosmeer [vgl. Ps 46,4f; 74,13–15; 104,6–13]) erlebt „das Land" konkret den Segen des Schöpfergottes als belebende Zuwendung. Das aufsprossende Grün und die Blumenpracht der Hänge („die Lilien des Feldes"), die wogenden Getreidefelder und die kraftvoll austreibenden Weinberge – das alles schaut der Psalm als die Krone, mit der der Schöpfergott seine geliebte Erde schmückt. In einem plastischen Bild sieht er Gott geradezu über das Land schreiten (oder am Himmel in seinem Regen bewirkenden Wagen einherfahren [vgl. Ps 18,10; 68,5.34]), den Erdboden pflügen und eggen sowie buchstäblich die Fruchtbarkeit („das Fett": V. 12b) austeilen. So verwandelt sich die (in der Trockenzeit) trauernde Erde in eine festlich gekleidete, schöne Frau (V. 13–14), deren Anblick und Erleben fasziniert: Sie hat den Bußsack ausgezogen und sich mit Jubel gegürtet (vgl. Ps 30,12), auf den Hängen tummeln sich die Schafherden und die Talebenen leuchten im Goldocker der wogenden Kornfelder.

Der Schlußsatz des Psalms (V. 14c) steigert noch: Die Natur feiert, belebt durch den Schöpfergott, Jahr für Jahr ein Schöpfungsfest; sie jauchzt und singt – von der Liebe *ihres* Gottes (vgl. auch Ps 96, 11 f; 98, 8). Es wird Zeit, daß wir Menschen diese Lieder der Natur wieder hören, uns von ihnen bewegen lassen – und mitsingen: die Ziongemeinde (V. 2), alle Erdbewohner (V. 9) und die von JHWH-Baal gesegneten Hügel und Täler (V. 14).

IV. Visionen des Gottesreichs

„Darum hoffen wir auf dich, JHWH unser Gott ... die Welt zu ordnen durch das Gottesreich!" so heißt es im Alenu-Gebet, das am Schluß jedes jüdischen Gottesdienstes gesagt wird. Daß Gott von Anbeginn der Welt her ihr König ist, aber daß dieses Königtum auf dieser Welt noch nicht voll Wirklichkeit geworden ist, weshalb alles Hoffen *und* Tun seines Volkes darauf gerichtet ist, dem endgültigen Kommen seines Reichs die Wege zu bahnen, ist die zentrale Aussage der jüdisch-christlichen Überlieferung. Die Vaterunser-Bitten „Dein Reich komme", „Dein Wille geschehe: wie im Himmel so auf Erden!" ersehnen genau dies, daß die Lebensfülle und das Lebensglück des Gottesreichs „alles, was im Himmel und auf Erden ist", mehr und mehr ergreifen, verwandeln und vollenden sollen.

Was die biblische Sprache mit dem Kommen des Gottesreichs meint, läßt sich mit unserer Sprache nur noch brüchig wiedergeben. Im Zeitalter der Demokratie und insbesondere nach den Erfahrungen der letzten Jahrhunderte sind wir skeptisch gegenüber allem, was mit „Reich", „Herrschaft" und „Königtum" verbunden ist. Von „Herren", die uns knechten wollen, haben wir wahrlich genug, ob sie nun in weltlichen oder kirchlichen Ornaten auftreten. Und auch von Gottesbildern, die uns niederdrücken, haben wir uns losgesagt – bestärkt und ermutigt von jenen biblischen Traditionen, die uns die befreiende und nährende Botschaft vom menschenfreundlichen, vergebenden und mit uns das

Leben teilenden Gott vermittelt haben. Gleichwohl bleiben angesichts der Erfahrung, daß diese Welt von „Reichen" und „Herrschaften" erschüttert und bedroht wird, mögen sie nun als politische und ideologische Systeme oder als letztlich nicht greifbare, aber doch schmerzliche Mächte zerstörerischer Gewalt auftreten, die bangen Fragen: Wem gehört diese Welt und ihre Geschichte? Sind wir hilflos dem zynischen Spiel dämonischer Mächte ausgeliefert? Ist all dies, was mit und durch uns geschieht, letztlich bedeutungslos, weil mit unserem Tod vergangen? Auf diese Fragen gibt die biblische Rede darüber, daß JHWH König *ist* und *wird,* eine Antwort, die Hoffnung und Kraft geben will. „Darum hoffen wir auf dich ..."

Die Komposition Ps 93–100

Daß die JHWH-Königs-Psalmen 93–99 wegen ihrer semantischen und theologischen Verwandtschaft nebeneinandergestellt wurden, ist keine neue Einsicht. Bedeutsamer scheint mir, daß Ps 100 als kompositioneller und programmatischer Abschluß der vorangehenden JHWH-Königs-Psalmen entstanden ist. Schon die Siebenergruppe Ps 93–99 bildet eine planvolle Abfolge. Der erste (Ps 93), fünfte (Ps 97) und siebte (Ps 99) Psalm beginnt mit der Proklamationsformel „JHWH ist König geworden", wobei der Psalm selbst dann als sogenannter Themapsalm einen jeweils unterschiedlichen Aspekt dieses Königtums entfaltet (Ps 93: König über alle Mächte und Gewalten der Welt „von Urzeit her"; Ps 97: Offenbarung des Königtums vor allen Völkern; Ps 99: Offenbarung des Königtums in der Geschichte Israels).

Die beiden imperativischen Hymnen Ps 96 und Ps 98, die sich an „die Völker" wenden und diese zur Huldigung vor dem König JHWH auffordern, sind, wie ihre Stichwortverbindungen und Motiventsprechungen anzeigen, um Ps 97 als ihre Mitte gruppiert. Insbesondere sind ihre Anfänge und Schlüsse fast wortgleich. Beide Psalmen beginnen mit der Aufforderung „Singt JHWH ein neues Lied" (96,1; 98,1) und beide Psalmen kulminieren in den breit gestalteten Aufforderungen zum kosmischen Jubel „vor dem Angesicht JHWHs, der kommt bzw. gekommen ist, um zu richten die Erde: Er richtet den Erdkreis in Gerechtigkeit und die Völker in Treue zu der von ihm gesetzten Heilsordnung bzw. in Wiederherstellung der Rechtsordnung" (Ps 96,11–13 = Ps 98,7–9). Der zwischen beiden Psalmen stehende Ps 97 proklamiert nun genau die machtvolle Theophanie des Königs JHWH, dessen Thron „Gerechtigkeit und Recht" ist (97,2), dessen „Gerechtigkeit" die Himmel vor allen Völkern verkünden (97,6), über dessen „Rechtssetzungen" die Töchter Judas jubeln (97,8) und der die Freude „der Gerechten" und „der Rechtschaffenen" ist (97,11f).

Auch die beiden um diese Mitte gelegten Psalmen 95 und 99 sind aufeinander bezogen. Ps 95 ist ein imperativischer Hymnus, der Israel einlädt, dem „großen" (95,3) Weltkönig JHWH als seinem König zu huldigen und als sein Bundesvolk (95,7) „seine Wege" der Tora zu erkennen und zu gehen (95,10). Daß und wie sich der Weltkönig JHWH als König seines Bundesvolks in dessen Geschichte geoffenbart hat, erläutert Ps 99, der wie Ps 95 abermals Israel auffordert, sich vor JHWH „niederzuwerfen" (95,6; 99,5), dem „großen" Gott (95,3; 99,2), von dem Israel sagen darf: Er ist „unser Gott" (95,7; 99,5.8.9). Dabei ist die dritte „Strophe" von Ps 99 als dialektische Kontrastaussage zu Ps 95,10f zu lesen: Das „letzte Wort" des Bundesgottes ist nicht sein vernichtender Zorn, sondern die in der langen Geschichte immer wieder erfahrene Gnade seiner Vergebung.

Ein erratischer Block innerhalb der Komposition Ps 93–99 scheint auf den ersten Blick Ps 94 zu sein. Immerhin ist er der einzige Psalm in der Gruppe, in dem der Begriff „König" fehlt. Daß er dennoch gezielt in den Kontext gestellt wurde, ist zum einen an der redaktionell geschaffenen „Überleitung" vom Schluß des 94. Psalms zum Anfang des 95. Psalms und an den Stichwortverbindungen im Corpus beider Psalmen ablesbar, zum anderen aber ist Ps 94 die gleich nach dem eröffnenden „Themapsalm" ergehende drängende Bitte, JHWH möge doch angesichts der Bosheit der Frevler und der Vernichtung der Witwen, Waisen und Fremden das Kommen seines Gottesreichs beschleunigen; hier wird zwar nicht der Begriff, wohl aber die altorientalisch und alttestamentlich gut bezeugte Topik vom König als Rechtsbringer für Witwen und Waisen angesprochen.

Die sieben Psalmen 93–99 bilden demnach eine zusammenhängende Komposition über das Königtum JHWHs, die freilich ihrerseits ganz auf Ps 100 als ihren programmatischen Höhepunkt hin drängt, wie die zahlreichen sprachlichen Bezüge zu den vorangehenden Psalmen nahelegen; diese Bezüge werden wir unten bei der Interpretation von Ps 100 erläutern. Daß Psalm 100 innerhalb der Komposition 93–100 nach dem Schema 7 + 1 als Klimax konzipiert ist, ergibt sich auch aus der Verwendung dieses Kompositionsprinzips in anderen alttestamentlichen Textbereichen (vgl. die Komposition des „Völkerspruchzyklus" im Amosbuch Am 1,3 – 2,16).

So ließe sich die Komposition Ps 93–100 geradezu als „Oratorium" über das Kommen des Gottesreichs aufführen!

Psalm 93

1a *JHWH ist König geworden,*
1b *mit Hoheit hat er sich umkleidet,*
1c *umkleidet hat sich JHWH.*
1d *Mit Macht hat er sich gegürtet.*
1e *Fürwahr: Fest gegründet ist der (hat er den?) Erdkreis,*
1f *so daß er nicht wankt.*
2a *Fest gegründet ist dein Thron von Anbeginn,*
2b *von Urzeit her bist du.*
3a *Es erhoben Fluten, – (du) JHWH,*
3b *es erhoben Fluten ihre Stimme,*
3c *es erheben (jetzt) Fluten ihr Tosen!*
4a *Mehr als das Brausen mächtiger Wasser,*
4b *gewaltiger als die Brecher des Meeres*
4c *gewaltig in der Höhe – (du) JHWH!*
5a *Deine Gebote sind sehr verläßlich,*
5b *ja, dein Tempel ist schön an Heiligkeit,*
5c *JHWH, für die Länge der Tage!*

Einführung

Der Psalm läßt sich in die zwei Abschnitte V. 1–2 und V. 3–5 („Strophen") gliedern, die vor allem in den beiden Aussagen über JHWHs Thron (V. 2) und über seinen Tempel (V. 5) motivlich parallelisiert sind: der Festigkeit des Thrones entspricht die Verläßlichkeit der Gebote, „dein Thron" (im Himmel) und „dein Tempel" (auf Erden) sind aufeinanderbezogene Ortsangaben (vgl. dazu besonders Jes 6,1–4), „von Anbeginn, von Urzeit her" und „für die Länge der Tage" sind analoge Zeitangaben.

Beide „tempeltheologischen“ Aussagen qualifizieren JHWH als Gott-König (Thron, Rechtsordnung, Tempelpalast), der, wie die anderen Teile des Psalms erläutern, sein Königtum durch die machtvolle Gründung des Erdkreises (V. 1) und durch die „urzeitliche“ und „in der Zeit“ fortdauernde Bändigung der Chaosfluten angetreten hat und ausübt (V. 3–4).

Es ist fraglich, ob der Psalm eine ursprüngliche Einheit ist. Einerseits sind die Dreizeiler Hinweis auf das hohe Alter des Psalms (vor allem in Ugarit ist die poetische Technik der Dreizeiler, insbesondere in der „Treppenform“, gut belegt; Dreizeiler sind freilich auch in jungen Texten belegt, vgl. unten Ps 100!); auch die Motivik vom Götterkönigtum, das im Kampf mit dem Chaoswasser errungen wird, ist eine alte kanaanäische Vorstellung. Andererseits weisen Sprache und Motivik von V. 5 („die Gebote“ als Fundament bzw. „Skelett“ des Kosmos!) in die nachexilische Theologie. In der ersten „Strophe“ überrascht sodann in V. 2 der Wechsel in die Du-Anrede, die für die ganze zweite „Strophe“ charakteristisch ist. So drängt sich folgende Hypothese auf: V. 2 und V. 5 gehen auf eine nachexilische „tempeltheologische“ Überarbeitung des Psalms zurück. Ob auf sie auch die nun in V. 1 e vorliegende Lesart „fest gegründet *ist* der Erdkreis“ zurückgeht, die die ursprüngliche Lesart „fest gegründet *hat* er den Erdkreis“ (so liest z. B. die Septuaginta!) abgeändert hat, um V. 1 e an V. 2 a („fest gegründet ist dein Thron ...“) anzugleichen, ist schwer zu entscheiden.

Der ursprüngliche Psalm 93, 1.3–4 bestand demnach aus zwei Strophen. Die erste Strophe (zwei Dreizeiler!) proklamiert im Er-Stil JHWHs urzeitliches Königtum, das er mit der Weltschöpfung angetreten hat. Die zweite Strophe (zwei Dreizeiler!) beschwört im Du-Stil angesichts des bedrohlichen Chaos die in der Schöpfung offenbar gewordene Mächtigkeit JHWHs. In dieser „Grundform" ist der Psalm als Hymnus im Kult (beim Herbstfest) gut vorstellbar. Er könnte sogar die Übernahme einer kanaanäischen Vorlage sein!

Die nachexilische Theologie hat den Hymnus auf die beiden „Sakramente" des Königtums JHWHs bezogen: JHWH übt sein Weltkönigtum aus durch die Tora (wird in V. 5 an erster Stelle genannt!) und durch den Tempel.

Die im Ps 93 zum Ausdruck kommende schöpfungstheologische Bedeutung von „Gottesthron" (V. 2) und „Tora" (V. 5) wurde im rabbinischen Judentum so konkretisiert, daß beide *vor* der Erschaffung der Welt und im Blick auf sie von Gott geschaffen wurden. Zunächst schuf Gott die Tora als den Schöpfungsplan und danach schuf er seinen Thron als den Ort, von dem aus er die Welt erschaffen konnte.

Der motivlich mit Ps 29 verwandte Ps 93 wurde nach rabbinischem Zeugnis und in der Zeit des Zweiten Tempels am 6. Tag zum morgendlichen und abendlichen Opfer gesungen (vgl. Gen 2,1: Vollendung der Schöpfung am 6. Tag!). Mit ihm wird noch heute die Psalmenfolge beim Sabbatgottesdienst am Freitagabend („Empfang der Königin Sabbat") abgeschlossen.

Auslegung

Beide Strophen beschreiben das Weltkönigtum JHWHs als Triumph über das die Welt bedrohende Chaos. Nach der kanaanäischen Tradition erringt der Gott Baal die Königswürde durch seinen Sieg über den Meeresgott Jammu. Er erhält einen königlichen Palast auf dem Gipfel des Götterberges, setzt sich auf den Thron und nimmt die Huldigung der übrigen Götter entgegen, wobei die Inthronisationsformel lautet: „Baal ist König geworden." Diese Tradition steht gewiß im Hintergrund von Ps 93, aber sie ist – vor allem in der Endfassung des Psalms – bedeutsam verändert.

Auch JHWH's Königtum gründet in einem Ereignis, in Thronbesteigung, Investitur und Gründung der Erde (V. 1). Aber dieses Ereignis geschah „von Urzeit her" (vgl. V. 2). JHWH ist König „von Anfang an" und unangefochten, seit es die Welt als „Reich Gottes" gibt. Das Chaos bedroht nicht seine Königsherrschaft und seinen Königsthron, sondern „den Erdkreis", der aber seine Festigkeit dadurch erhält, daß er zum Herrschaftsbereich des Schöpfergottes gehört (vgl. Ps 96,10; 104,5).

JHWH hat sein Königtum nicht im Chaoskampf errungen wie Baal, sondern: Weil er Königsgott ist, ist er Herr über das Chaos. Das wird besonders in der zweiten Strophe deutlich. Daß das Chaos, das in der 2. Strophe als wild aufschäumende Urfluten gezeichnet ist, eine die Schöpfung bedrohende Realität ist und bleibt, hebt die präsentische Verbalaussage von V. 3c hervor, gegen die aber antithetisch steigernd (vgl. die beiden Komparative in V. 4) die Überlegenheit des Königsgottes beschworen wird. Die Angabe „in der Höhe" kann einerseits konkret verstanden werden als Aussage über den auf seinem himmlischen Thron (vgl. V. 2a) sitzenden Königsgott, der über den Chaoswassern thront und sie so entmachtet bzw. dienstbar macht (vgl. Ps 104,5–9). Die Aussage kann andererseits auch metaphorisch die königliche Erhabenheit JHWHs meinen, der das spannungsreiche Aufeinanderprallen von Chaos und Kosmos in der von ihm beherrschten Schöpfung lebensförderlich beeinflußt (vgl. Ps 65,8–14).

Der Schlußvers (V. 5) erläutert, wie und wo das kosmosstiftende und kosmosbewahrende Handeln des Königsgottes Realität wird: in „seinem (Tempel-)Haus" und in seinen „Geboten"/„Zeugnissen" (vgl. Ps 99,7), die

„verläßlich" sind, d.h. Halt geben können. Gemeint ist damit der Tempel als der Ort, an dem konkrete Weisungen für das Zusammenleben ergehen und der Kult als Lobpreis des Königsgottes vollzogen wird. Die zerstörerische Macht des Chaos findet also dort ihre Grenze, und die Transformation des Chaos in Kosmos findet also dort statt, wo Menschen sich als ethische und feiernde Gemeinschaft zusammenführen lassen – sich gewissermaßen selbst dem Prozeß der Chaostransformation aussetzen, indem sie das befreiende Joch der Tora auf sich nehmen (vgl. Mt 11,28–30).

Das Reich Gottes ist dort unwiderruflich im Kommen, wo Menschen sich als Volk des Königs JHWH um SEINEN Thron versammeln und allen anderen Thronen und Mächten Widerstand leisten, die das Leben der Menschen, Tiere und Pflanzen mißachten und knechten. Ja, das Reich des Weltenkönigs JHWH, der gewaltiger ist als alle die Schöpfung bedrohenden Todesmächte, bricht unaufhaltsam an, wo sich das Leben Bahn bricht: wenn Blumen und Bäume im Frühling wieder lebendig werden, wenn Vögel singen, Klippdachse aus ihrem Versteck kommen (vgl. Ps 104,18), Schafherden die Hügel bevölkern (vgl. Ps 65,14) und wenn Menschen, allem Lebensleid und aller Lebensangst zum Trotz, sich auf das Leben einlassen – lachend, träumend und liebend. Dazu motivieren „die Gebote" der Tora, die zur Nächstenliebe als realisierte Gottesliebe aufruft (vgl. besonders Lev 19 im Horizont von Dtn 6,4f) und zur „Feier" des Lebens am Heiligtum einlädt (vgl. Dtn 12,7.12.18 u.ö., aber auch die christliche Eucharistie als „Mahl" des Lebens).

Psalm 99

1a *JHWH ist König geworden: die Völker sollen erzittern!*
1b *Der Kerubenthroner (ist König): die Erde soll erbeben!*
2a *JHWH ist groß in Zion,*
2b *und erhaben ist er über alle Völker.*
3a *Sie sollen loben deinen Namen,*
3b *den großen und furchterregenden:*
3c *Heilig ist er!*
4a *Ja, die Macht des Königs ist es, daß er das Recht liebt:*
4b *du hast die Lebensordnung fest gegründet.*
4c *Recht und Gerechtigkeit in Jakob,*
4d *du, ja du hast sie gewirkt.*
5a *Erhebet JHWH, unseren Gott,*
5b *und werft euch nieder am Schemel seiner Füße:*
5c *Heilig ist er!*
6a *Mose und Aaron waren unter seinen Priestern,*
6b *und Samuel unter denen, die seinen Namen anrufen.*
6c *Sie riefen (immer wieder) zu JHWH,*
6d *und er antwortete ihnen.*
7a *Aus der Wolkensäule redete er zu ihnen,*
7b *sie bewahrten seine Gebote und die Satzung, die er ihnen gab.*
8a *JHWH, unser Gott,*
8b *du, ja du hast ihnen geantwortet:*
8c *Ein vergebender Gott warst du ihnen*
8d *und ein ihre Taten ausgleichender Gott.*
9a *Erhebet JHWH, unseren Gott,*
9b *und werft euch nieder an seinem heiligen Berg:*
9c *Ja, heilig ist*
9d *JHWH unser Gott!*

Einführung

Wie Ps 93 und 97 setzt auch Ps 99 mit dem Inthronisationsruf „JHWH ist (ein für allemal) König geworden" ein und erläutert JHWHs Königtum mit einem Blick in Israels Ursprungsgeschichte. Diese Perspektive teilt er innerhalb der JHWH-Königs-Psalmen 93–100 nur noch mit Ps 95 (vgl. 95,7–11), auf den er auch kompositionell bezogen ist.

Wie schon die dreimal begegnende Akklamation „Heilig ist er", die sich aus der Erzählung von der Berufung Jesajas (Jes 6,1–11) inspiriert (Jesaja schaut den auf seinem erhabenen Thron sitzenden Gottkönig JHWH Zebaot, dem die Serafen das Dreimal-Heilig zurufen!) und die in der Gebetstradition des nachbiblischen Judentums und Christentums (vgl. unser „Sanctus") eine bedeutsame Wirkungsgeschichte erlebt hat, anzeigt, ist der Psalm in die drei Abschnitte V. 1–3.4–5.6–9 gegliedert. Für diese Dreiteilung spricht auch eine stilistische Beobachtung: Alle drei Abschnitte setzen mit einer Aussage über JHWH in der dritten Person ein, wechseln in eine Du-Anrede über und kehren dann wieder zu einer Aussage über JHWH in der dritten Person zurück.

Der erste Abschnitt gibt die thematischen Perspektiven an, die in den beiden folgenden Abschnitten entfaltet werden. Der Abschnitt V. 4–5 nimmt den Inthronisationsruf „JHWH ist *König* geworden" auf und expliziert, worin die Eigenart dieses Königtums besteht (V. 4a: „Und die Macht dieses *Königs* ist es ..."). Der Abschnitt V. 6–9 greift in V. 6b das Stichwort „seinen *Namen*" (V. 3a) auf und konkretisiert das Geheimnis des königlichen *Namens* JHWH mit einem Zitat aus der Sinaiüberlieferung (Ex 34,7). Diese beiden Abschnitte sind einerseits parallel gestaltet und andererseits ist der dritte Abschnitt als steigernde Weiterführung des zweiten Abschnitts zu lesen. Die Parallelität zeigt sich vor allem in der wortgleichen Aufforderung zum „Erheben" = Rühmen JHWHs und zur Königshuldigung durch Niederfallen (V. 5ab = V. 9ab), im Akklamationsruf „heilig ist" (gesteigert in V. 9cd: programmatischer Schluß!) und in der betonten Verwendung des Personalpronomens „Du, ja du" (V. 4d bzw. V. 8b). Den dynamischen Zusammenhang der beiden Abschnitte stellen die Verse 4 und 7 her. Die in V. 4 noch allgemein bleibende Aussage, daß JHWH „in Jakob" (= in seinem Volk) Recht und Gerechtigkeit gegründet und gewirkt hat, konkretisiert V. 7 mit der Erinnerung an das Reden JHWHs mit Mose, Aaron und Samuel bzw. mit der Anspielung auf die mit diesen Namen verbundenen großen Geschichts- und Rechtstraditionen Israels.

Der Psalm, der von seiner Sprache und von seiner Theologie her aus der Zeit des Zweiten Tempels stammt (5. Jahrhundert?), arbeitet (neben dem Dreimal-Heilig!) mit der theologisch bedeutsamen Symbolik der Zahl sieben: Siebenmal setzt er den Gottesnamen JHWH, und siebenmal verweist er auf den Gottesnamen durch ein selbständiges Pronomen („er" oder „du"). Die beiden ersten Abschnitte bestehen jeweils aus sieben Zeilen, der dritte Abschnitt, der mit seiner Sinai-Theologie zugleich die Hauptaussage bietet (vgl. auch die in diesem Abschnitt dreimal begegnende Prädikation „JHWH unser Gott"), hat vierzehn (also zweimal sieben!) Zeilen.

Der Psalm ist eine großartige Neuinterpretation des Königtums JHWHs: SEINE königliche Macht besteht darin, daß er auf seine Macht verzichtet und sein Volk „trägt" – wie ein Vater seine Kinder, ja wie ein Diener die Lasten seines Herrn.

Auslegung

Der einleitende Abschnitt (V. 1–3) proklamiert (wie Ps 93,1; 97,1) das „von Anfang an", d.h. mit der Schöpfung, unableitbar gegebene Königtum JHWHs über die Erde und die auf ihr lebenden Völker. Dabei ist es für alle Psalmen der Komposition Ps 93–100 kennzeichnend, daß dieses universale Königtum JHWHs mit dem als „Schöpfungsberg" verstandenen Berg Zion und mit dem auf ihm stehenden Tempel als Königspalast, wo JHWH auf dem Kerubenthron residiert, verbunden ist. Der Götter- und Weltkönig JHWH hat sich diesen Ort erwählt, um sich von ihm aus als König zu offenbaren und sein Königtum immer neu, insbesondere beim jährlichen Herbstfest zu Beginn des neuen Jahres, zu aktualisieren. Das ist die Perspektive, in der in V. 1–3 der den Psalm singende Chor die Völker einlädt, JHWHs Königtum anzuerkennen und zum Maßstab des Handelns zu machen. Es ist ein zweifacher Wunsch: Zunächst ist es der Wunsch, JHWH möge doch endlich sich unter den Völkern so offenbaren, daß sie „erzittern" und „erbeben", d.h. zutiefst von seiner göttlichen Wirkmächtigkeit getroffen werden (beide Verben treten im Theophanie-Kontext und als Reaktion auf die Botschaft von einer Großtat JHWHs auf: vgl. Ex 15,14; Dtn 2,25; Jes 64,1; Ps 46,7). Dann aber steigert sich der Wunsch als an JHWH selbst gerichtete Bitte, die Völker möchten so sehr von dieser „Offenbarung" ergriffen werden, daß sie – wie Israel – im Lobpreis des JHWH-Namens, in dem sich die kanaanäisch-jebusitischen Vorstellungen vom Königtum Els (V. 3b: der „große" König) und Baals (V. 3b: der „furchterregende" König) verdichten, die Freude und die Erfüllung ihres Lebens finden.

Der zweite Abschnitt (V. 4–5) nimmt das Stichwort „König" auf und gibt ihm gegenüber der altorientalischen Königsvorstellung, die im Hintergrund steht, sogleich die für den Psalm charakteristische Perspektive. Während die Macht der altorientalischen Götter- und Erdenkönige auf ihrem starken Arm (vgl. das verbreitete Motiv vom schlagenden Gott, aber auch die entsprechenden Vorstellungen in Ex 15,6; Dtn 6,21; 26,8 u. ö.) und auf ihren Pferden, Streitwagen und Waffen (vgl. die Darstellungen der Könige auf dem Streitwagen, aber auch Ps 20,8; 45,6–8) beruht, hat der König JHWH die Liebe zu „Recht und Gerechtigkeit" zur Leitidee und zum Maß seines Wirkens gemacht. Dieser vor allem in der prophetischen Literatur verwendete Doppelbegriff (vgl. klassisch: Am 5,7.24; 6,12; Jes 1,21; 5,7 u. ö.) stellt heraus, daß JHWH eine fundamentale Welt- und Lebensordnung („Recht") gestiftet hat *und* daß er selbst ihr entsprechend („Gerechtigkeit") handelt (V. 4a verwendet ein Adjektiv!). Er ist kein König, der auf Kosten seiner „Untertanen" lebt oder der sich nicht um ihr Leben kümmert. Im Gegenteil: Er hat sich die Geschichte „Jakobs" = Israels ausgewählt, um in ihr für alle Völker zu zeigen, worauf es ankommt, daß die Erde wirklich zum Gottesreich wird. Angesichts dieser Zuwendung JHWHs zu Jakob ruft der Psalm in V. 5 die im Tempel versammelte Kultgemeinde auf, „am Schemel seiner Füße", d. h. auf dem Zion als dem Ort seines Thrones, niederzufallen und ihn in seiner einzigartigen Göttlichkeit („Heilig ist *nur* er!") anzuerkennen.

Der dritte Abschnitt (V. 6–9) lenkt den Blick in die Ursprungsgeschichte Israels. Er will mit der Nennung von Mose, Aaron und Samuel, aber auch mit dem Motiv von dem aus der Wolkensäule redenden Gott und vor allem mit dem Zitat aus Ex 34,7 im Hörer/Leser des Psalms Assoziationen an diese Frühzeit als eine Zeit besonderer Gottesnähe wecken. Daß nicht nur Aaron, sondern auch Mose und Samuel aus der Retrospektive zu

Priestern gemacht werden, hängt sicher mit dem priesterlichen Milieu zusammen, in dem der Psalm entstand (diese Sicht konnte an „priesterliche" Handlungen anknüpfen, die die Überlieferung von beiden erzählte: vgl. u.a. Ex 24,3–8; Lev 8; 1 Sam 7,9f; 9,13.22f). Wichtiger aber ist: Mose, Aaron und Samuel werden hier genannt als die Empfänger der rechtlichen und kultischen Überlieferungen Israels, die in der Sicht unseres Psalms Konkretion und Explikation der die Welt zum Reich Gottes verwandelnden königlichen „Lebensordnung" sind. Die Sinai-Tora und ihre Ausformung in die vielen konkreten Lebensweisungen sind das „Grundgesetz", das JHWH als der König Israels seinem Volk gegeben hat. Aber dieses Grundgesetz *Israels* ist zugleich das Grundgesetz, dessen Befolgung die *Welt* am Leben hält. Daß dieses königliche Grundgesetz freilich seine volle Lebenskraft entfalten kann, gründet in jener Großherzigkeit des Königs JHWH, mit der er am Höhepunkt der Gabe des Neuen Bundes in Ex 34 sich selbst (seinen Namen) definiert als den „die Schuld (weg-)tragenden Gott" (Ex 34,7). Unser Psalm läßt in seinem Zitat das Objekt „Schuld" weg. Es ist gewiß mitgemeint, weshalb die Übersetzung „ein vergebender Gott" durchaus angemessen ist. Dennoch spielt der Psalm hier mit der Vieldeutigkeit des Verbums „tragen". Ein „tragender Gott" war JHWH, indem er sein Volk zu sich an den Sinai „auf Adlersflügeln trug" (Ex 19,4), als er Israel durch die Wüste trug wie ein Vater seinen Sohn (Dtn 1,31). Weil er ein *guter* König seines Volkes ist, kann er sagen: „Hört auf mich, ihr vom Haus Jakob, und ihr alle, die vom Haus Israel noch übrig sind, die mir aufgebürdet sind vom Mutterleib an, die von mir getragen wurden, seit sie den Schoß ihrer Mutter verließen. Ich ... will euch tragen ... und werde euch weiterhin tragen, ich werde euch schleppen und retten" (Jes 46,3f). So wird auch die in V. 8d gegenüber Ex 34,7 beabsichtigte Uminterpretation der überkommenen Rede vom „strafenden Gott" wichtig. Die schwer übersetzbare kurze Zeile meint: „ein die durch ihre Taten gestörte Lebensordnung wiederherstellender Gott warst du ihnen", d. h. JHWH selbst macht wieder gut, was sein Volk zerstört. In der Tat: Durch die Vergebung von Schuld und durch die Erneuerung der gestörten Lebensordnung erweist er sich als der „heilige König", dem Lobpreis und Huldigung ziemt.

Psalm 100

1a *Ein Psalm zum Dank(opfer?).*

1b *Jauchzet JHWH zu, du ganze Erde!*
2a *Dienet JHWH mit Freude!*
2b *Geht hinein vor sein Angesicht mit Jubel!*
3a *Erkennet: „Ja, JHWH, (nur) er ist Gott;*
3b *er hat uns gemacht, ihm gehören wir:*
3c *sein Volk und Herde seiner Weide!"*

4a *Geht hinein in seine Tore mit Dank,*
4b *in seine Höfe mit Lobpreis!*
4c *Danket ihm, preist seinen Namen:*
5a *„Ja, gut ist JHWH;*
5b *auf ewig währt seine Güte*
5c *und von Geschlecht zu Geschlecht seine Treue!"*

Einführung

Zwar fehlt in Ps 100 die für die JHWH-Königs-Psalmen charakteristische Formel „JHWH ist König (geworden)“, auch der Titel „König“ kommt nicht vor. Doch besteht kein Zweifel: Wie die zahlreichen sprachlichen Bezüge zu den vorangehenden Psalmen zeigen (vgl. die Auslegung), ist Psalm 100 der Höhepunkt der Komposition Ps 93–100. Er lädt alle Völker der Erde ein, den auf dem Zion thronenden Weltenkönig JHWH als ihren König anzuerkennen und dabei zu erfahren, daß die beiden Grundprinzipien seines Regiments, nämlich „Güte“ *(ḥæsæd)* und „Treue“ *(ʾ^{æ}mūnāh)*, eine erneuerte, friedliche Geschichte der Völkergemeinschaft ermöglichen. Der Gott JHWH, dessen Herrschaft die urzeitlichen Chaoswasser bändigt (vgl. Ps 93) und der sich in der Ursprungsgeschichte Israels als der nahe und vergebende Königsgott seines Volkes Israel erwiesen hat (vgl. Ps 99), will der gemeinsame König aller Völker werden. So ist Ps 100 ein wichtiger Text zum Thema „Israel und die Völker“. Er beläßt Israel und den Völkern ihre Identität, bindet sie aber als Untertanen des Weltkönigs JHWH zusammen, der vom Zion aus allen sein großes „Friedensgesetz“ gibt (Jes 2,1–5; Mi 4,1–5). Das in Ps 96,13; 98,9 (beide Male: Schluß der Psalmen!) angekündigte „Gericht“ JHWHs über die Erde und die auf ihr lebenden Völker ist von Jes 2,4 (= Mi 4,3) her die Eröffnung einer weltweiten Ab- und Umrüstung: „Er richtet zwischen den Völkern ... und sie schmieden die Schwerter zu Pflugscharen um und die Lanzen zu Winzermessern.“

Daß diese Friedensvision, die Israel den Völkern durch seine eigene politische Praxis vermitteln soll, im Hintergrund von Ps 100 steht, läßt sich auch daran erkennen, daß Ps 100,3 gezielt auf die thematisch zusammengehörende Psalmengruppe 46–48 anspielt.

In Psalm 46 bekennt Israel seine Überzeugung, daß JHWH sich als Quelle des Lebens nicht im Krieg, sondern gerade durch die Ausschaltung des Kriegs als Mittel der Politik erweist, und fordert die Völker der Welt auf: „Geht, schaut die Werke JHWHs: Er ist es, der den Kriegen ein Ende macht bis an den Rand der Erde" (46,9f). Und der Psalm gipfelt in der als Gottesrede gestalteten Einladung an die Völker: „Laßt ab (von eurer Macht- und Kriegspolitik) und erkennt: Gott bin (nur) ich!" (46,11). Diese Gottesrede wird in unserem Psalm zitiert und den Völkern in den Mund gelegt: „Ja, JHWH, (nur) er ist Gott!"

Ps 47 zeichnet dann die Vision, daß die Repräsentanten der Völker diese Einladung hören und zur Königshuldigung kommen: „Die Fürsten der Völker sind versammelt als Volk des Gottes Abrahams. Ja, (diesem) Gott gehören die Schilde (d.h. die Regierenden) der Erde" (47,10). Wie nach der Tradition einst Abraham sich von den falschen Göttern seiner Väter trennte, so sagen die Völker sich von ihren bisherigen Göttern los, um „Volk des Königsgottes JHWH" zu werden, denn „ihm gehören sie". Auf diese Vision von Ps 47 spielt in unserem Psalm das Bekenntnis an: „ihm gehören wir, sein Volk sind wir".

Ps 48 schließlich feiert JHWH als den auf dem Zion thronenden Königsgott, dessen „Gerechtigkeit" in seiner „Güte" besteht (Ps 48,10–12) und den sich die Könige und Völker als ihren königlichen Hirten erwählen: „Auch unser Gott soll er auf ewig und immer sein. Er ist es, der uns als Hirte leiten soll" (48,15). Diese Perspektive klingt in unserem Psalm sowohl in dem Redeelement „und Herde seiner Weide sind wir" wie auch in dem Lobspruch V. 5: „auf ewig währt seine Güte!" an.

Die Anspielungen von Psalm 100 auf die drei Psalmen 46–48, die JHWH als „Friedenskönig" (vgl. die Bezüge zwischen 46,9f und 48,5–8, aber auch die keineswegs militaristisch gemeinte Aussage 47,4) feiern, ahmen sogar die Reihenfolge dieser Psalmen nach, so daß es keine Frage ist: Mit Ps 100 wird die Vision entworfen, nach der das Reich Gottes als universales Reich des Friedens und der Gerechtigkeit dadurch Wirklichkeit wird, daß „die Erde erfüllt ist von der Anerkenntnis JHWHs, so wie das Meer mit Wasser angefüllt ist" (Jes 11,9).

Der Psalm weist sich durch seine Technik der Anspielungen auf Ps 46–48 und auf die vorangehenden JHWH-Königs-Psalmen als späte Dichtung aus (vermutlich ist er gezielt als Abschlußpsalm der Gruppe 93–100 von der Redaktion beabsichtigt!). Er besteht aus vier Dreizeilern, die sich zu zwei Strophen mit analoger zweiteiliger hymnischer Struktur zusammenfügen: Imperativische Aufforderungen zur Huldigung vor JHWH (V. 1b–2 bzw. V. 4: spiegelbildliche Entsprechungen!) und, mit „ja" eingeleitet (typisch für den Hymnus!), hymnische Ausführungen, die als den Völkern in den Mund gelegte Zitate gestaltet sind (V. 3 bzw. V. 5).

Die Überschrift „Ein Psalm zum Dank" faßt seine Dynamik zusammen: Israel soll diese Einladung an die Völker zur Begegnung mit JHWH auf dem Zion als Dank für seine eigenen lebensförderlichen JHWH-Erfahrungen weitergeben, gemäß seinem Auftrag, „Licht für die Völker" (Jes 42,6) zu werden. Der Psalm ist heute fester Bestandteil des alltäglichen synagogalen Morgengebets; er wird auch im kirchlichen Morgenlob gebetet.

Auslegung

Die ersten drei Imperative sind eine Aufforderung, JHWH als König huldigend zuzujubeln (zum „Königsjubel" als Reaktion auf die Inthronisation eines Königs vgl.

1 Sam 10,24; 2 Kön 11,12; auf JHWH übertragen in Ps 47,2f; 98,6), ihm als dem König den exklusiven Dienst anzubieten (zu dieser Bedeutung von „JHWH dienen" vgl. Ex 7,26; 8,16; 9,1.13; 10,3; Jos 24,14f.18; Jes 19,23; Mal 3,14) und vor ihm sich einzufinden, um seine Anweisungen entgegenzunehmen (zu dieser Bedeutung von „kommen zu / hineingehen vor das Angesicht" vgl. 1 Kön 1,28.32). Adressaten dieser Aufforderungen sind nicht, wie die meisten neueren Exegeten meinen, die Israeliten, die aus aller Welt zur Wallfahrt nach Jerusalem gekommen sind und sich nun gegenseitig zum JHWH-Dienst aufrufen (noch enger zieht H. Gunkel den Kreis: die Aufforderung geht „an alles Land", d.h. „prosaisch an alle Bürger des Landes Jahwes, die sich zum Dankfest am Heiligtum zusammengefunden haben").

Beachtet man die Bezüge von Ps 100 nach Ps 93–99 und insbesondere die Tatsache, daß V. 1 wörtlich Ps 98,4a aufnimmt, wo sich der Imperativ vom ganzen Psalm 98 her unbestreitbar an alle auf der ganzen Erde lebenden Völker wendet, legt sich auch für Ps 100,1 nahe: Hier wird durch Israel als Sprecher des Psalms die gesamte Völkerwelt dazu aufgerufen, JHWH als ihren König anzunehmen. Von daher schließt Ps 100 gut an Ps 99 an, der ja mit dem Inthronisationsruf einsetzte: „JHWH ist König geworden: die Völker sollen erzittern und die Erde soll erbeben!" Was damit eigentlich gemeint ist, entfalten die Aufforderungen von Ps 100.

Daß diese Aufforderungen als Reaktion auf ein vorgängiges Handeln JHWHs erklingen, unterstreicht der vierte Imperativ (der Psalm verwendet – symbolträchtig – sieben Imperative; der vierte ist dann die Mitte!), der mit der sogenannten Erkenntnisformel gestaltet ist. Diese vor allem in der prophetischen (besonders Ezechiel) und priesterlichen (priesterschriftliche Exoduserzählung) Theologie belegte Formel, für die die unumkehrbare Reihenfolge 1. Tat JHWHs, 2. Erkenntnis von Menschen konstitutiv ist, faßt letztlich den Vorgang zusammen, durch den JHWH sich selbst und das Geheimnis seines Namens in der konkreten Geschichte offenbart („*daran* werdet/sollt ihr erkennen, daß ich JHWH euer Gott bin ..."). Um die (An-)Erkenntnis dieser Selbstoffenbarung JHWHs in der Geschichte der Völker und der in dieser Selbstoffenbarung mitgesetzten Heilstaten geht es diesem vierten Imperativ.

Er bietet eine der spektakulärsten theologischen Aussagen der Hebräischen Bibel, insofern er die sogenannte Bundesformel, die traditionell die Sonderstellung Israels ausdrückte, nun den Völkern als Bekenntnis über ihr eigenes Gottesverhältnis in den Mund legt. Was in Ps 95,6f noch die besondere Würde Israels als Bundesvolk JHWHs beschreibt, wird hier mit entsprechender Abänderung auf alle Völker übertragen: Aus JHWH, dem Gott Israels (95,7: „unser Gott") wird nun JHWH der Gott schlechthin, der *eine* Gott aller Völker, die er geschaffen hat wie Israel (vgl. 95,6) und die deshalb ihm zu eigen sind wie Israel (vgl. Jes 43,1) – und dies mit der gleichen Würde, die bislang Israel reserviert war: Weil JHWH König aller Völker ist, sind auch die Völker „Volk JHWHs" und „Herde seiner Weide" (vgl. zu dieser Wortverbindung Ps 74,1; 77,21; 78,52.71f; 79,13; 80,2; 95,7). Die Völker verdrängen Israel nicht aus seiner besonderen Beziehung zu JHWH. Sie geben auch ihre eigene Identität nicht auf. Aber sie lassen sich (wie Israel) von JHWH als ihrem königlichen Hirten auf die Wege des Friedens und der Gerechtigkeit führen. Die Völker, die JHWH als ihren Gott anerkennen, werden keine Israeliten, aber sie lassen sich ergreifen von der spannungsreichen Mitte der Königstora JHWHs, den beiden Geboten der Gottes- und der Nächstenliebe.

So steigert die zweite Strophe des Psalms sogar noch. Mit den drei Imperativen von V. 4 werden die Völker eingeladen, wie die Israeliten, ja wie die Priester Israels die Tore der Mauern um den Tempelbezirk zu durchschreiten und in den Höfen des Tempelbezirks die traditionellen Lobgesänge auf JHWH (vgl. vor allem Ps 96,2.8; 116,17–19; 134,2; 135,19) und die Dank- und Preisgebete („die Segnungen") auf seinen Namen (vgl. Ps 99,3.6–8) mitzusingen (vgl. Ps 117). V. 5 faßt diese Loblieder in einem hymnischen Bekenntnis zusammen, das offensichtlich aus damals oft verwendetem liturgischem Formelgut (vgl. Jer 33,11; 1 Chr 16,34; 2 Chr 5,13; 7,3; Esr 3,11) besteht.

Daß JHWH „gut" ist (vgl. auch das Jesuswort Mk 10,18), ist die zentrale Aussage, mit der die Rettungserfahrungen des Volkes (vgl. Ps 106; 136) und der einzelnen (vgl. Ps 107; 118) beantwortet werden: JHWH ist „gut", insofern er aus den vielen Formen des gesellschaftlich-politischen Todes rettet. Und daß dieses Gut-Sein JHWHs in seiner „Güte" *(ḥæsæd)* wurzelt, die nicht launisch und sprunghaft, sondern verläßlich und treu ist – und zwar solange die Geschichte währt („auf ewig und von Geschlecht zu Geschlecht"), gründet ebenfalls in seinem Gott-Sein, das in seinem Namen JHWH („er wird und will da sein") und in der am Sinai gegebenen Auslegung dieses Namens verkündet wird: „JHWH ging (an Mose) vorüber und rief: JHWH ist ein barmherziger (mütterlicher) und gnädiger Gott, langmütig und voller Güte und Treue" (Ex 34,6). Mit dem Bekenntnis von V. 5 erkennen die Völker also nicht nur JHWH als ihren König an (vgl. Ps 100,5 als Aufnahme von Ps 96,13; 98,3), sondern übernehmen zugleich die Mitte des Credo Israels (vgl. zu dieser über zwanzigmal belegten „Sinai-Formel" im vierten Psalmenbuch Ps 90–106: Ps 103,7 f).

Wenn die „Kirche aus den Völkern" Psalm 100 aus der jüdischen Bibel übernommen hat und in ihrer Liturgie singt, darf sie gewiß sein: Wenn sie sich von der Dynamik dieses Psalms ergreifen läßt *und* den Psalm „Schulter an Schulter" mit Israel (vgl. Zef 3,9) als Lobpreis auf den Sinaigott singt, bereitet sie dem Reich Gottes die Wege.

V. Der Gott des Exodus

„Ich bin JHWH, dein Gott, vom Land Ägypten her" (Hos 2,10) lautet die „kürzeste Definition Jahwes im ganzen Alten Testament" (J. Jeremias). Von den vielen Ereignissen, die mit den Anfängen des biblischen Israel verbunden waren, hat Israel nur sehr wenig festgehalten. Es hat ausgewählt, was „lebenswichtig" war und bleiben sollte. Der statistisch am häufigsten wiederholte und variierte „Glaubenssatz" des Ersten Testaments ist das Bekenntnis zum Gott des Exodus. Der wichtigste Text, den ein israelitischer Vater seinen Kindern weitergab (und wir dürfen durchaus annehmen, daß jeder diesen Text damals auswendig konnte!), fing so an: „Wir waren Knechte des Pharao in Ägypten, doch JHWH hat uns mit starker Hand aus Ägypten herausgeführt (befreit) ..." (Dtn 6,21).

Und so ist es im Judentum bis heute, wenn beim Pessach-Mahl der Jüngste die berühmte vierteilige „Kinderfrage" stellen muß: „Was ist dieser Abend anders als alle anderen, daß wir an allen Abenden gesäuertes und ungesäuertes Brot essen, heute abend nur ungesäuertes; daß wir an allen Abenden beliebige Kräuter essen, heute abend Bitterkraut; daß wir an allen Abenden Eingetauchtes überhaupt nicht zu essen pflegen, heute abend sogar zweimal (Eintauchen des Karpass = Erdfrucht [Knollengewächs als Realsymbol der Seßhaftwerdung im Lande; meist grüne Kräuter von Sellerie oder Petersilie] in den „Tränenkrug" mit Salzwasser; Eintauchen des Maror = Bitterkraut [meist roher Meerrettich, der die Tränen in die Augen treibt; zur Erinnerung daran, „daß der Pharao ihnen das Leben verbitterte“] in den Charossaet = ein mit Wein angerührtes Mus aus Äpfeln, Nüssen und Zimt [Symbol des Lehms, aus dem die Hebräer in Ägypten Ziegel für den Pharao machen mußten]); daß wir an allen Abenden nach Belieben sitzend oder angelehnt essen, heute aber alle angelehnt?“ Die Antwort auf diese Frage gibt die ganze Tischgemeinschaft: „Knechte waren wir dem Pharao in Ägypten, Gott aber führte uns von dort weg mit starker Hand und ausgestrecktem Arm. Hätte Gott unsere Väter nicht aus Ägypten geführt, dann wären wir, unsere Kinder und Enkel noch heute dem Pharao verknechtet. Wären wir auch alle weise, alle verständig, alle torakundig, so müßten wir trotzdem vom Auszug aus Ägypten erzählen; und je mehr es einer tut, um so lobenswerter ist es.“

In der Tat: Die Erinnerung des Exodus ist der „Grund-Satz“ der biblischen Überlieferung. Mit ihm werden die Zehn Gebote eröffnet und begründet (vgl. Ex 20,2 = Dtn 5,6). Er bekräftigt in Lev 19,36 als „Unterschrift“ (die „Einheitsübersetzung“ verkennt leider diese Funktion von Lev 19,36) die großartige Charta der Nächstenliebe Lev 19, die die Gebote der Liebe des Nächsten (Lev 19,18: „Du sollst deinen Nächsten lieben wie dich selbst!“), des Fremden (Lev 19,34: „Du sollst den Fremden lieben wie dich selbst; denn ihr seid selbst Fremde gewesen in Ägypten!“) und des Feindes (Lev 19,17: „Du sollst in deinem Herzen keinen Haß gegen deinen Bruder tragen!“) enthält (was viele Christen nicht wissen!). Die großen Sozialreformen der deuteronomischen Epoche (Reform des Schuldsklavenrechts: Dtn 15,12–18), aber auch die Wiederbelebung des Armenrechts in dieser Zeit (vgl. Dtn 24,17–22) werden mit Rückgriff auf den Exodus theologisch begründet. Und wenn die „Liturgiereform“ dieser Epoche die Erntedankfeste zu großen

Wallfahrtsfesten nach Jerusalem umgestaltet und vorschreibt, daß bei den dabei veranstalteten „Opfermählern" die Wohlhabenderen auch die Armen und die Fremden einladen sollen, damit auch sie die guten Gaben des Landes genießen können, wird dies als Aktualisierung des Exodus erläutert: „Erinnere dich dabei: Du bist Sklave in Ägypten gewesen. Daher sollst du diese Gesetze achten und sie halten" (Dtn 16,12; vgl. Lev 19,42f).

Als die Katastrophe des Exils hereingebrochen war, schreit das verzweifelte Gottesvolk nach dem Gott des Exodus (vgl. Jes 63,16; Mi 7,14–20). Und die Antwort auf die Klagen dieser Zeit, die durch prophetischen Mund ergeht, ist die Verheißung eines „neuen Exodus" (vgl. Jes 4,2–6; 10,24–26; 11,15f; 49,8–13; 52,8–13). Am Exodus machen die deuteronomistischen Theologen sogar die Zeitrechnung fest. Vergleichbar der christlichen Zeitrechnung von Christi Geburt her, tragen sie in ihr sogenanntes Deuteronomistisches Geschichtswerk eine Chronologie ein, die den Exodus als „Anfang" der Geschichte Israels betrachtet (vgl. u.a. 1 Kön 6,1: „Im 480. [= 40 × 12!] Jahr seit dem Exodus ..."; verschiedene chronologische Angaben von Dtn 1 – 1 Kön 6 lassen sich so zusammenrechnen, daß sie die Summe 480 ergeben!).

Die biblische Erinnerung des Exodus ist keine Flucht in die Vergangenheit, sondern ihre Verlebendigung zur Gestaltung von Gegenwart und Zukunft. Klassisch ist dies in der (schon oben zitierten) Pessach-Haggada so formuliert: „In jedem Geschlecht ist der Mensch verpflichtet, sich vorzustellen, er sei selbst aus Ägypten gezogen ... Nicht nur unsere Väter hat Gott erlöst, sondern auch uns ... Deswegen sind wir verpflichtet, zu danken, zu preisen, zu loben und zu verherrlichen den, der uns all diese Wunder getan und uns aus der Knechtschaft in die

Freiheit, aus Kummer zur Freude, aus Trauer zum Festtag, aus Dunkel zum Licht, aus Sklaverei zur Befreiung geführt hat; so wollen wir vor ihm ein neues Lied singen: Halleluja!"

Psalm 81

1 *Für den Chorleiter. Nach gititischer Weise. Von Asaf.*

2a *Jubelt Gott zu, unserer Festung,*
2b *jauchzet dem Gott Jakobs zu!*
3a *Hebt an zum Gesang und schlaget die Handtrommel,*
3b *die liebliche Tragleier zusammen mit der Standleier.*
4a *Stoßet beim Neumond das Widderhorn,*
4b *beim Vollmond, am Tag unseres Festes!*
5a *Denn Satzung ist dies für Israel,*
5b *Ordnung vom Gott Jakobs,*
6a *Bezeugung, die er in Josef setzte,*
6b *als er auszog gegen das Land Ägypten.*

6c *Eine Stimme, mir unvertraut, höre ich:*
7a *„Ich befreite von der Last seine Schulter,*
7b *seine Hände kamen los vom Tragkorb.*
8a *In der Bedrängnis riefst du und ich errettete dich,*
8b *ich antwortete dir im Donnergewölk,*
8c *ich prüfte dich an den Wassern von Meriba:*
9a *Höre, mein Volk, ich beschwöre dich,*
9b *Israel, daß du doch auf mich hörtest!*
10a *Du sollst bei dir keinen fremden Gott haben,*
10b *du sollst dich nicht niederwerfen vor einem ausländischen Gott!*
11a *Ich bin JHWH, dein Gott,*

11b *der dich heraufführt(e) aus dem Land Ägypten.*
11c *Öffne weit deinen Mund und ich will ihn füllen!*

12a *Doch mein Volk hörte nicht auf meine Stimme,*
12b *doch Israel war nicht willens.*
13a *Ich ließ sie in der Starrheit ihres Herzens,*
13b *sie wandelten in ihren eigenen Plänen!*

14a *O daß doch mein Volk auf mich hörte,*
14b *daß doch Israel auf meinen Wegen wandelte!*
15a *Bald würde ich seine Feinde beugen*
15b *und gegen seine Bedränger wenden meine Hand.*
16a *JHWHs Hasser müßten ihm (Israel) huldigen,*
16b *das würde ewig so bleiben!*
17a *Ich würde es (Israel) nähren mit fettem Weizen*
17b *und aus dem Felsen mit Honig dich sättigen."*

Einführung

Der Psalm ist klar in zwei unterschiedliche Teile gegliedert. Er beginnt mit einer entfalteten Aufforderung zur Feier eines großen Festes, das durch Neumond (1. Tag des Monats) und Vollmond (15. Tag des Monats) terminlich näher bestimmt und ausdrücklich als von JHWH beim Exodus gestiftetes Fest vorgestellt wird (V. 2–6b). Daran schließt sich, eingeleitet durch eine Zitationsformel, der zweite Teil, der als direkte JHWH-Rede gestaltet ist (V. 6c–17) und als solche bei dem in V. 2–6 gemeinten Fest vorgetragen wird. Die Rede selbst vollzieht sich in drei Schritten: Zunächst rekapituliert JHWH die wichtigen Etappen der Anfänge Israels, vom Exodus bis zur Verkündigung des Hauptgebots des Dekalogs am Sinai (V. 6–11). Sodann erinnert JHWH an die traurige Erfahrung, daß Israel nicht auf ihn hörte, sondern seine eigenen Wege ging – offensichtlich bis „heute", d. h. bis zu dem Zeitpunkt, an dem dann der dritte Schritt der Rede (V. 14–17) als inständige Bitte ansetzt, Israel möge doch endlich JHWHs Stimme hören – und so der Verheißungen teilhaftig werden, die JHWH bereithält.

In dieser Doppelarchitektur (kultische Situierung und beschwörende Gottesrede), aber auch in zahlreichen Einzelmotiven berührt sich Ps 81 mit Ps 50 und Ps 95. Die Psalmen 50 und 81, die beide durch ihre Überschrift dem Kreis der Asafsänger (möglicherweise eine mit den Korachiten konkurrierende Tempelsängergruppe) zugeschrieben werden, sind insbesondere durch das Zitat der sogenannten Selbstvorstellungsformel („Ich bin JHWH, dein Gott": 50,7; 81,11) und durch den Aufruf „Höre, mein Volk, ich beschwöre dich!" (50,7; 81,9) und die „Errettung aus der Bedrängnis" (50,15; 81,8) eng miteinander verbunden.

Die Verwandtschaft der drei Psalmen wird von den meisten Exegeten – mit Recht – auf die Verwurzelung im gleichen Fest zurückgeführt. Da es in der Gottesrede um die Verkündigung des Dekalog(anfangs) geht, also um den zentralen Text der Tora, und da außerdem der Aufruf „Höre, mein Volk!" in der deuteronomischen Theologie zum Toragehorsam einlädt (vgl. klassisch das „Höre, Israel" in Dtn 6,4–9), kommt als kultischer Haftpunkt der drei Psalmen am ehesten das Laubhüttenfest in Frage, zumal mit diesem Fest nach Dtn 31,9–13; Neh 8,8.18 die öffentliche Verlesung der Tora verbunden war. Ob man diesen Akt der kultischen Verkündigung des Dekalogs und der im Namen Gottes ausgesprochenen Einladung, die Tora zu hören und auf ihren Wegen zu wandeln, als „Bundeserneuerungsfest" bezeichnen soll, erscheint mir eher als eine Definitionsfrage. Die Sache, um die es geht, ist klar: Israel wird aufgerufen, sich zu einer feierlichen Liturgie zu versammeln, in der der Exodus- und Sinaigott durch einen priesterlichen/levitischen Sprecher sich als einziger und wahrer Befreiergott seines Volkes in Erinnerung ruft und Israel einlädt, die ihm von JHWH gebahnten und in der Tora konkretisierten Wege der Freiheit und der Solidarität zu gehen.

Ob die drei Psalmen aus unterschiedlicher Zeit (in der Forschung gibt es die Reihenfolge: Ps 81 spätvorexilisch; Ps 95: exilisch oder frühnachexilisch; Ps 50: um 400 v. Chr.) oder ob sie alle erst aus nachexilischer Zeit stammen, läßt sich schwer entscheiden. Wichtig ist: Ps 50 und Ps 81 sind Zeugnisse dafür, daß der Dekalog mindestens in der Zeit des Zweiten Tempels ein zentraler Text der Liturgie war. Volk Gottes sein heißt nach Ps 81: Sich vom Exodus-Gott zu einem Leben nach dem Dekalog, der Mitte des Sinaibundes, verpflichten lassen.

Auslegung

Die Aufforderung zum Festjubel, mit der unser Psalm beginnt, will alles aufbieten, was die nachexilische Liturgie nach Ausweis der entsprechenden Textzeugnisse (vgl. 1 Chr 15,16–24; 25,1; 2 Chr 5,12 f; Esr 3,10–12 sowie Ps 150) damals bei großen Festen einsetzte: Jubelschreie des Volkes, Gesänge des Volkes und der Tempelchöre, Handtrommeln zur Begleitung der rhythmischen Prozessionen und des kultischen Tanzes, Orchester von Saiteninstrumenten („Tragleier" und „Standleier", so richtiger statt der üblichen Übersetzungen „Harfe" und „Zither", stammen ursprünglich aus unterschiedlichem gesellschaftlichem Milieu: die kleinere „Tragleier" war das Hirteninstrument, während die „Standleier" mit ihrem größeren, bauchigen Resonanzraum im höfischen Bereich entwickelt wurde). Das Fest soll zuallererst „Hofmusik" für den beim Fest „erscheinenden" Gott sein; diese soll ihn erfreuen und ehren zugleich.

Die Ankündigung des Festes und seine eigentliche Eröffnung sollen mit dem „Stoßen" von Widderhörnern vollzogen werden. Von der Blastechnik her ist das Widderhorn kein Melodie- sondern ein Signalinstrument, das die Signale zum und im Krieg gab (vgl. Ri 3,27; 6,34 u. ö.) oder bei der Amtseinsetzung des Königs den ersten Akt der Königssalbung markierte (vgl. 1 Kön 1,34–39) und zur Königsakklamation aufforderte (vgl. 2 Kön 9,13). Das Blasen des Widderhorns signalisierte insbesondere das Kommen Gottes zum Zion als König (vgl. Ps 47,6; 98,6) und am Sinai zur Proklamation der Bundescharta, des Dekalogs als seines „Regierungsprogramms" (vgl. Ex 19,16.19 und 20,18). Beide Aspekte dürften in unserem Psalm verschmolzen sein. Das hier angekündigte Fest wird im Kommen JHWHs als König seines Volkes und in der Verkündigung seiner königlichen Rechtsordnung, verbunden mit der Zusage seines königlichen Segens, kulminieren.

Wie wir schon bei der „Einführung" angedeutet haben, dürfte das Fest, zu dessen Feier Ps 81 ursprünglich gehörte, das im Herbst, zur Jahreswende, gefeierte Laubhüttenfest (Sukkot) sein. Dieses Fest, das ursprünglich zur Zeit der Weinlese „am Ende des Jahres" (vgl. Ex 23,16; 34,22) gefeiert wurde, war im Laufe der Zeit mit mehreren „Festinhalten" ausgefüllt und zu einem mehrwöchigen „Festkreis" entfaltet worden. Zwar ist auch hier unser historisches Wissen sehr begrenzt, doch dürfte die These, daß das Herbstfest zur Jahreswende schon in der vorexilischen Zeit das große Fest von JHWHs Königsherrschaft war, bei dem ihm für den Segen des abgelaufenen Jahres gedankt sowie die Erneuerung seiner Königsherrschaft erfleht und gefeiert wurde, nicht unwahrscheinlich sein.

In der nachexilischen Zeit wurde das Fest zu einem „Festkreis" erweitert: Dieser wurde am Neumond, also am 1. Tag, des Herbstmonats mit dem feierlichen Blasen des Widderhorns eröffnet (vgl. Lev 23,24; Num 29,1); am 10. Tag folgte der große Versöhnungstag „Jom Kippur" (vgl. Lev 23,33; Num 29,10) und am 15. Tag wurde das eine Festwoche dauernde Laubhüttenfest gefeiert (vgl. Lev 23,26; Num 29,12). Daß Israel während dieser Woche in „Laubhütten" lebte, sollte an die gnädige Führung Israels durch JHWH beim Exodus durch die Wüste erinnern (vgl. Lev 23,42), womit drei Aspekte gemeint sind, die auch in unserem Psalm anklingen: Israel verdankt seine Existenz der Befreiung durch seinen Gott (V. 7); der Befreiergott will auch weiterhin das Leben und die Freiheit seines Volkes, insbesondere gegen Versklavung unter trügerische Götzen, schützen (V. 9a–11b); wie bei dem Weg durch die Wüste, will er, trotz der Weigerung Israels, auch weiterhin sein Volk mit wundervollen Gaben „sättigen" und beglücken (V. 11c.17). All dies kann Israel in seiner Liturgie zuteil werden, weil seine Feste und Festzeiten nicht selbst-erfundene, sondern vom Exodus-Gott gestiftete Feiern sind (V. 5f), bei denen er selbst zu Wort „kommt".

Zuerst ruft JHWH seinen grundlegenden Offenbarungserweis in Erinnerung: Er hat Israel von der entfremdenden Fronarbeit (Lastenschleppen beim Antransport von schweren Baumaterialien; Einsatz bei der Ziegelproduktion, wobei der Überschwemmungsschlamm in „Tragkörben" herbeigeschafft wurde) für Pharao befreit, mit der dieser das Volk buchstäblich niederdrückte (vgl. Ex 1,11) und das Leben bitter machte (vgl. Ex 1,14). Wenn immer Israel damals in Bedrängnis war, erwies JHWH sich als machtvoller und gütiger „Erretter" (Rettung vor dem Pharao und vor den Amalekitern, Gabe von Manna, Wachteln und Wasser). Er ließ am Sinai-Horeb, aus dem auch die Wasser von Meriba entsprangen (vgl. Ex 17,6f!), seine Stimme im Donnergewölk hören – mit jener beschwörenden Grundbotschaft, die Zusage und Anspruch zugleich ist: Israels Existenz als „Volk" (d.h. als geschwisterliche, freie Gemeinschaft) gibt es nur in Gemeinschaft mit *diesem* Gott JHWH.

In der gegenüber dem Dekalog umgekehrten Reihenfolge werden „Fremdgötterverbot" und „Selbstdefinition des wahren Gottes JHWH" als Folgerung aus dem Exodus-Credo V. 7–8 so verkündet, daß JHWH sein Gott-Sein an Israel gebunden hat. Weil JHWH zuallererst sich in und durch Israel als der wahre Gott erweisen will, ist die Klage über Israels Verweigerung (V. 12–13) „nur" der Ansatz zur leidenschaftlichen Bitte (V. 14–17), auf die der Psalm zuläuft und mit der er die liturgische Gemeinde zur Annahme dieser Gottesbotschaft und zum Gehen auf den Wegen JHWHs (d.h. der Gebote der Gottes- und der Nächstenliebe) bewegen will. JHWH setzt dabei sozusagen alles ein, um die Liebe seines Volkes zu gewinnen: Er verheißt „Ruhe vor den Feinden", Ende von Verfolgung und Verachtung sowie paradiesische („fetter Weizen" als Realsymbol friedvoller Zeiten, Ps 147,17; „Honig aus dem Felsen": wilder Bienenhonig aus den Felsen als Steigerung gegenüber dem „Wasser aus dem Felsen", vgl. Dtn 32,13; zur metaphorischen Bedeutung vgl. auch Ijob 29,6) Lebensgaben (möglicherweise ist mit „Fett" und „Honig" als Gaben des Exodus-Gottes auf die nährende Kraft der Sinai-Tora angespielt: vgl. Ps 19,11; 119,72.103; Jer 15,16; Ez 3,3). Welch ein Werben JHWHs um das eine große Geschehen, auf das es ankommt: „Höre doch auf *meine* Stimme, mein Volk!" Das gilt auch Israel und der Kirche heute.

Psalm 82

1 *Ein Psalm Asafs.*

1b *Gott steht da in der Gottesversammlung,*
1c *inmitten der Götter hält er Gericht:*
2a *„Wie lange noch wollt ihr unheilvoll richten*
2b *und die Gottlosen begünstigen?*
3a *Verhelft zu ihrem Recht den Kleinen und den Waisen,*
3b *den Elenden und den Bedürftigen verschafft Gerechtigkeit,*
4a *rettet die Kleinen und die Armen,*
4b *der Gewalt des Todes entreißt sie!"*
5a *Sie haben weder Erkenntnis noch haben sie Einsicht,*
5b *in der Finsternis wandeln sie,*
5c *es wanken alle Fundamente der Erde.*
6a *„Ich habe zwar gesagt: ‚Götter seid ihr*
6b *und Söhne des Höchsten allesamt!'*
7a *Doch nun: Wie die Menschen sollt ihr sterben,*
7b *und wie einer von den Fürsten sollt ihr fallen!"*
8a *Steh auf, Gott, übernimm das Richteramt über die Erde,*
8b *denn dir sind alle Völker zu eigen.*

Einführung

Dies ist einer der aufregendsten Texte der ganzen Bibel. Hier werden Götter zum Tode verurteilt, weil sie sich nicht für die Armen und Kleinen einsetzen. Weil sie nicht für Recht und Gerechtigkeit kämpfen!

Gegenüber jener Auslegungsrichtung, die in Ps 82

eine ironische Polemik gegen irdische Richter und Machthaber sieht, die sich wie Götter gebärdet hätten (vgl. die scharfe „Richterkritik" in Ps 58), ist festzuhalten, daß es hier um die Frage nach dem wahren Gott geht. Wenn das in V. 7 ergehende Urteil über die „Götter", daß sie wie Menschen sterben sollen, als Höhepunkt der beiden Gottesreden des Psalms (V. 2–4.6–7) ernst genommen wird, kann nur vom Tod der Götter im religionsgeschichtlichen bzw. theologischen Sinn die Rede sein. Der Gott Israels demaskiert „die Götter" zu dem, was sie sind: Machwerke von Menschen und Legitimationsfiguren von Fürsten! Kriterium der Göttlichkeit ist der Einsatz für die Gerechtigkeit unter den Menschen, insbesondere der Schutz der Wehrlosen und die Parteinahme für die Rechtlosen. Das Gott-Sein (eines) Gottes entscheidet sich an seiner Option für die Armen und Unterdrückten. Daran muß sich jede Rede von Gott messen lassen. Und alle, die sich in ihrem Handeln und Denken auf Gott berufen. Auch die Kirche!

Daß Psalm 82 eine Aussage über den wahren Gott und die falschen Götter sein soll, hat die Psalmenbuchredaktion dadurch angezeigt, daß sie ihn neben den „Exodus-Psalm" Ps 81 gestellt hat, der ja, wie wir gesehen haben, in V. 7–11 JHWH als den Befreiergott der Versklavten verkündet und daraus die Konsequenz zieht, daß für Israel die Selbstversklavung unter andere oder fremde Götter nicht mehr in Frage kommt. Ps 82 steigert dieses „Götterverbot": Ihre Verehrung, aber auch die Angst vor ihnen sind absurd, weil es neben dem wahren Gott gar keine Götter gibt!

Der Psalm arbeitet mit der mythischen Vorstellung vom Götterpantheon, bei dem eine Vielzahl von Göttern (und Göttinnen) hierarchisch geordnet mit einem „Götterkönig" an der Spitze, der ihre Versammlungen leitet, „zusammenlebt". Manche Exegeten wollen aus dem Psalm sogar eine kanaanäische „Vorlage" rekonstruieren. Das scheint mir wenig wahrscheinlich. Die Vorstellung von der „Götterversammlung" bzw. von dem inmitten seines himmlischen Hofstaates residierenden „Götterkönig" ist für den ganzen vorderasiatischen Kulturkreis so verbreitet gewesen und auch in alttestamentlichen Texten so häufig aufgenommen (freilich in sehr vielfältiger Form: vgl. 1 Kön 22, 19 ff; Jes 6, 2 f; 40, 1–3; Ijob 1–2; Ps 103, 19–21; 104, 1–4), daß der Verfasser von Ps 82 dazu keiner besonderen kanaanäischen *Text*vorlage bedurfte. Daß der im altorientalischen Denken beheimatete mythische „Götterkampf", in dem ein Gott die Königswürde über die Götter dadurch erringt, daß er seinen Widersacher tötet (z. B. Baal den Jammu, Marduk die Tiamat), hier als „Göttergericht" gestaltet ist, bei dem JHWH seine göttlichen Widersacher durch sein Wort ausschaltet, weil sie, statt die Weltordnung zu schützen, das Chaos auslösen (V. 5), ist nicht von der Hand zu weisen. Von einem „Gericht über die Götter Ägyptens", die das pharaonische Ausbeutersystem stützten, ist auch in der göttlichen Ankündigung des Exodus in Ex 12, 12 die Rede!

Der Psalm schöpft in seinem Aufbau aus prophetischen und juristischen Redeformen. V. 1 b – 7 b ist eine zweimalige Abfolge von Bericht (V. 1 bzw. V. 5) und direkter Gottesrede (V. 2–4 bzw. V. 6–7). Der erste Teil berichtet vom Auftreten „Gottes" inmitten der „Götterversammlung", in der er „die Götter" wegen ihres unheilvollen Wirkens anklagt und sie ultimativ auffordert, endlich ihres göttlichen Amtes zu walten. Der zweite Teil berichtet, daß „die Götter" dazu offenkundig nicht in der Lage sind, sondern im Gegenteil das Chaos auszulösen drohen, weshalb „der Gott" nun das Todesurteil über „die Götter" verkündet. Man kann diese beiden Szenen als eine Art prophetische Vision begreifen, auf deren Vortrag hin dann die Zuhörer in V. 8 mit der Bitte antworten, „Gott" möge doch diese Vision Wirklichkeit werden lassen und sein universales Reich der Gerechtigkeit zum Wohl der Armen und Unterdrückten endlich durchsetzen.

Die Entstehungszeit des Psalms ist umstritten. Gewichtige Gründe sprechen dafür, ihn frühestens in der Exilszeit anzusetzen und in ihm einen wichtigen Beitrag zum Thema „Aufkommen und Entfaltung des Monotheismus" zu sehen. Man kann sich den Psalm gut in prophetischen Wortgottesdiensten vorstellen. Auf der Ebene der Psalmbuchredaktion will er die Antwort auf die in Ps 81, 14 ausgesprochene Bitte sein.

Auslegung

Mit der eröffnenden Doppelangabe entwirft der Psalm knapp, aber plastisch die Szenerie einer himmlischen Vision, die er miterleben lassen will. Da ist „die Gottesversammlung" zusammengetreten und „Gott" (falls die Hypothese von der sogenannten elohistischen Redaktion im Komplex Ps 42–83 richtig ist, hätte vor dieser Redaktion in V. 1 b und V. 8 a der Gottesname JHWH gestanden) steht da, um seine Anklage gegen „die Götter" zu erheben. Daß er nicht wie ein „Götterkönig" oder wie der König beim Gericht auf einem Thron sitzt, sondern „sich hingestellt hat", unterstreicht die kämpferisch-dramatische Auseinandersetzung (vgl. ähnlich Jes 3, 13 sowie Am 7; 7; 9, 1), um die es hier geht (vgl. auch die entsprechende Formulierung der Bitte in V. 8 „steh auf ..."). Daß er allein im Göttergremium redet und die anderen allesamt angreift, macht von Anfang an seine Sonderstellung deutlich. Die vorwurfsvolle Frage „Wie lange noch?" läßt schon ahnen, daß für die Adressaten die Stunde der Götterdämmerung geschlagen hat.

Die Anklage ist klar formuliert: „Die Götter" stützen mit ihrem unheilvollen Regiment die Gottlosen, also die Kräfte und Gruppierungen auf der Erde, die rücksichtslos und gewalttätig das friedliche Zusammenleben stören, weil sie sich weder um Menschen- noch um Gottesrecht scheren. Da gibt es Götter, in deren Namen Kriege geführt und Menschen gefoltert und umgebracht werden. Da gibt es Götter, auf die sich Könige und Priester berufen, wenn sie die Leute durch Abgaben und Arbeitsleistungen in den wirtschaftlichen und gesundheitlichen Ruin treiben. Da gibt es Götter, auf die Richter und Zeugen schwören, wenn sie verschuldeten Kleinbauern und Tagelöhnern, Witwen und Waisen durch Meineide und Skandalurteile das Recht verweigern, um sich selbst zu bereichern oder aus Angst vor mächtigen Großgrundbesitzern. Kurz: Da gibt es Götter, die Unrecht nicht nur nicht verhindern, sondern sogar noch legitimieren und mehren.

Daß all dies „ungöttlich", weil „unmenschlich" ist, ist eine Erkenntnis, die immer stärker ins Zentrum der israelitischen Gottesvorstellung rückte. Das läßt sich sogar religionsgeschichtlich erkennen: Der „Aufstieg" des Nomadengottes JHWH zum Volksgott des jungen Israel und die damit verbundene Verdrängung der anderen anfangs auch in Israel noch verehrten Götter und Göttinnen hängt eng mit dem menschenfreundlichen und machtkritischen Profil JHWHs zusammen. Daß er nicht auf der Seite des Pharao und der Reichen und Mächtigen stand, um deren Selbstvergötzungen und Brutalitäten noch religiös zu überhöhen, sondern daß er den Unterdrückten und Armen Kraft zum Widerstand gab, durch seine Propheten Revolutionen und Reformen initiierte, ist für den Religionshistoriker ein entscheidendes Moment dafür, daß dieser Gott JHWH eben nicht wie die Götter Ägyptens und Assurs in den Katastrophen der Geschichte „starb", sondern in ihnen gerade seine göttliche, weil menschenfreundliche Lebenskraft erwies.

Die deuteronomische Theologie hat in ihrer Kraft zur Synthese dies so auf den Punkt gebracht: „JHWH, euer Gott, ist der Gott über den Göttern und der Herr über den Herren. Er ist der große Gott, der Held und der Furchterregende. Er begünstigt keinen und nimmt keine Bestechung an. Er verschafft den Waisen und den Witwen ihr Recht. Er liebt die Fremden und gibt ihnen Nahrung und Kleidung – auch ihr sollt die Fremden lieben, denn ihr seid Fremde in Ägypten gewesen" (Dtn 10, 17 f). Was hier in der „Nachahmungstheologie" von den Israeliten gefordert wird, daß sie wie JHWH sich für das Recht der Wehrlosen einsetzen und ihnen helfen, gilt um so mehr für „die Götter".

„Götter", „Religionen" und „Kirchen", die dies nicht tun oder gar das Gegenteil fördern, verfehlen sich selbst – und haben ihre Existenz verwirkt: Sie müssen und werden sterben! Das ist die Quintessenz des zweiten Teils der himmlischen Vision, in die der Psalm uns mithineinnimmt. Nach der resignierten Feststellung im Bericht-Stil (V. 5), daß „die Götter" eben „Mächte der Finsternis" und Störer der kosmischen Lebensordnung sind – und dies, weil sie, wie ihre Götzenbilder sinnenfällig zeigen, weder Erkenntnis noch Einsicht haben (V. 5 a = Jes 44, 18 ist nachträglich eingefügtes Zitat aus der Götzenbildpolemik Jes 44,9–20), verkündet deshalb JHWH-Gott dem versammelten Göttergremium ihr Todesurteil.

Zunächst wird in V. 6 auf das noch aus der vor-monotheistischen Theologie stammende Denkmodell Dtn 32, 8 f, wonach „am Anfang" die vielen Götter auf die einzelnen Völker und Regionen der Erde aufgeteilt wurden, angespielt, aber es wird dann in V. 7 definitiv aufgehoben: Die Zeit „der Götter" ist vorbei. Ihr Tod ist beschlossene Sache. Und mit dem ihnen verkündeten Urteil ist auch das Urteil über alle gesprochen, die gleich ihnen und unter Berufung auf sie die Kleinen und die Armen, die Waisen und die Fremden verachten und unterdrücken. Mit seinem Urteilsspruch verkündet „der Gott" der Gerechtigkeit und der Armenliebe, daß nun *seine* Zeit angebrochen ist.

Freilich: Noch herrschen auch „die Götter". Damals und heute. Deshalb kulminiert der Psalm in dem Ruf V. 8, der JHWH-Gott beschwört, doch endlich sein „Gott-Sein" auf der ganzen Erde zu erweisen. „Der Gott, der nach diesem Psalm mit dem Anspruch auftritt, Göttlichkeit am Maßstab der effektiven Herstellung sozialer Gerechtigkeit zu messen, kann sich ja dem selbst nicht entziehen. Er ist doch auch und zuerst an seinem eigenen Maßstab zu messen. Er hat den Beweis, daß er in anderer Weise göttlich handelt, selbst zu erbringen" (F. Crüsemann). Ob wir an „Gott" oder an „die Götter" glauben, ist daran abzulesen, wie wir mit den Ausgegrenzten und Schwächsten umgehen. Und ob die Kirche „göttlich" ist, auch in ihrem Innenbereich, ist daran abzulesen, ob sie „menschenfreundlich" im Sinne von Ps 82 ist.

Psalm 118

1a *Lobet JHWH, denn gut ist er.*
1b *Ja, ewig währet seine Güte!*
2a *Es soll sagen Israel:*
2b *„Ja, ewig währet seine Güte!"*
3a *Es soll sagen das Haus Aarons:*

3b „Ja, ewig währet seine Güte!"
4a Es sollen sagen, die JHWH fürchten:
4b „Ja, ewig währet seine Güte!"

5a Aus der Bedrängnis habe ich JHWH gerufen,
5b mit Weite hat mir JHWH geantwortet.
6a JHWH ist für mich: Ich fürchte mich nicht!
6b Was können Menschen mir tun?
7a JHWH ist für mich als mein Helfer,
7b Ich schaue (gelassen) auf die, die mich hassen.
8a Besser ist es, Zuflucht zu suchen bei JHWH
8b als zu vertrauen auf Menschen.
9a Besser ist es, Zuflucht zu suchen bei JHWH
9b als zu vertrauen auf Fürsten.
10a Alle Völker umringten mich,
10b im Namen JHWHs, ja, wehrte ich sie ab!
11a Sie umringten mich, ja, sie umringten mich,
11b im Namen JHWHs, ja, wehrte ich sie ab!
12a Sie umringten mich wie Bienen,
12b sie wurden gelöscht wie Dochtenden,
12c im Namen JHWHs, ja, wehrte ich sie ab!
13a Gestoßen, gestoßen hat man mich, daß ich fiele,
13b doch JHWH hat mir geholfen.
14a Meine Kraft und mein Lied ist JHWH,
14b er wurde für mich zur Rettung.
15a Eine Stimme von Jubel und Rettung
15b in den Zelten der Gerechten:
15c „Die Rechte JHWHs tut Mächtiges!
16a Die Rechte JHWHs ist erhaben!
16b Die Rechte JHWHs tut Mächtiges!"
17a Nicht sterbe ich, sondern ich lebe
17b und will erzählen die Taten JHWHs.
18a Gezüchtigt, gezüchtigt hat mich JHWH,
18b doch dem Tod hat er mich nicht übergeben!

19a „Öffnet für mich die Tore der Gerechtigkeit!
19b Ich will durch sie kommen, ich will danken
JHWH!"

20a *„Dies ist das Tor JHWHs,*
20b *Gerechte kommen durch es hinein."*
21a *„Ich will dich loben, denn du hast mir geantwortet,*
21b *und du bist für mich zur Rettung geworden.*
22a *Der Stein, den die Bauleute verwarfen,*
22b *ist geworden zum Eckstein.*
23a *Von JHWH her ist dies geschehen,*
23b *es ist eines der Wunder in unseren Augen.*
24a *Dies ist der Tag, den gemacht hat JHWH,*
24b *wir wollen jauchzen und uns freuen über ihn.*
25a *Ach, JHWH, rette doch!*
25b *Ach, JHWH, vollende doch!"*
26a *„Gesegnet, der kommt im Namen JHWHs!*
26b *Wir segnen euch vom Haus JHWHs her!*
27a *Gott ist JHWH (allein). Er gebe uns Licht!*
27b *Bindet einen Festreigen mit Zweigen in den Händen,*
27c *bis hin zu den Hörnern des Altares!"*
28a *„Mein Gott bist du! Ich will dich loben.*
28b *Mein Gott, ich will dich erheben!"*
29a *Lobet JHWH, denn gut ist er.*
29b *Ja, ewig währet seine Güte!*

Einführung

Psalm 118 ist der Schlußpsalm des sogenannten Hallel („Lobpreis"), wie die Psalmen 113–118 wegen ihrer Verwendung an allen großen Feiertagen im Synagogengottesdienst genannt werden. Die Gruppe heißt sodann „Ägyptisches Hallel" oder „Pessach-Hallel", weil diese Psalmen auch beim „Sederabend" des Pessachfestes, am Fest der Befreiung aus dem pharaonischen Ägypten, gesungen werden. Die durch zahlreiche Stichwortbeziehungen miteinander verwobenen Psalmen 113–118 sind ein Lobpreis auf JHWH als den Gott des Exodus (vgl. Ps 114), der sein Volk aus Todesnot rettet und „ins Land der Lebendigen“ (Ps 116,9) führt.

Für uns Christen ist diese Sammlung auch deshalb kostbar, weil sie nach dem Zeugnis von Mk 14,26 (Mt 26,30) von Jesus und seinen Jüngern bei ihrem Sederabend vor dem Tod Jesu gesungen wurde. Der erste Teil des Hallel, die Psalmen 113 und 114, wird – vor dem eigentlichen Mahl – nach der Erzählung der Exodusgeschichte gesungen, ehe der zweite Becher mit Wein getrunken wird. Der zweite Teil des Hallel, also die Psalmen 115–118, beschließen das Pessachmahl (zum „Becher des Dankes“). Dabei hat der Schluß von Ps 118 im Pessach-Zusammenhang eine deutlich messianische Perspektive angenommen, was dadurch unterstrichen wird, daß die Bitte: „Ach, JHWH, rette doch (Hosianna)! Ach, JHWH, vollende doch!“ (V. 25), zweimal gesprochen wird. Der darauf folgende Spruch: „Gesegnet, der da kommt im Namen JHWHs“ (V. 26), ist dann Ausdruck der Sehnsucht nach dem Kommen des Messias. *So* wird Ps 118,26f ja auch in Mk 11,9f par auf das „messianische“ Kommen Jesu zum Pessach-Fest nach Jerusalem übertragen. Die messianische Sehnsucht nach dem (Wieder-)Kommen des Messias Jesus klingt auch im Sanctus nach der Präfation weiter: „Hosanna (= Ach rette doch!). Hochgelobt sei, der da kommt ...“, ebenfalls Zitat von Ps 118,25f.

Überhaupt wurde Ps 118, der auch in Qumran sehr beliebt war, für die neutestamentliche Christologie (vgl. u. a. Mk 12,10 par; Apg 4,11; Eph 2,20; 1 Petr 2,7), aber auch für den Entwurf christlicher Lebenspraxis (vgl. 2 Kor 6,9f; Hebr 13,6) sehr wichtig. Auch in der frühen Kirche und in der christlichen Liturgie kam der Psalm zu großen Ehren. Insbesondere V. 24 („Dies ist der Tag ...") hat Kirchenmusiker und Festprediger immer wieder inspiriert.

Über den ursprünglichen „Sitz im Leben" von Ps 118 gehen die Meinungen der Exegeten weit auseinander. Dies hängt nicht zuletzt mit der „Doppelgesichtigkeit" des Psalms zusammen. Zum einen ist sein liturgischer Charakter in V. 1–4 und V. 19–29 offenkundig; hier sind der Bezug auf die feiernde Gemeinde und der Wechsel liturgischer Rollen zu erkennen. Zum anderen aber ist V. 5–18 als Dankgebet eines „Ich" gestaltet, was zu sehr unterschiedlichen Deutungen geführt hat: Man sieht in dem „Ich" z. B. den König nach einem Sieg bzw. bei einem großen nationalen Fest oder den Hohenpriester beim Laubhüttenfest (vgl. „die Zweige" in V. 27; zu „den Zweigen" vgl. auch die Szenerie beim „messianischen Kommen" Jesu nach Jerusalem), sogar konkrete historische „Erstaufführungen" von Ps 118 werden vorgeschlagen (z. B. Festpsalm im Munde des Nehemia bei der Weihe der neuerrichteten Stadtmauer von Jerusalem o. ä.).

Wir gehen bei unserer Auslegung von der durch den Kontext Ps 113–118, aber auch durch die jüdische Tradition empfohlenen Auffassung aus: Das „Ich" des Psalms ist Israel bzw. die feiernde Gemeinde. Der (wahrscheinlich) in frühnachexilischer Zeit entstandene Ps 118 ist der Lobpreis, mit dem das befreite Gottesvolk seinen Gott feiert und sehnsuchtsvoll um die Vollendung seiner Geschichte mit Gott bittet, dessen „Güte ewig währet".

Auslegung

Der Psalm setzt mit der Selbstaufforderung (vgl. zu diesem Verständnis des Imperativs: Jer 33,11) der liturgischen Versammlung ein, den in der nachexilischen Liturgie offensichtlich zentralen und auch litaneiartig verwendeten (vgl. Ps 136) Ruf: „Ja, gut ist er (vgl. dazu auch unsere Auslegung von Ps 73). Ja, ewig währet seine Güte", zu singen. Nach Esr 3,11 erscholl dieser Ruf, als der Grundstein zum Zweiten Tempel gelegt wurde. Und die chronistische Theologie läßt diesen Ruf erklingen, als David die Lade nach Jerusalem bringt (vgl. 1 Chr 16,34), und zum Abschluß der Weihe des Ersten Tempels (vgl. 2 Chr 5,13). An dieser zuletzt genannten Stelle wird besonders deutlich, daß dem Ruf ein quasi-sakramentales Verständnis zugrunde lag: „Als sie mit Trompeten, Zimbeln und ihren Musikinstrumenten einsetzten und JHWH lobpriesen: ‚Ja, er ist gut! Ja, ewig währet seine Güte!', da erfüllte eine Wolke das Haus JHWHs."

Durch den kultischen Lobpreis der ewigen Güte JHWHs wird JHWH selbst herbeigerufen und erfahrbar. Deshalb auch wird in unserem Psalm die Aufforderung noch dreimal (!), nun bei Nennung von Adressaten (vgl. Ps 115,9–11), wiederholt, wobei die in nachexilischer Zeit aufkommende Unterscheidung von „Israel" = Laien und „Haus Aaron" = Priesterschaft eingeführt wird. Ob die an dritter Stelle genannten „JHWH-Fürchtigen" die aus den Völkern kommenden Verehrer JHWHs („die Gottesfürchtigen" = Proselyten [vgl. Apg 10,2.22 u. ö.]) oder die vorher genannten beiden Gruppen „Laien" und „Klerus" zusammen unter dem Gesichtspunkt des Tora-Gehorsams („JHWH-Furcht" als Inbegriff von Ausschließlichkeit der JHWH-Verehrung und von Praxis sozialer Gerechtigkeit [vgl. Ps 119,38; Dtn 5,29; 6,2.13.24 u. ö.]) sind, läßt sich schwer entscheiden, die zweite Alternative ist aber als Steigerung des Abschnitts V. 1–4 wahrscheinlicher: Er verkündet JHWHs *ewige* Bundestreue, in und aus der er zu seiner mit Israel begonnenen Geschichte steht und diese in Güte *(ḥæsæd)* vollenden wird (vgl. V. 25).

Die von Paulus in Röm 9–11 vorgetragene These, daß JHWH um seiner eigenen Identität willen die von ihm gegebenen Verheißungen nicht zurücknehmen kann, ist letztlich eine Explikation des in unserem Psalm fünfmal (der Satz steht auch am Schluß des Psalms: Inklusion!) proklamierten Satzes: „Ja, *ewig* währet seine Güte!"

Der Hauptteil des Psalms, V. 5–28, der sich vom Rahmen V. 1–4 und V. 29 durch seine überwiegend als Ich-Rede gestaltete Form abhebt, ist die Durchführung der im Rahmen geforderten Dankliturgie. Dieser Hauptteil läßt sich in die zwei Abschnitte V. 5–18 und V. 19–28 gliedern. Während der erste Abschnitt von JHWH in 3. Person redet, wird im zweiten Abschnitt, der überdies als liturgisches Wechselgespräch zwischen „Israel" und „Haus Aaron" abläuft, JHWH in der Du-Rede angesprochen.

Der Abschnitt V. 5–18 erzählt, wie Israel in seiner Geschichte „die ewige Güte" JHWHs erfahren hat, und zieht daraus die Folgerung, daß die Gemeinschaft mit JHWH ein schützendes „Haus gegen den Tod" (vgl. die in V. 8–9 verwendete Metapher „Zuflucht suchen") ist. Zweimal durchläuft der Sprecher die Struktur „Not – Rettung durch JHWH – Vertrauensbekenntnis" (V. 5–9.10–16), um dann den Abschnitt mit der Aussage zusammenzufassen, daß alles Leiden, auch das Leiden an Gott, Israel nicht von JHWH weg, sondern zu der tiefen Überzeugung hingeführt hat: „Nicht sterbe ich, sondern ich lebe, um die Taten JHWHs zu bezeugen!"

Daß das hier sprechende „Ich" nicht ein Individuum (auch nicht der König, der Hohepriester oder ein sonstiger Amtsträger) ist, sondern daß damit Israel gemeint ist (auch wenn, was wahrscheinlich ist, bei der liturgischen „Aufführung" des Psalms dieser Abschnitt von einem Solisten vorgetragen wurde!), legt sich aus folgenden Gründen nahe: der Abschnitt spielt mehrfach auf das „Siegeslied am Schilfmeer" Ex 15,1–18 an (vgl. V. 10b mit Ex 15,3; V. 14 mit Ex 15,2a; V. 15b–16 mit Ex 15,6.12 sowie V. 17–18 mit Ex 14,11.30f), mit dem Israel, ebenfalls im Ich sprechend, die Rettung vor Pharao und den feindlichen Völkern feiert (ähnlich auch Jes 12,1–6!); die Einzelzüge der Not- und Rettungsbilder übersteigen den individuellen Erfahrungskontext (Vertrauen auf Fürsten; Bedrohung durch „alle Völker"; Jubelrufe „in den Zelten der Gerechten"); der Zusammenhang mit den einleitenden Aufrufen V. 1–4 sowie die Stellung des Psalms im „Hallel" Ps 113–118 überhaupt.

Der Abschnitt, der einerseits in dichten Metaphern die Leiden Israels erinnert (V. 5a: „die Bedrängnis" = die Enge, der immer kleiner werdende Lebensraum, die unaufhaltbare Gewalt; V. 10–12: der bedrohlich schwirrende und stechende Bienenschwarm, dem man nicht mehr entkommen kann [vgl. Dtn 1,44]; V. 13: Stoßen und Schlagen) und andererseits mit kraftvollen Bildern das Vertrauen in JHWH als die Macht wecken will, an der die feindlichen Mächte letztlich abprallen (V. 8–9: JHWH als schützende Festung; V. 10–12 der Name JHWH als „Waffe" [vgl. 1 Sam 17,45]; V. 15–16: „die Rechte JHWHs" schlägt die Feinde nieder bzw. packt die Bedrohten, um sie vor dem Fallen zu bewahren bzw. der Macht der Feinde zu entreißen), ist von ungeheurem Lebenswillen geprägt, der aus dem Wissen kommt, daß der Gott JHWH „gut" ist, d.h. ein Gott des Lebens ist, der sich als solcher gerade an und in denen erweist, deren Leben bedroht ist. Die Leiden und die Todeserfahrungen, so bezeugt der Psalm, sind ein schmerzlicher Lernprozeß

(„Züchtigung"), in dem Israel der Geschenkcharakter seiner Gottesgemeinschaft aufgeht. Auch für Israel gibt es keinen Weg am Leid vorbei, aber für Israel gibt es einen Weg durch das Leid hindurch – im Festhalten am Namen JHWH.

Nach der „Danksagungserzählung" (V. 5–18) folgt im zweiten Abschnitt des Hauptteils die „Dankliturgie" im engen Sinn. Sie ist als Wechselgespräch zwischen dem geretteten Ich = „Israel" (V. 19.21–25.28) und dem „Haus Aaron" = den amtierenden Priestern (V. 20.26–27) – in unserer Übersetzung durch die wechselnden Anführungszeichen angedeutet – gestaltet. Diese Liturgie findet an den „Toren der Gerechtigkeit" statt, die die danksagende Gemeinde durchschreiten will, um, in einem festlichen Reigen um den vor dem eigentlichen Tempelgebäude stehenden Brandopferaltar herum, JHWH zu danken und ihn zu feiern.

Leider kennen wir zu wenig Einzelheiten über den Zweiten Tempel und die an ihm gefeierte Liturgie, um hier mit Sicherheit Aussagen machen zu können. Doch dürften die „Tore der Gerechtigkeit" nicht die Toranlage(n) bezeichnen, durch die man, vom Kidrontal kommend, den von einer Mauer umgebenen Jerusalemer Tempelbezirk überhaupt betrat, sondern jenes Tor, durch das man vom äußeren Tempelhof zum inneren Tempelhof ging, in dem der Brandopferaltar und das eigentliche Tempelgebäude (das nur Priester betreten durften) waren. An diesem Tor in der Mauer, die den äußeren vom inneren Tempelhof trennte (deshalb ist in den Psalmen auch von „Höfen" im Plural die Rede [vgl. Ps 65, 5; 100, 4]), fanden die sogenannten „Torliturgien" statt, die auch in Ps 15 und 24 aufgenommen wurden. Hier standen Priester, die die Tempelbesucher über „die Gerechtigkeit" belehrten (vgl. auch 2 Chr 23, 19), die die Voraussetzung zur Zulassung in den inneren Tempelhof und insbesondere die Voraussetzung zur Begegnung mit dem am Tempel gegenwärtigen „Gott der Gerechtigkeit" (vgl. Jer 31,23) war. Vielleicht hieß dieses Tor auch „Tor der Gerechtigkeit", weil sich hier die Gruppen sammelten, die in Prozession zum Brandopferaltar zogen, um „dem Gott der Gerechtigkeit" für seine „Gerechtigkeitserweise", d. h. die durch ihn geschenkte Rettung aus vielfältiger Not zu danken.

Nachdem die liturgische Gemeinde also in V. 19 erklärt hat, sie wolle für die in V. 5–18 bezeugten Rettungen Israels JHWH danken, und von den am „Tor der Gerechtigkeit" Dienst tuenden Priestern mit dem entsprechenden Hinweis auf die Funktion der Tore empfangen wurde (V. 20), folgt das eigentliche Dankgebet (V. 21–25). Es beginnt mit einem wörtlichen Rückbezug nach V. 5 und V. 14: JHWHs Rettungshandeln, in dem er sich als Exodusgott crwies, ist ein Antworthandeln, mit dem er denen, die zu ihm schreien, „Gerechtigkeit" widerfahren läßt, d. h. jene Lebensordnung durchsetzt und wiederherstellt, deren sichtbare Zeichen der Tempel als „Haus gegen das Chaos" (vgl. unsere Auslegung von Ps 93) ist.

Daß Israel, wie der Psalm mit seinen Anspielungen auf Ex 15,1–8, aber auch im Kontrast zu den Todesandrohungen der Propheten (vgl. Am 5,1; Hos 13,1; Ez 18,31) bekennt, aus den tödlichen Katastrophen seiner Geschichte und den dadurch ausgelösten Gotteszweifeln (vgl. Ps 44,10–27) immer wieder herausgeführt wurde, ist in der Tat „eines der Wunder", dem Israel seine Existenz verdankt und die dem Mose am Höhepunkt des Exodusgeschehens vom Sinaigott verheißen wurden: „Das ist der Bund, den ich hiermit verkünde: Vor deinem ganzen Volk werde ich Wunder wirken, wie sie auf der ganzen Erde und unter allen Völkern nie geschehen sind" (Ex 34,10). Worin das Wunder besteht, wird in

V. 22 mit einem Sprichwort formuliert, das möglicherweise mit dem Tempelfelsen oder dem Tempelfundament als dem Stein, der das Chaoswasser verschließt oder der dem Tempel als „Haus der Gerechtigkeit" (vgl. Jes 1,26) die Festigkeit gibt (vgl. auch Jes 28,16), in Verbindung stand.

Wie dem auch sei, der Sinn der Ecksteinmetapher ist im Kontext unseres Psalms klar: Da ist ein Stein, den Bauleute wegwarfen, weil sie ihn (wegen seiner Form oder wegen seiner Brüchigkeit) für unbrauchbar hielten, zum wichtigsten Stein eines Gebäudes geworden, dessen Bauherr JHWH ist. Dieser wichtigste Stein ist hier auf keinen Fall, wie manche Ausleger meinen, „der Bauschlußstein" (die dabei vorausgesetzte Gewölbebautechnik ist in Israel zur Zeit der Entstehung unseres Psalms nicht belegt!), sondern „der Grundstein", mit dem der Bau begonnen wird. Der „Eckstein" ist ein besonders behauener Stein im Fundament, der die Lage und die Größe des zu erbauenden Hauses bestimmt. An ihm hängt auch die Festigkeit des Hauses, vor allem wenn das Haus ein Ziegelmauerwerk ist, das auf festen Steinen aufruht.

Auf das gerettete Israel übertragen, sagt das „Ecksteinwort" ein Zweifaches: Das von den als „Bauleute" der Geschichte Auftretenden mißachtete und mißhandelte Israel ist von JHWH zum „Eckstein" jenes Hauses gemacht worden, das *er* selbst baut. Wenn, was wahrscheinlich ist, mit diesem Sprichwort auf Israels wunderbare Rettung aus der Katastrophe des Exils („Neuer Exodus"), die Ez 37,1–14 ja sogar als Totenauferweckung deutet, angespielt wird, wird die Bitte, in der das Dankgebet in V. 25 kulminiert, in ihrer ganzen Dringlichkeit verständlich: „Hoschiannah!" = „Rette doch! Vollende doch!" Es ist der Bittruf, JHWH möge endgültig kommen, um die in Israel begonnene Geschichte der

Rettung der vom Tod Bedrohten, ja der Welt insgesamt zu vollenden.

Auf dieses Dank- und Bittgebet der Festprozession antworten in V. 26–27 die Priester mit den Segensworten, die den aaronitischen Segen anklingen lassen (vgl. Num 6,24–26), und die Festteilnehmer zum Festtanz rings um den Brandopferaltar einladen, wobei sie mit den Zweigen, die sie in den Händen hielten, die „Hörner" an den Ecken des Brandopferaltars berührten (vgl. zu den Festreigen mit Zweigen in den Händen: Lev 23,40; 2 Makk 10,7). Mit dem Lobruf der Gemeinde (V. 28), der Ex 15,2 aufgreift, schließt die „Dankliturgie".

Das „Ecksteinwort" hat in Eph 2,20 in seiner Anwendung auf Jesus Christus als den „Eckstein" (abweichend von der „Einheitsübersetzung" ist in Eph 2,20 nicht „Schlußstein" sondern „Eckstein" zu übersetzen!), der die Kirche als „Anbau" mit dem bereits vorher von JHWH errichteten „Haus Israel" zusammenbindet, eine für das Verhältnis Israel–Kirche wichtige Deutung erfahren. Die Bitte von V. 25 „Ach, JHWH, vollende doch!" gilt für dieses „Bauvorhaben" JHWHs nun mit besonderer (messianischer) Dringlichkeit. Zumindest wenn der Psalm als Gebet der Kirche gesprochen wird, ist V. 4 auf die Kirche aus den Völkern zu beziehen; auch im Kontext des Hallel, insbesondere mit Blick auf den Nachbarpsalm 117, dürften in V. 4 schon „die Völker" anvisiert sein.

VI. Der Gott der kleinen Leute

„Wer ist schon JHWH, daß ich auf ihn hören und Israel freilassen sollte? Ich kenne JHWH nicht!" (Ex 5,2). So spottet der Pharao, als Mose und Aaron um die Freistellung der Hebräer von der Sklavenarbeit bitten, damit sie ihrem Gott JHWH in der Wüste ein Fest feiern können. Der Pharao, dessen Götter in prächtigen Tempeln wohnen und sich um die großen Angelegenheiten des ägyptischen Großreichs kümmern und meist eine große „Göttergeschichte" haben, hat für diesen Sklavengott nur ein müdes Lächeln übrig. Und ähnlich läßt der König von Assur durch seinen Botschafter vor dem durch das assyrische Heer belagerten Jerusalem laut höhnen: „Haben denn die Götter von Hamat, Arpad, Sefarwajim, Hena und Awa ihre Verehrer vor mir und meinem Gott Assur retten können? Meint ihr, euer unbedeutender Berggott JHWH kann euch retten?" (vgl. 2 Kön 18,33–35).

Hier klingt an, was religionsgeschichtlich durchaus zutrifft: Der Gott Israels gehörte nicht zu den Großen der altorientalischen und ägyptischen Religionsgeschichte. Er lebte nicht in glorreicher Symbiose mit den bedeutenden Weltkulturen und hatte kein Großreich auf seiner Seite. Der Gott Israels ging nicht in die damaligen Annalen der Weltgeschichte ein. Die Geschichten, die seine Verehrer von ihm erzählten, sind im Vergleich zu den Mythen und Epen der Nachbarvölker Israels „kulturell" eher bescheiden. Und doch hat dieser „unbedeutende" Provinzgott Weltgeschichte gemacht. Die großen Götter Ägyptens und Mesopotamiens sind gestorben – der Gott Israels lebt. Er hat im Lauf der altorientalischen Religionsgeschichte große Karriere gemacht. Er hat viele Kompetenzen von anderen Göttern übernommen. Er hat sogar weibliche Züge integriert.

JHWH hat sich erstaunlich „wandelbar" gezeigt. *Eines* aber zieht sich wie ein roter Faden durch alle Geschichten über ihn und durch alle Gebete zu ihm: Er ist immer der Gott der kleinen Leute geblieben! Er hat eine Vorliebe für die Unterdrückten und Verachteten, für die Armen und für die Verzweifelten. Die „Kleinen" waren in besonderer Weise seine Erwählten und Geliebten. Er erwählte Israel als „das kleinste unter allen Völkern" (Dtn 7,7). Er machte den kleinen Hirtenjungen David zur Überraschung seines Vaters und der älteren sieben(!) Brüder zum König über Israel (vgl. 1 Sam 16,11). Er berief den „jungen" Jeremia zu seinem Propheten (vgl. Jer 1,6f). Vor allem aber greift er ein, wenn „kleine Leute" in Not sind. In seinem Namen kämpfen Amos und Micha für die Kleinbauern und Lohnarbeiter. In seinem Namen propagieren Jerusalemer Theologen in der Zeit des Joschija eine Steuerreform zugunsten der armen Bevölkerungsschichten. Und als Israel nach der Zerschlagung seines Staates nur eine Provinz im persischen Weltreich war, wußte es sich von IHM gehalten und fand Kraft im Festhalten SEINES Namens.

Von dieser Epoche an bricht sich das Gotteswissen Bahn, daß JHWH sich liebevoll jedem *einzelnen* zuwendet – gerade wenn er nach den Maßstäben „der Großen" klein und unbedeutend ist. In vielen Psalmen kommt zum Ausdruck, daß *diese* Zuwendung JHWHs die Marginalisierten in ihrem Lebenskampf und in ihrer Menschenwürde stark machte. Die Gottesbotschaft Jesu und seine Lebenspraxis standen voll in dieser Tradition. Das Magnifikat ist ein mystisch-politisches Summarium dieses Gottwissens. Wir wollen ihm begegnen in vier Psalmen, die aus dem sogenannten Wallfahrtspsalter stammen. Diese Psalmen sind Lieder „der kleinen Leute", in denen sich der Reichtum derer offenbart, die „arm im Geiste" und deshalb „selig" sind (vgl. Mt 5,3).

Der Wallfahrtspsalter Ps 120–134

Daß die Psalmen 120–134 als ursprünglich eigenständige Teilsammlung des biblischen Psalmenbuchs entstanden sind, zeigt noch die über jedem dieser Psalmen (und nur über ihnen!) stehende Überschrift „Wallfahrtslied" an (andere Deutungen: „Stufenlied", d. h. zu singen auf den „Stufen" bzw. einem „Chorpodest" im Tempelhof oder auf den „Stufen", die zum Tempelberg hinaufführen; „Heimkehrlied", nämlich der Rückkehrer aus dem babylonischen Exil; „Lied der Erhebung", wegen der besonderen poetischen Technik mehrerer dieser Psalmen oder mit Blick auf das emotionale Pathos der Ermutigung, das in den Psalmen schwingt). Diese Sammlung wurde vermutlich im 4. Jahrhundert v. Chr. von der Jerusalemer Priesterschaft als „Wallfahrtsbüchlein" für Zionspilger(gruppen) zusammengestellt.

Die kleine Sammlung (die 15 Psalmen sind insgesamt z. B. nur dreimal so lang wie Ps 22 allein) paßte umfangmäßig leicht auf eine Papyrusrolle und fand, wie auch ihre Beliebtheit in Qumran belegt, gewiß auch Verwendung zur „geistlichen Wallfahrt" zum Zion. Die optimistische Grundstimmung dieses „Zionbreviers", die immer wieder betont wird und die sich beim betenden Singen und Sprechen dieser Psalmen unschwer mitteilt, darf nicht vergessen lassen: Der Wallfahrtspsalter ist in einer Zeit der Enttäuschung, ja inneren Anfechtung und politischen Unterdrückung entstanden – als Lied der

Hoffnung inmitten eines harten und verzweifelten Alltags. In der pilgernden oder auch meditativen Hinwendung zum Zion als dem Ort, an den JHWH seinen Segen ein für allemal gebunden hat, waren diese Lieder, gerade in ihrer Einfachheit, Lobpreis und Bitte zugleich „in den Nächten", die Israel damals durchlebte (vgl. Ps 134).

Die 15 Psalmen des „Wallfahrtspsalters" haben ihre je eigene Vorgeschichte. Nur Ps 132 und Ps 134 dürften in Jerusalem gezielt für die Sammlung geschaffen worden sein. Die übrigen stammen aus recht unterschiedlichen Gegenden: aus der Hermonregion im Norden (Ps 133), aus dem Negev südlich von Beerscheba (Ps 126), aus dem Randgebiet der syrisch-arabischen Wüste im Osten (Ps 120) und aus Jerusalem selbst (Ps 125). In einigen spiegelt sich die geistige Welt der nachexilischen Weisheitslehre (Ps 125; 131), in den meisten kommt eindrucksvoll die Lebenswelt der einfachen Leute zur Sprache, insbesondere der Kleinbauern und Handwerker vom Lande, die im gesellschaftlichen Existenzkampf um ihre Freiheit sowie ihren Grund und Boden standen.

Die (rekonstruierbaren) Urfassungen der einzelnen Psalmen, die in ihrer Mehrzahl auch auf Grund ihrer Sprache sich als volkstümliche Gedichte oder als Volkslieder (gesungen bei der Arbeit oder bei Dorf- und Sippenfesten) bestimmen lassen, sind stark gesellschaftskritisch (vgl. bes. Ps 127,1–2: Kritik am persischen Steuersystem und seinen Folgen; Ps 129,2–3: Klage über Ausbeutung durch Großgrundbesitzer bzw. über Schuldsklaverei; Ps 125,4: „Zepter des Frevels" als Kennzeichnung der persischen Zentralregierung und ihres Apparats). Zugleich aber halten alle diese Psalmen, vor allem in ihrer von der „Zionsredaktion" geschaffenen Endgestalt daran fest, daß allen Bedrohungen zum Trotz das Leben in der Solidarität derer, die auf den vom Zion her segnenden JHWH setzen, gelingen wird.

Wer die verhaltene, aber beharrliche Leidenschaft dieser Psalmen erahnen will, muß die soziale und religiöse Situation kennen, aus der sie kommen.

Judäa und Galiläa gehörten im 5. und 4. Jahrhundert v. Chr. zur persischen Satrapie Transeufrat. Judäa war sogar eine eigene Provinz unter der Administration eines persischen oder zumindest von den Persern eingesetzten Statthalters. In dieser Epoche verschärften sich erneut, wie zur Zeit der Propheten Amos, Micha und Jesaja, die sozialen Spannungen und Konflikte. Schon die frühnachexilische Epoche (letztes Drittel des 6. Jahrhunderts) hatte für Jerusalem und Umgebung mit der Rückkehr der deportierten Oberschicht und mit dem Tempelbau soziale Auseinandersetzungen gebracht. Mit dem Ausbau der persischen Verwaltung kamen nun aber besonders schwere Lasten auf die einzelnen Familien zu.

Außer den „Aufwandsentschädigungen" für den Provinzstatthalter und seinen Apparat mußten auch allgemeine Steuern für die persische Zentralregierung aufgebracht werden, die einen ungeheuren Finanzbedarf nicht nur für ihre militärischen Unternehmungen, sondern auch für den kostspieligen Ausbau ihres Weltreichs hatte. Anders als in Israels eigenstaatlicher Epoche, in der die Steuern in Naturalabgaben und in Form des „Frondienstes" entrichtet wurden, mußten die Steuern nun (überwiegend?) in Münzgeld abgeführt werden. Das stellte die kleinen bäuerlichen Betriebe, die bislang nur oder fast ausschließlich nach dem Prinzip der Selbstversorgung produzierten, vor große Schwierigkeiten. Sie mußten nun versuchen, einen deutlichen Überschuß zu produzieren, um durch den Verkauf von Ernteerträgen das nötige Steuergeld zu erzielen. Da aber die Landparzellen für eine solche Mehrwertproduktion in der Regel zu klein waren und die zu ernährende Familie zu groß, waren viele gezwungen, Kredite aufzunehmen, ihre Felder, Weinberge und Tiere zu verpfänden, ihre halbwüchsigen und erwachsenen Kinder als Arbeitskräfte oder gar auf dem internationalen Sklavenmarkt zu verkaufen. Der Reformversuch des Nehemia um 450 v. Chr., von dem Neh 5 erzählt, belegt auf bedrückende Weise den Mechanismus des Verelendungsprozesses, dem viele damals zum Opfer fielen.

Man muß annehmen, daß der Alltag dieser Kleinbauern (der überwiegende Anteil der Bevölkerung!) immer unter der Angst vor wirtschaftlicher Abhängigkeit und auswegloser Verschuldung stand. Am Ende einer unglückseligen Verkettung von Kreditnahme und äußeren Widerwärtigkeiten (z. B. Mißernte, Preissteigerung, Zinsnahme trotz Zinsverbots) blieb nicht wenigen nur die schreckliche Alternative zwischen der Existenz eines Tagelöhners oder eines Schuldsklaven. Daß in Ijob 7, 2–3 (der Text stammt aus dieser Epoche!) das Menschenschicksal überhaupt mit diesen beiden Lebensformen verglichen wird, dürfte durchaus damit zusammenhängen, daß die Masse der Kleinbauern, die um ihre wirtschaftliche Selbständigkeit fürchten mußte oder sie bereits verloren hatte, damals ungeheuer stark zugenommen hatte.

Was aber besonders belastend war: Die Nutznießer der Situation waren Angehörige des eigenen Volkes, der eigenen „Gemeinde". In Judäa hatten es die führenden Geschlechter schnell geschafft, zu Reichtum und politischer Macht zu gelangen. Geschickt setzten Teile dieser Oberschicht beides rücksichtslos ein, um sich auf Kosten ihrer „Brüder" zu bereichern. Dabei scheint das unsoziale Verhalten dieser ausbeutenden Aristokraten nur die Kehrseite ihres religiösen Verhaltens gewesen zu sein, das wir heute „praktischen Atheismus" nennen würden. Sie lebten faktisch gott-los, wie das ihnen in Ijob 21, 14f in den Mund gelegte Zitat zeigt: „Sie sagen zu Gott: ‚Weiche von uns! Deine Wege wollen wir nicht kennen. Was ist der Allmächtige, daß wir ihm dienen, was nützt es uns, wenn wir ihn angehen?'" Sie sind so der Prototyp der „Frevler", die gottlos und reich zugleich sind – eine Anfechtung für die, die sich an JHWH und seine Wege halten wollen. Die vier Psalmen, die wir aus dem Wallfahrtspsalter ausgewählt haben, legen davon beredtes Zeugnis ab. Und sie zeigen, wo und wie die Menschen damals dennoch Kraft und Hoffnung fanden.

Psalm 125

1a *Wallfahrtslied.*

1b *Die in JHWH sich bergen, sind wie der Zionsberg:*
1c *er wankt nicht auf ewig.*
2a *Er wohnt in Jerusalem, Berge sind rings um es,*
2b *so ist JHWH rings um sein Volk,*
2c *von nun an, auf ewig!*

3a *Fürwahr, nicht wird lasten das Zepter des Frevels*
3b *auf dem Landanteil der Gerechten,*
3c *auf daß nicht auch noch die Gerechten ausstrecken*
3d *zum Unrecht ihre Hände.*

4a *Tue Gutes, JHWH, den Guten*
4b *und denen, die gerade sind in ihren Herzen!*
5a *Doch die zu ihren krummen Wegen gehen, die führe fort, JHWH,*
5b *mitsamt den Übeltätern!*
5c *Friede (sei) über Israel!*

Auslegung

In seiner ursprünglichen Fassung (ohne V. 1.2c.5c sowie ohne „er wohnt" in V. 2a) war der Psalm ein Vertrauensgebet von JHWH-Frommen der nachexilischen Zeit, die sich nicht nur als soziale Opfer des Systems erlebten, sondern zugleich befürchteten, ihre religiöse und moralische Widerstandskraft gegen die bösen Praktiken ihrer Zeit könnte gebrochen werden.

Bei der Aufnahme in den Wallfahrtspsalter wurde die Wallfahrt zum Zion durch den dabei gesungenen Psalm als Ausdruck des in ihm formulierten Vertrauens gedeutet. Und die Bitte von V. 4 wurde nun mit dem in der Zionsliturgie gespendeten Segen verbunden. Es ist gut vorstellbar, daß das Wallfahrtslied gesungen wurde, als die Pilger vor Augen hatten, wovon in V. 1f die Rede ist: mit dem Blick auf Jerusalem!

Der Psalm wird in V. 1b–2c mit zwei Vergleichen eröffnet. Vergleichsspender ist beide Male Jerusalem. Zuerst ist es die dem Zion als dem (mythischen) Gottes- und Weltberg schlechthin zugesprochene Unerschütterlichkeit (vgl. Ps 46; 48; 76), dem alle bösen Mächte des Urchaos und der Geschichte nichts anhaben können, weil JHWH ihn als Ort des Lebens gegründet hat und hält. Wer auf JHWH vertraut, der ist so fest gegründet, und den kann das Böse nicht zerstören: er ist wie der Zion. Der zweite Vergleich, der sich an der Topographie Jerusalems inspiriert, ist eine Aussage über JHWH; er erläutert und vertieft den ersten Vergleich. Die alte Davidsstadt und der Tempel liegen ja auf einem Hügelrükken, der, durch Täler getrennt, im Osten, Süden und Westen von Bergen umgeben ist.

Wie sich dieser schützende Wall um Jerusalem legt, so bewacht und schützt JHWH sein Volk (vgl. Ps 127,1). Betont der erste Vergleich JHWH als den starken Gott, der

Festigkeit gibt, so klingen im zweiten Vergleich fürsorgliche Nähe und umfassende Zugewandtheit an. Was immer im und gegen das Gottesvolk geschieht: JHWH ist da und hält seine liebenden Arme um es, mit jener Selbstverständlichkeit und Beständigkeit, in der die Berge rings um Jerusalem da sind. Die liturgische Formel V. 2c (vgl. Ps 113,2; 115,18; 121,8; 131,3) unterstreicht die Gewißheit, daß diese Bindung JHWHs an sein Volk und an jeden einzelnen, der in IHM Bergung sucht, immer gilt.

Sie wird sich als gültig erweisen gerade angesichts der Not, von der im zweiten (V. 3) und dritten (V. 4–5) Teil des Psalms die Rede ist. Das „Zepter des Frevels" lastete damals schwer und bedrohlich über dem „Landanteil", den der Gott Israels seinem Volk zugewiesen hatte, damit auf ihm in Freiheit exemplarische Gerechtigkeit verwirklicht würde. Die politischen und gesellschaftlichen Umstände der persischen Fremdherrschaft (vgl. die Einführung) haben nun aber offensichtlich so weit geführt, daß sogar „die Gerechten", also die, die unbedingt und konsequent auch ihren Alltag JHWH-gemäß leben wollten, korrumpiert zu werden drohten (V. 3). Das Böse ist zu einer schier unausweichlichen und unwiderstehlichen Macht geworden, so daß die Gerechtigkeit JHWHs selbst und ihre gesellschaftliche Verwirklichung im Gottesvolk auf dem Spiel standen. In dieser Situation verheißt der Psalm in prophetischer Sprache die Befreiung von der „frevlerischen Herrschaft".

Der dritte Teil des Psalms (V. 4f) wandelt diese prophetisch zugesprochene Zukunftsgewißheit in eine zweigliedrige Bitte um, die ihren Ansatz und ihre Formulierungen aus der Weisheitsüberlieferung nimmt. Diese wußte um eine von Gott selbst gestiftete und gewollte Ordnung aller Dinge und allen Lebens, wonach dem, der Gutes tut, dieses Gute auch selbst zum Guten gereicht, während der, der sich auf die krummen Wege des Bösen einläßt, sich auf diesem selbst verläuft. Diese Ordnung war zur Zeit der Entstehung des Psalms scheinbar aufgehoben – durch die Verhältnisse und durch die Vielen, die ihrer Versuchung erlegen waren. Deshalb bittet der Psalm, daß der Zionsgott endlich, entsprechend seinem Wesen (V. 2) und der von ihm grundgelegten Lebensordnung (V. 1.4), seine Segensmacht erweise (V. 5 c als zitathafte Anspielung auf den Zionssegen Num 6,26).

Psalm 127

1a *Wallfahrtslied. Von Salomo.*

1b *Wenn JHWH nicht ein Haus baut –*
1c *vergeblich haben sich abgemüht, die an ihm bauen.*
1d *Wenn JHWH nicht eine Stadt bewacht –*
1e *vergeblich hat gewacht ein Wächter.*

2a *Vergeblich ist's für euch,*
2b *die ihr schon in aller Frühe aufsteht,*
2c *die ihr erst spät euch hinsetzt (zur Ruhe),*
2d *die ihr Brot der Mühsal eßt –*
2e *zu Recht gibt er den von ihm Geliebten (guten) Schlaf.*

3a *Siehe, ein Erbteil von JHWH sind Söhne,*
3b *ein Lohn (von ihm) ist die Frucht des Leibes.*
4a *Wie Pfeile in der Hand des Helden,*
4b *so sind Söhne aus jungen Tagen.*

5a *Selig der Mann,*
5b *der seinen Köcher mit ihnen gefüllt hat.*
5c *Nicht werden sie zuschanden,*
5d *wenn sie verhandeln mit Feinden im Tor.*

Auslegung

Die zwei Teile, aus denen der dem „Gotteshausbauer" Salomo zugeschriebene Psalm zusammengesetzt ist, sind ähnlich gebaut. Auf ein Doppelsprichwort (V. 1 und V. 3–4) folgt jeweils ein adressatenbezogener Spruch (V. 2 und V. 5), der sich mit dem harten Alltag der Kleinbauern der nachexilischen Zeit befaßt. Ihre Erfahrungen und Belastungen, aber auch das ihnen, den „Lieblingen JHWHs" (vgl. V. 2e), mögliche Glück kommen deutlich zur Sprache. Der gemeinsame Bau eines Hauses oder einer kleinen Stadt, die bedrohte Sicherheit derer, die dann darin wohnen, die schwere Arbeit von früh bis spät auf den steinigen Äckern und in den Weingärten, der oft aussichtslose Versuch, vor Gericht („im Tor") Recht zu bekommen, wenn als Konsequenz der neuen Steuerpolitik der Erbteil des Landes (vgl. V. 3a) verpfändet werden sollte oder wenn Lohnansprüche für geleistete Arbeit als Tagelöhner verweigert wurden (vgl. V. 3b) – das waren die lebenswichtigen Ereignisse im Alltag dieser Menschen. Der harte Kampf um derart fundamentale Lebensgrundlagen besetzte ihre Herzen, drohte, ihnen den langen Atem zu nehmen oder verstärkte in ihnen den Gedanken, daß mit noch mehr eigener Arbeit und Mühe das Leben glücken müßte.

Angesichts dieser Situation will der Psalm – ähnlich wie später Kohelet – in der Form eines Warnspruchs (V. 2) und einer Seligpreisung (V. 5) aufzeigen, worauf es ankommt. Beide Male will der Psalm für eine andere Sicht des Alltags frei machen. Ohne dessen Last und Not (zu „Brot der Mühsal essen" vgl. Gen 3,17) auf die Seite zu schieben, will er den Blick hinlenken auf „den himmlischen Vater, der weiß, daß sie das alles brauchen" (Mt 6,32; Lk 12,30) und der denen, die er liebt, auch gibt, was sie brauchen (V. 2e). Daß sie, die um ihre Existenz ringenden und verarmten Kleinbauern, „die Geliebten JHWHs" sind, soll ihnen eine zweifache Botschaft sein: es will sie einerseits vor Fatalismus, aber auch vor Fanatismus bewahren, und es soll ihnen andererseits die Hoffnung wecken, daß JHWH auf ihrer Seite steht und mit ihnen kämpft. Wer meint, er schafft es aus eigener Kraft, der wird die Erfahrung des „Vergeblich" (V. 1–2) machen. Wer sich dagegen im Lebenskampf von JHWH leiten und stärken läßt, der wird erfahren, daß ihm vieles leichter fällt.

Zwei Lebensgüter, die im Alten Orient als Gabe der Götter galten und in jeder bäuerlichen Lebenswelt hoch geschätzt sind, führt der Psalm als Zeichen der Zuwendung JHWHs an: den guten Schlaf (V. 2e) und eine große Kinderschar aus jung geschlossener Ehe (V. 5).

Der gute Schlaf ist nicht nur Zeit des Atemholens für Leib und Seele (meine Mutter sagte uns „Arme-Leute-Kindern" immer: Guter Schlaf ist der kostenlose Luxus der kleinen Leute!), sondern im Horizont biblischer Schöpfungstheologie ist Schlafen Ausdruck von Gottvertrauen (vgl. auch die Volksweisheit: Ein gutes Gewissen ist ein sanftes Ruhekissen!), wie dies bündig in Ps 4,9 zusammengefaßt ist: „Ich lege mich hin und kann sogleich in Frieden einschlafen" (vgl. den Kontrast in Koh 5,11).

Und das zweite „Lebensgut", das ebenfalls nicht mit Reichtum zu erzwingen ist, sind (viele) gesunde Kinder (vgl. auch den Nachbarpsalm 128!). In bäuerlichen und patriarchalisch bestimmten Gesellschaften gelten vor allem viele Söhne als Reichtum. Sie waren nicht nur wertvolle Arbeitskräfte und eine wichtige Altersversorgung, sondern bedeuteten auch gesellschaftliche Macht, nicht zuletzt bei juristischen Händeln am Tor und bei Familienfehden (vgl. die diesbezüglich plastische Erzählung Gen 34). Die Erzelternerzählungen der Genesis lassen ahnen, wie sehr Söhne als Geschenk Gottes für die Weitergabe des Lebens und des Landes empfunden wurden. Und in der Not haben damals gewiß viele erfahren, daß der gemeinsam geteilte Lebenskampf leichter zu bewältigen ist: „Niemand durchquert die Wüste allein …"

Psalm 129

1a *Wallfahrtslied.*
1b *Viel haben sie mich bedrängt von meiner Jugend an,*
1c *soll Israel doch sagen,*
2a *viel haben sie mich bedrängt von meiner Jugend an,*
2b *doch nicht haben sie mich überwältigt.*
3a *Auf meinem Rücken haben Pflüger gepflügt,*
3b *sie haben lang gezogen ihre Furchen.*
4a *JHWH ist gerecht:*
4b *Er hat durchhauen das Seil der Frevler.*
5a *Es sollen zuschanden werden und zurückweichen*
5b *alle Hasser des Zion.*
6a *Sie sollen werden wie das Gras auf den (Haus-)Dächern,*
6b *das welk wird, noch ehe es aufwachsen kann,*
7a *mit dem der Schnitter sich die Hand nicht füllt*
7b *und der Garbenbinder nicht seinen Gewandbausch,*
8a *und (wobei) die Vorübergehenden nicht sagen:*
8b *„Der Segen JHWHs sei über euch!*
8c *Wir segnen euch im Namen JHWHs!"*

Auslegung

Der Psalm besteht aus zwei Teilen: V. 1–4 ist Schilderung einer Not und Feststellung der Befreiung aus dieser Not; V. 5–8 bringt die entfaltete Bitte, die Macht der Verursacher dieser Not möge ein Ende finden.

Im Psalm überlagern sich zwei entstehungsgeschichtlich bedingte Aussageebenen. In V. 1 und V. 5 sind Israel bzw. der Zion die Opfer von Anfeindung, Bedrückung und Haß; es ist eine Klage, in der Israels Geschichte „von seiner Jugend an", d. h. seit Exodus und Landnahme (vgl. Hos 2, 17; 11, 1; Jer 2, 2), als Leidensgeschichte betrachtet wird. Während V. 1 und V. 5 auf die Zionsredaktion der Wallfahrtslieder zurückgehen, bildete der übrige Textbestand ursprünglich ein Klagelied, dessen Bilder und Sprache eher einzelne Menschen im Blick haben, die Opfer ihrer unmittelbaren und alltäglichen Umgebung waren. Sie singen von ihrem Leid (V. 2–3) und ihrer Hoffnung (V. 4: sogenanntes prophetisches Perfekt) und sie formulieren ihre leidenschaftlichen Wünsche nach einem Ende ihres Leids (V. 6–8). Das ist der Schrei der Ohnmächtigen, die buchstäblich am eigenen Leib spüren, daß es um der Gerechtigkeit und um der Verheißungen des Gottes Israels willen nicht so bleiben darf, wie es ist.

Man kann sich die Erstfassung des Psalms als ein Arbeitslied vorstellen, das die Kleinbauern und Tagelöhner bei ihrer Feldarbeit vor sich hin sangen und murmelten (vgl. Sir 38, 25) – vergleichbar den Spirituals der schwarzen Sklaven. V. 2–4 und V. 6–8 sind durchgängig von Bildern des bäuerlichen Alltags geprägt. V. 2–4 zeichnet die harte Arbeit von Mensch und Tier beim Pflügen der Felder, dem ersten Akt des nach dem Frühregen im Herbst einsetzenden landwirtschaftlichen Jahres. V. 6–8 redet dann vom Ergebnis dieser Arbeit, von der Ernte – die allerdings keine Ernte ist. Es ist ein absolutes Kontrastbild zur üblichen Ernte. Was da als „Ernte-Ertrag" im Blick ist, braucht weder Schnitter noch Garbenbinder; vom Segen JHWHs, den man sich bei der Ernte zuruft (vgl. Rut 2,4), ist da überhaupt keine Spur. Was da wächst, ist Auswirkung eines Fluchs. Poetisch kunstvoll fallen hier in V. 6–8 die gemeinte Sache und die gewählte Sprache zusammen!

V. 2–3 klagt über die lebenslange Menschenschinderei, der damals Kleinbauern und Tagelöhner ausgesetzt waren, um das Letzte an Arbeitsleistung und das Äußerste an Ertrag aus den kargen Böden herauszuholen. Sie selbst empfanden sich wie der Boden, den die Pflüge durchfurchten. Das Bild hat hier keinerlei positive Konnotationen; es meint Zerstörung (vgl. Jer 26,18; Mi 3,12) und Frondienst (vgl. 1 Sam 8,12), es erinnert an die Schläge der Antreiber und Aufseher (vgl. Jes 9,3) und an unendliche Mühsal in der Länge und Hitze des Tages (vgl. Gen 3,19; Ijob 7,2). V. 4 sagt, was diese Menschen am Leben hält: Ihre Hoffnung, daß ihr Gott JHWH sich als „gerecht" erweisen wird. Der Gott, der Israel vom Sklavenjoch Ägyptens befreit hat, muß doch auch sie „vom Seil der Frevler" (vgl. Ps 125,3) befreien. Er wird diese leidvolle Zeit des Gepflügtwerdens beenden, indem er das Seil, mit dem die Pflugdeichsel und das Joch zusammengehalten oder mit dem die Zugtiere an den Pflug gebunden sind (entweder das „Zugseil", das den eigentlichen Pflug mit dem Nackenjoch verbindet [„Schwingpflug"] oder das Seil, mit dem das Joch an die Tiere gebunden ist), mit einem einzigen Hieb durchschlagen. Dann hat ihr Leid ein Ende!

Wirklich zu Ende aber ist das Leid erst, wenn die Mächte und die Menschen, die dieses Leid zufügen, entmachtet sind. Darum bittet V. 6–8. Die Ausbeuter sollen werden wie das Gras, das auf den flachen Lehm- und Erddächern der Bauern nach dem Regen schnell aufschießt und in der Sonne rasch verdorrt (vgl. Jes 37,27) oder das sofort ausgerissen wird, damit es keine tiefen Wurzeln schlägt und das Dach verdirbt. Erst wenn die Existenzvernichter das Nichts an ihrer eigenen Existenz erfahren, wird ihnen aufgehen, was es um den Segen JHWHs ist – auch für sie selbst!

Psalm 134

1a *Wallfahrtslied.*

1b *Ja, segnet JHWH, all ihr Knechte JHWHs,*
1c *die ihr im Haus JHWHs Dienst tut in den Nächten!*
2a *Erhebt eure Hände zum Heiligtum*
2b *und segnet JHWH!*
3a *Es segne dich JHWH vom Zion her,*
3b *der Schöpfer von Himmel und Erde!*

Auslegung

Im kirchlichen Nachtgebet zum Sonntag folgt Psalm 134 auf den 4. Psalm. Anlaß für diese liturgische Zuweisung bietet zunächst sicher V.1c unseres Psalms. Zwischen beiden Psalmen besteht aber eine noch viel tiefere Beziehung. Unsere Auslegung wird zeigen, daß wie bei Psalm 4 (vgl. unten X.) auch bei Psalm 134 die Theologie des aaronitischen Segens Num 6,24–26 im Hintergrund steht. Daß Psalm 134 schon in alttestamentlicher Zeit als „Nachtlied" liturgisch gesungen wurde, läßt sich aus seiner Schlußposition im „Wallfahrtspsalter" Ps 120–134 erkennen.

Der Psalm ist eine (von der Redaktion des Wallfahrtspsalters geschaffene) Zusammenstellung von zwei Abschnitten (V. 1b–2 und V. 3), die ihren ursprünglichen Ort im Tempelgottesdienst noch gut erkennen lassen.

Der erste Abschnitt ist eine Aufforderung der liturgischen Gemeinde an die Priester und Leviten zum Gotteslob. Dieses Element entstammt gattungsmäßig dem „auffordernden (imperativischen) Hymnus", der, wie beispielsweise der Hymnus Ex 15,21 („Mirjamlied") zeigt, mit einem pluralischen Aufruf zum Gotteslob einsetzt, das dann, eingeleitet mit „denn, fürwahr", konkret ausgeführt wird. In unserem Psalm fehlt diese Durchführung des Gotteslobs selbst. Dies hängt nicht zuletzt mit dem kultischen Ort zusammen, an dem der Psalm ursprünglich beheimatet war. Es ist die Situation des Abschlusses der Jerusalem-Wallfahrt, die Stunde des Abschieds am Abend nach dem festlichen Gottesdienst am Tempel. Ehe die Pilger in die nächtliche Ruhe hinausgehen, um dann am frühen Morgen die Rückreise (vgl. Dtn 16,7) in ihre Dörfer und Städte (im Mutterland und in der Diaspora) anzutreten, rufen sie den Dienst tuenden Priestern und Leviten zu, JHWH zu preisen. Möglicherweise gibt die Situation in V. 1c sogar die ursprüngliche Verwendung des Psalms noch genauer an, falls die erst in nachbiblischen Quellen bezeugte nächtliche Liturgie (mit Fackeln und Tänzen) am Laubhüttenfest, dem bisher einzigen Beleg für einen feierlichen „Nachtgottesdienst" am Tempel, schon für das 5. oder 4. Jahrhundert v. Chr. eine Aussagekraft haben. Andere Ausleger vermuten hinter V. 1b–2 eine Aufforderung an die Torhüter, die am Abend die Tore der äußeren Tempelmauer verschlossen und von denen sich die hinausgehenden

Gottesdienstbesucher mit dem Aufruf verabschieden, wobei diese dann mit V. 3 geantwortet hätten.

Wie immer die genaue kultische Situation, aus der dieses Element stammt, zu bestimmen ist – in dem kurzen Abschnitt bündelt sich eine Theologie der Liturgie und eine tiefe Deutung des kirchlichen Nachtgebets, in das dieser Psalm Aufnahme fand. Das Verbum, das wir mit „segnen" übersetzt haben, meint „die segnende Kraft Gottes lobpreisend anerkennen": „Segnet JHWH", d. h. sagt eine Beraka, einen Lobspruch, so wie wir dies in der Eucharistiefeier über die Gottesgaben von Brot und Wein tun: „Gesegnet, gepriesen bist du, Herr, unser Gott ...!" Liturgie ist zuallererst und zutiefst erinnernder Lobpreis („Anamnese") des gütig zugewandten, des segnenden Gottes. Liturgie ist lobpreisende Antwort auf die Erfahrung, daß Gott sich den Menschen zuneigt, um bei und mit ihnen zu sein. Und genau um diese Vergewisserung geht es bei der Wallfahrt, die die Pilger an den drei großen Wallfahrtsfesten (Pessach = „Ostern"; Wochenfest = „Pfingsten"; Laubhüttenfest) in Jerusalem machen konnten und wollten: daß der segnende Gott, allen sozialen und politischen Widerwärtigkeiten zum Trotz, mitten unter ihnen da ist und auf der Seite der Seinen steht.

Bei der Rede vom segnenden Gott denken die alttestamentlichen Menschen nicht an die großen Rettungstaten Gottes in der Geschichte des Volkes, sondern an das eher stille, stetige und unauffällige Handeln Gottes im Alltag. Der segnende Gott wird dort erfahren, wo die Arbeit Früchte bringt und wo sie als Selbstausdruck und als Sozialität gelingt, wo Kinder geboren werden, heranwachsen und sich in der Stafette der Lebensweitergabe bewähren, wo zwischenmenschliche Beziehungen zwischen Mann und Frau, zwischen Nachbarn oder Sippenangehörigen das Lebensglück mehren, wo Feste die

Solidarität stärken, wo gegenseitige Hilfe in Not, Trauer und Müdigkeit das Leben erleichtern. Kurz: Der Segen Gottes ist die Kraft, die dazu befähigt, Ja zu sagen zum alltäglichen Leben in all seinen Tiefen und Höhen – so, wie sie nicht zuletzt in den Wallfahrtspsalmen zum Ausdruck kommen. Letztlich hat die Zionswallfahrt diesen einen Sinn: In der liturgischen Gemeinschaft Ja sagen lernen, um es im Alltag leben zu können. Auch wenn die Pilger den Zion verlassen, soll das lobpreisende Ja zum segnenden Gott auf dem Zion weiterklingen durch die, die dort im Dienste JHWHs stehen. Das ist auch der Sinn des Psalms im kirchlichen Nachtgebet: Stellvertretender Lobpreis des guten Schöpfergottes, der auch „in den Nächten" des Alltags „als Hüter Israels nicht schläft und nicht schlummert" (Ps 121,4).

Der zweite Abschnitt (V. 3) bringt, in der Form der flehentlichen Bitte („Epiklese"), die Antwort der Priester. Es ist der Anfang des aaronitischen Segens (vgl. Num 6,24–26), der JHWHs Lebensschutz und Lebenshilfe zuspricht „vom Zion her", d.h. das Wissen um die haltende Nähe des Schöpfergottes soll die Pilger auf ihren Wegen zurück in den Alltag begleiten. Gerade „in den Nächten" sollen sie in diesem Wissen Kraft und Hoffnung finden, das Leben als Gottesgeschenk anzunehmen und es gemeinsam (!) als solches zu teilen und zu formen. Abend- und Morgengebet, Abschied und Rückkehr sowie der Gruß unterwegs sind Situationen, in denen der Wunsch „ER segne dich ..." dafür besonderes Gewicht hat.

VIII. Anschrei aus der Tiefe

Weil die biblischen Menschen überzeugt waren und bleiben wollten, daß in und hinter allem, was mit ihnen geschieht, ihr Gott JHWH gestalterisch am Werk ist oder, wie auch immer vorstellbar, davon betroffen, ja sogar getroffen wird, stürzte die Erfahrung von Leid sie in eine schier undurchdringliche Nacht des Zweifels und der Verzweiflung. Da es ihnen verwehrt war und sie es sich selbst versagten, vordergründig hilfreiche Ausflüchte oder Erklärungen zu suchen, dergestalt daß solche Nächte des Grauens mit ihrem Gott nichts zu tun hätten, weil sie das Werk anderer Götter, die Macht eines anonymen Schicksals oder eben die grausame Tat von Menschen seien, da sie also nicht nur das Gute, sondern auch das Schwere und Böse im Angesicht ihres Gottes bestehen wollten und mußten, gibt es im Alten Testament nicht nur das begeistert glückliche Ja zum LEBENDIGEN Gott, sondern auch die leidenschaftliche Rückfrage nach Gott, den Protest gegen ihn, seine Anklage und Ablehnung. Die „Klagepsalmen des einzelnen" und die „Klagepsalmen des Volkes" sind eindrucksvolle Zeugnisse dieses Ringens Israels um das Geheimnis seiner Gottbezogenheit, um das Geheimnis seines Gottes JHWH.

Die in und mit diesen Psalmen Klagenden „sind keine wohlfeilen Jasager, weder erfolgreiche noch apathische, sie sind auch keine feigen Kuscher, keine Unterwerfungsmasochisten, keine frommen Untertanen. Ihr Ja zu Gott ist nicht Ausdruck schwacher Ergebenheit oder infantiler Regression. Und Beten als Ausdruck dieses Ja, das ist keine Sprache der Überaffirmation, keine künstliche Jubelsprache, die isoliert wäre von aller Leidens- und Krisensprache und die nur allzu schnell in den Verdacht verzweifelt gespielter Naivität gerät. In dieser Sprache geschieht auch nicht Verdrängung, sondern eher – Zulassung von Angst, Trauer und Leid; sie bleibt selbst eingesenkt in die Gestalt der Nacht, in die Erfahrung des Untergangs der Seele, in die Nachbarschaft zur Verzweiflung. Sie ist weniger ein Gesang der Seele, eher ein klagender Aufschrei aus der Tiefe, aber kein vage schweifendes Jammern, sondern ein – Anschrei. Die Sprache dieser Gottesbejahung hat ihre Richtung, sie hat und sucht immer neu ihre Instanz, die Instanz des verborgenen Antlitzes Gottes" (J. B. Metz).

Die Klagenden schreien ihre Not und ihre Verzweiflung heraus. Sie protestieren gegen ihre Verlassenheit. Sie klagen, weil sie sich nicht aufgeben wollen. Sie klagen, weil sie Sehnsucht haben – und Hoffnung wider alle Hoffnung. Das ist ja die faszinierende und zugleich irritierende Dynamik der Klagepsalmen: Sie reißen den Klagenden aus der Tiefe! Die Klagepsalmen enden fast alle mit einem hoffnungsvollen Ausblick.

Erich Fromm nennt diese Psalmen deshalb dynamische Psalmen. „Der dynamische Psalm zeigt den inneren Kampf des Dichters, der sich bemüht, seine Verzweiflung zu überwinden und sich zur Hoffnung durchzuringen. Der dabei eingeschlagene Weg ist der folgende: Der Ausgangspunkt ist Verzweiflung; sie wird zu einer leichten Hoffnung, worauf der Verfasser in eine noch tiefere Verzweiflung verfällt, auf die er mit einer stärkeren Hoffnung reagiert; schließlich stürzt er in die tiefste Verzweiflung, und erst jetzt gelingt es ihm, die Verzweiflung ganz zu überwinden. Seine Stimmung hat sich jetzt endgültig gewandelt, und in den nun folgenden Versen des Psalms ist von der Verzweiflung nur noch eine dahinschwindende Erinnerung geblieben. Hier ist der Psalm Ausdruck eines Kampfes, einer Bewegung, eines aktiven Prozesses, der sich in einem Menschen abspielt; während der Dichter in dem von einheitlicher Stimmung erfüllten Psalm ein bereits vorhandenes Gefühl zu stärken sucht, besteht im dynamischen Psalm sein Ziel darin, sich zu wandeln, während er den Psalm rezitiert. Der Psalm ist ein Dokument des Sieges der Hoffnung über die Verzweiflung. Auch dokumentiert er die wichtige Tatsache, daß ein angsterfüllter, verzweifelter Mensch erst dann ‚umkehren' und sich von seiner Verzweiflung befreien und zur Hoffnung gelangen kann, wenn er zuvor die ganze Tiefe der Verzweiflung durchlebt hat. Solange man den tiefsten Abgrund der Verzweiflung nicht erfahren hat, kann man sie nicht wirklich überwinden. Man kann sie vorübergehend überwinden, doch nur um nach einiger Zeit wieder um so tiefer hineinzustürzen. Man kann die Verzweiflung nicht durch aufmunternden Zuspruch heilen und auch nicht dadurch, daß man sich ganz mit ihr *identifiziert.* Es gilt das scheinbare Paradoxon, daß *die Verzweiflung erst dann überwunden werden kann, wenn man sie in ihrer ganzen Tiefe erlebt hat"* (E. Fromm).

Das letzte Gebet Jesu, das Matthäus und Markus überliefern (Mt 27,46; Mk 15,34), war der Klagepsalm 22: „Mein Gott, mein Gott, warum hast du mich verlassen ...?"

Psalm 6

1 *Für den Chorleiter. Mit Saitenspielbegleitung.*
Auf der Achten. Ein Psalm Davids.

2a *JHWH! Nicht durch deinen Zorn züchtige mich*
2b *und nicht durch deine Zornesglut erziehe mich!*
3a *Sei mir gnädig, JHWH, denn ich verwelke!*
3b *Heile mich, JHWH, denn schreckensstarr sind meine Knochen,*
4a *und meine Seele ist schreckensstarr gar sehr,*
4b *und du, JHWH, bis wie lange noch ...?*
5a *Wende dich doch, JHWH, laß doch entkommen meine Seele,*
5b *rette mich um deiner Güte willen,*
6a *denn im Totenreich gibt es kein Gedenken an dich,*
6b *in der Unterwelt, wer kann da loben dich?*
7a *Ich bin am Ende meiner Kraft vom Stöhnen,*
7b *ich benetze in jeder Nacht mein Lager,*
7c *mit meinen Tränen überschwemme ich mein Bett,*
8a *verquollen ist vom Kummer mein Auge,*
8b *trüb geworden ist es angesichts all meiner Bedränger.*
9a *Weicht von mir, all ihr Unrechttäter,*
9b *denn gehört hat JHWH mein lautes Weinen,*
10a *gehört hat JHWH mein Flehen um Gnade,*
10b *JHWH wird mein (Bitt-)Gebet annehmen:*
11a *„Beschämt und schreckensstarr gar sehr sollen werden all meine Feinde,*
11b *sie sollen sich wenden, sie sollen beschämt werden mit einem Schlag!“*

Einführung

Der Psalm ist von drei Wortfeldern bestimmt, die sich teilweise überlagern: (1) Der Beter bittet um Abwendung des Gotteszorns als Reaktion des ihn (wegen seiner Sünden?) strafenden Gottes. (2) Er zählt Symptome einer schweren Krankheit auf, die ihn an die Schwelle des Todes (der Scheol) gebracht hat. (3) Er ist oder fühlt sich bedroht von einer Menge von Feinden. Je nach Gewichtung dieser Wortfelder wird der Psalm als Klage unter der Last von Sünden („Bußpsalm"), als Klage in schwerer Krankheit („Krankenpsalm") oder als Klage über feindliche Bedrängnis („Feindpsalm") ausgelegt.

Die Auslegung als *Bußpsalm,* die eine lange kirchliche Tradition hat (nach dieser Tradition, die erstmals bei Cassiodor [gestorben 583 n. Chr.] belegt ist, gehört er zur Gruppe der sieben kirchlichen Bußpsalmen 6; 32; 38; 51; 102; 130; 142), geht davon aus, daß aus dem Psalm ein tiefes Wissen um Sünde spricht, so daß er letztlich als Gebet um Vergebung der Sünden gelesen werden muß. Da im Psalm freilich von Sünde nicht ausdrücklich die Rede ist, ist dieses Verständnis wenig textorientiert.

Die Auslegung als *Feindpsalm* kann darauf verweisen, daß der Psalm gegen sein Ende hin immer stärker von der Feindperspektive bestimmt ist und daß insbesondere die Schlußbitte nur noch die Feinde im Blick hat. Allerdings ist nicht zu übersehen, daß das „Feindmotiv" bis V. 8b überhaupt nicht auftritt.

Da der überwiegende Teil des Psalms eine entfaltete Bitte um Rettung aus schwerer Krankheit darstellt (V. 2–8) und da auch in anderen „Krankenpsalmen" (vgl. Ps 38; 41) das „Feindmotiv" die soziale Desintegration beklagt, die Krankheit meist nach sich zieht (vgl. bes. Ijob 6,15–30; 19,1–22), dürfte das Verständnis des

Psalms als *Bittgebet in schwerer Krankheit* am wahrscheinlichsten sein.

Dieses Verständnis legt sich auch vom *Kontext* her nahe, in dem der Psalm nun steht. Er gehört zur ersten Teilkomposition Ps 3–14, die den Davidpsalter Ps 3–41 eröffnet. Die Komposition Ps 3–14 hat einerseits in Ps 8 ihre Mitte; dieser Psalm betont, daß JHWH den einzelnen Verfolgten und Armen („die Kinder und Säuglinge") nicht im Stich läßt, sondern ihrer rettend gedenkt. Die diese Mitte umgebenden Psalmen zeichnen andererseits typische Not- und Feindsituationen, in denen JHWH als rettender Gott angerufen und erfahren wird. Der Eröffnungspsalm 3 bittet zusammenfassend um Rettung aus vielfältiger Feindesnot, Ps 4 ist Bittgebet inmitten sozialer Bedrängnis und Anfechtung (siehe unten X.), Ps 5 ist Hilfeschrei in Rechtsnot (öffentliche Verleumdung, falsche Anklage), unser Psalm 6 ist Bitte in schwerer Krankheit und Ps 7 ist wieder zusammenfassend eine allgemeiner gehaltene Bitte um Hilfe inmitten feindlicher Bedrängnis. Die Reihenfolge dieser Psalmen, die alle von erstaunlicher Erhörungsgewißheit getragen sind, folgt einem zeitlichen Schema, das diese Psalmen als Gebete zu „allen Zeiten" ausweist: Ps 3 ist „Morgengebet" (vgl. 3,6), Ps 4 ist „Abendgebet" (vgl. 4,9), Ps 5 ist „Morgengebet" (vgl. 5,4), Ps 6 ist „Nachtgebet" (vgl. 6,7: die ganze/jede Nacht), Ps 7 ist „Tagesgebet" (vgl. 7,12: den ganzen/jeden Tag) und Ps 8 ist Meditation in der „Nacht"; daß JHWH der „Nacht" ein Ende setzt und als rettende „Sonne der Gerechtigkeit" (Mal 3,20) aufgeht, unterstreicht das in diesen Psalmen mehrfach begegnende „Morgenmotiv".

Von seiner Sprachgestalt her ist der Psalm stark appellativ. Er besteht aus einer Kette von Aufforderungen, deren drängender Charakter durch unterschiedlich lange (mit „denn" eingeleitete) Begründungssätze unterstrichen wird. Von diesem Satzgefüge her ergibt sich eine Gliederung des Psalms in die drei Strophen V. 2–4.5–8.9–11, die durch mehrere Stichwortbezüge untereinander vernetzt sind. Die ersten beiden Strophen reden JHWH an, die dritte Strophe wendet sich an die „Feinde" und redet über JHWH in dritter Person. Der Schwerpunkt des Psalms liegt in der mittleren Strophe. Sie ist nicht nur die längste Strophe. Sie entfaltet auch die Not am breitesten; sie kennzeichnet die Krankheit als Zerstörung des Lebenssinns (V. 6), des Lebenswillens (V. 7), der Lebenskraft (V. 8) und als Erfahrung feindlicher Bedrängnis (V. 8). All dies breitet der Beter in einem Gewebe von Bitten und Klageelementen vor JHWH aus – in der Gewißheit, daß ER ihn hört und ihm seine Gnade und Güte erweist, gerade seinen Feinden zum Trotz (V. 9–11).

Der Psalm zeigt auffallende Verwandtschaft mit dem weisheitlichen Bittgebet eines Schwerkranken Ps 38, aber auch mit dem Ijob-Buch. Er beginnt einerseits mit der traditionellen Einstellung, die Krankheit als Erziehungshandeln JHWHs annehmen will. Insofern allerdings, abweichend von Ps 38, ein ausdrückliches Sündenbekenntnis fehlt, ist der Psalm zugleich eine Auseinandersetzung mit dieser Position. Die Schwere der Krankheit, die den Beter buchstäblich zerstört, kann er nur noch als übermäßiges und irrationales Zorneshandeln JHWHs begreifen – deshalb bittet er um ein Ende dieser schweren Not, zumal Menschen seiner Umgebung ihn offensichtlich wegen seiner Krankheit verachten, statt ihm Solidarität zu erweisen; im Gegenteil: sie schädigen ihn auch noch.

Nach der üblichen Gattungsbestimmung ist der Psalm ein „Klagepsalm des einzelnen" mit folgenden Elementen: Klage mit Notschilderung (V. 2–4) – Bitte an JHWH um Ende der Not, mit Angabe von Gründen, die JHWH zum Eingreifen bewegen sollen (V. 5–8) – Erhörungsgewißheit (V. 9–11).

Die sprachliche und theologische Nähe zu den Büchern Jeremia und Ijob sind ein Indiz dafür, daß der Psalm aus frühnachexilischer Zeit stammt. Er ist außergewöhnlich stark von formelhaften Elementen bestimmt; über die Hälfte seines Textbestands hat Entsprechungen in anderen Psalmen. Er liest sich wie ein Kondensat vieler Klagepsalmen und ist wohl als „Gebetsformular" verfaßt worden, vielleicht von einem Weisheitslehrer. Als Gebet will der Psalm einerseits von falscher Angst vor Gottverlassenheit zu Vertrauen auf Gottesgüte und Gottesgemeinschaft hinführen. Und er will andererseits den Kranken von seiner Fixierung auf seine angeblich oder wirklich feindliche Umgebung befreien, um ihm so die Kraft zu neuen Lebensmöglichkeiten zu geben.

Auslegung

Der Psalm setzt, gattungstypisch für die Klage, mit der Anrufung des Gottesnamens ein. Der Beter weiß: Wenn es überhaupt jemanden gibt, bei dem er wirklich Kraft finden kann, dann ist es JHWH. Aber genau dies ist seine tiefste Not: Er fürchtet, daß seine Bedrängnis von JHWH selbst geschickt ist – aus für ihn selbst unbegreiflichem Gotteszorn!

Zwar werden von den meisten Auslegern die Bitten von V. 2 so gedeutet, daß der Beter den „Zorn" Gottes als gerechte Strafe für von ihm begangenen Sünden versteht. Man beruft sich für diese Deutung auf den Psalm 38, dessen eröffnende Bitten mit Ps 6,2 fast wortgleich sind und dort ausdrücklich mit dem Hinweis auf Sünden des Beters begründet werden. Aber es ist methodisch problematisch, Ps 6 von Ps 38 her auszulegen. Unser Psalm hat sein eigenes Profil und seine eigene Dynamik.

Im Hintergrund von V. 2 steht nicht nur die Last der tödlich erscheinenden Krankheit, sondern zugleich die Angst vor einem unbegreiflichen und lieblosen Gott. Da für den Beter alles, was geschieht, irgendwie mit seinem Gott zusammenhängt und da er sich von seiner Krankheit, aber auch von seiner feindlichen Umgebung buchstäblich erdrückt sieht, drängt sich ihm, ähnlich wie später dem Ijob der Ijob-Dichtung, der Gedanke auf, Gott selbst sei in der Irrationalität und im Übermaß seines Zorns an dieser Vernichtung beteiligt. Die Bitten von V. 2 müssen im Horizont der Vorstellung von JHWH als Lehrer und Erzieher gelesen werden. Dabei muß man wissen, daß in der Antike die Erziehung durchaus mit Schlägen arbeitete, wobei Schläge als pädagogische Maßnahmen weder immer schuldhaftes Verhalten voraussetzten noch als Zeichen fehlender Elternliebe galten, im Gegenteil (vgl. Spr 13,24). Auch unser Beter könnte für sich JHWH als solchen Erzieher akzeptieren (vgl. Ps 94,12). Aber was mit und an ihm derzeit geschieht, ist keine Züchtigung mehr, sondern Vernichtung, von außen beginnend (vgl. V. 3a) bis in seine Personmitte hinein (vgl. V. 3b.4a). So bittet er, daß JHWH von seinem Zorn ablasse, und vor allem, daß er sich als gnädiger und heilender Gott erweise. Mit den Bitten „Sei mir gnädig!" und „Heile mich!" zielt er auf die Beendigung jener umfassenden Krankheit, die darin gipfelt, daß er sein Leben nicht mehr leben kann und will, weil er Gott selbst als lebenzerstörende Gewalt in und hinter allem am Werk sieht. Den vorwurfsvollen Fragesatz V. 4b bricht er mitten im Wort ab – so soll auch der Gotteszorn aufhören!

Mit dem Imperativ „Wende dich doch", der die zweite Strophe eröffnet, fordert er JHWH zu einer dreifachen

„Wende" auf: Er soll sich abwenden von seinem Zorn (vgl. Ex 32,12; Ijob 9,13), er soll sich ihm huldvoll zuwenden (vgl. Ps 80,15), ja er soll sich ändern und „umkehren" (vgl. Jes 63,17). Was er konkret erbittet, bezeichnen die folgenden Imperative „Laß entkommen!" und „ Rette!" als ein Handeln JHWHs, das den Klagenden aus einer zunächst nicht näher benannten feindlichen Macht herausreißt. Dies ist der Appell an den gütigen Exodus-Gott (vgl. Ps 81,7 f), als der JHWH sich doch seinem Volk geoffenbart hat. Das hält der Beter JHWH entgegen: Es geht um JHWHs tiefstes Wesen, um seine Güte (V. 5 b). Sie steht in seiner Not auf dem Prüfstand, ist doch die Vernichtung, die er erleidet und die ihn an den Rand des Totenreichs gestürzt hat, der tödliche Gegenbeweis gegen die Rede von einem guten Gott.

Daß er praktisch schon lebendig tot und in der Unterwelt (Scheol) ist, in der es weder ein rühmendes Gedächtnis der großen Heilstaten JHWHs an seinem Volk noch die Loblieder für die Rettung einzelner aus Todesnot gibt (V. 6), entfalten V. 7–8 mit der Metaphorik des Weinens. Die Tränen sind in ihrem Übermaß Anzeichen des Übermaßes an Schmerz und Leid (Stilmittel: Wirkung verweist auf Ursache!); sie sind für den Hebräer buchstäblich ein Ausgießen der körperlichen und physischen Lebenskraft (vgl. V. 7 a). So hält V. 8 ergebnishaft den Tiefpunkt des Zerfalls mit der Metapher des verquollenen und blind gewordenen Auges fest. Während helle, leuchtende Augen als Zeichen von Lebensfrische gelten (vgl. Dtn 34,7; 1 Sam 14,27.29; Ps 13,4), sind trübgewordene Augen Zeichen des nahen Todes. Die übermäßigen Tränen sind der Tod der Augen, weil sie verhindern, daß die Augen Licht des Leibes sind (vgl. Mt 6,22). Das Auge des Leidenden nimmt die Wahrheit nicht mehr wahr, weil es nur noch eines im Blick hat: „all meine Bedränger". Er erlebt sehr schmerzlich, daß und wie Blicke töten können. Wer diese Feinde sind, sagt erst die nächste Strophe. Hier, in V. 8b, sind sie durch die Wirkung gekennzeichnet, die von ihnen auf den Leidenden ausgeht. Er erfährt sie als eine Masse („alle"), die ihn umgibt und zu erdrücken droht. Sie sind wie ein Ring, der sich immer mehr zuzieht. Umso überraschender liest sich dann die dritte Strophe.

Mit der Aufforderung „Weicht von mir, all ihr Unrechttäter!", die den Taburuf nachahmt, mit dem Verurteilte aus der Gemeinschaft ausgeschlossen werden (vgl. noch Mt 7,23; 25,41; Lk 13,27), stemmt sich zu Beginn der dritten Strophe der Leidende mit aller Kraft den feindlichen Mächten entgegen. Er, der sich als Opfer seines Gottes und als seiner Mitwelt hilflos ausgeliefertes Objekt fühlte, richtet sich plötzlich auf: Er ist zum Subjekt geworden und will den Lebenskampf, in den er verstrickt ist, aufnehmen.

Was ist geschehen? Wie kommt diese Ijob-Gestalt zu solchem Selbstvertrauen und zu dem Wissen, daß Gott auf ihrer Seite steht und daß sie darin die Kraft findet, sich den Verurteilungen und Belästigungen der Umgebung zu widersetzen? Ist unsere Annahme richtig, daß Psalm 6 als Gebetsformular verfaßt wurde, das Kranken eine vitale Hilfe in ihrem Leid und in ihrer sozialen Isolation sein sollte, damit sie im Rezitieren und Meditieren der Psalmworte zu eben dieser Gewißheit gelangen, von der V. 9–11 durchdrungen ist, dann braucht es keine besonderen Ereignisse zwischen V. 8 und V. 9, wie manche Exegeten annehmen. Es braucht weder ein Heilsorakel, vermittelt durch einen Priester oder Kultpropheten (vgl. 1 Sam 1,17) noch eine prophetisch-visionäre Gottesschau. Was zur Verwandlung führt, sagt V. 9b–10a in traditioneller Sprache. Im betenden (!) Abarbeiten seiner Situation ist dem Leidenden die Gewißheit gewachsen, eben geschenkt worden, daß JHWH seine Tränen und seine Bitte um Gnade gehört hat (vgl. Gen 21,16f; Jes 38,3.5; Ps 28,6f). Indem er sein Herz mit all seinen Ängsten und Aggressionen seinem Gott gegenüber ausgeschüttet hat, ist ihm die Wahrheit des biblischen Gottes aufgegangen, daß JHWH auf der Seite der Geängsteten und der Gedemütigten steht. Die Angst vor dem zornigen Gott ist zurückgewichen, das Vertrauen auf den gnädigen Gott ist an ihre Stelle getreten.

Nun verliert auch die gesellschaftliche Realität, in der der Kranke leben muß, ihre tödlich lähmende Bedrohung. Aus der Gewißheit, daß Gott sich auf seine Seite gestellt hat (V. 9b–10a), erwächst die Zuversicht des Beters, daß auch seine Angst vor den Menschen ein Ende nehmen wird (V. 10b) – so wie er darum in V. 11 abschließend bittet. Mit drei unterschiedlichen Verben, die als Geschehensfolge gemeint sind, formuliert er seine Wünsche. Sie zielen nicht, wie manche Übersetzungen nahelegen, auf die Vernichtung, sondern auf die Änderung der „Feinde" und insbesondere auf eine Verwandlung der Beziehung des Kranken zu ihnen.

Die Bitte, daß *alle* Feinde beschämt werden sollen, erhofft, daß ihnen die Augen aufgehen über all das, was sie über den Kranken gesagt, ihm angetan und ihm verweigert haben. Es soll ihnen aufgehen, daß sie „Unrechttäter" waren, d. h. sich vom Bösen haben anstecken lassen, und daß sie Instrumente des Chaos waren. Die Bitte zielt darauf, daß die göttliche Weltordnung sich durchsetzt, in der Gott den Opfern zu ihrer Würde und ihrem Lebensrecht verhilft, nicht zuletzt dadurch, daß zuallererst einmal ihre Verhinderer und Störer entlarvt werden.

Wenn das subtile Netz der Unrechttäter zerreißt, wird sie lähmendes Entsetzen ergreifen, worum das zweite Verbum in V. 11 bittet. Die vormals so Aktiven, Mächtigen und Erfolgreichen stehen dann versteinert da. Ihr zerstörerisches Treiben nimmt wie von selbst ein Ende.

Mehr noch, der Psalm erhofft, wie das dritte Verbum sagt, daß sie „sich wenden" (vgl. V. 5a). Gewiß ist hier zunächst gemeint, daß sie sich vom Leidenden „abwenden" und ihn in Ruhe lassen. Freilich fällt auf, daß (wie in V. 5a) weder Ausgangs- noch Zielpunkt des Sich-Wendens ausdrücklich genannt werden. Bedenkt man, daß in V. 11 zweimal von der Beschämung der Feinde als Offenbarwerden der Wahrheit JHWHs die Rede ist, so ist nicht auszuschließen, daß dieses „Sich-Wenden" der Feinde nicht nur die Abkehr von ihren bösen Praktiken, sondern auch die Hinkehr bzw. die Rückkehr zur Wahrheit JHWHs anzielt. Dann kulminiert der Psalm in der Bitte um Umkehr *aller* Feinde, und zwar so, daß ihnen sozusagen keine andere Wahl mehr bleibt: „Mit einem Schlag" soll das geschehen. Die Unwahrheit und das Unrecht ihres Tuns sollen ihnen urplötzlich aufgehen, so daß sie – wie der Beter des Psalms – begreifen und annehmen, daß JHWH allein das Maß ihres Lebens *und* ihres Umgangs mit anderen sein muß.

Kein christliches Gebet?

„Nimmt die schlichte Wahrheit des Gedichts uns für sich ein, so bleibt dem christlichen Empfinden die Auslassung über die Feinde befremdlich ... Zur Vorlesung an einem christlichen Krankenbett eignet sich der Psalm nicht." So urteilt der Kommentator Bernhard Duhm. Auch der große Friedrich Nötscher sagt zu V. 11: „Der Wunsch steht nicht auf christlicher Höhe." Und die nachkonziliare Liturgie läßt, neben V. 6, den ominösen Vers 11 einfach weg, wenn sie in einer Votivmesse zur Spendung der Krankensalbung den Psalm als Antwortpsalm auf die Lesung Ijob 3,1–3.11–17.20–23 vorsieht. Daß die meisten Christen im Umgang mit Feinden und mit Gewalt so beispielhaft liebevoll und bis zur Selbsthingabe friedlich waren, daß sie den Psalm 6 weit transzendierten, ist mir nicht bekannt. Daß die Kirche als Institution in der Nazizeit sich selbst opferte, um beispielsweise die Juden zu retten, wird niemand sagen wollen. Ob Jesus den Psalm als ein ihm nicht zumutbares Gebet abgewiesen hat oder hätte, weiß ich nicht. Wie also kommt es zu den christlichen Mäkeleien und Empfindlichkeiten gegenüber diesem und ähnlichen biblischen Psalmen?

Nun könnte man gewiß sagen, die Bitten von V. 11 widersprächen doch dem jesuanischen Gebot der Feindesliebe (das es auch schon im AT gibt [vgl. Ex 23,4f; Jer 29,7]). Daß wir mit diesem Hinweis das Problem des Bösen und der Gewalt, um das es in Ps 6 geht, nicht erfassen, zeigen die Zitationen von Ps 6,9 in Mt 7,23; 25,41; Lk 13,27; die sich dort jeweils anschließenden Erläuterungen über das Schicksal der „Unrechttäter" sind sogar noch drastischer als Ps 6,11. Wer im Namen seines Christentums die Bitte von V. 11 weit von sich weist, gerät in Verdacht, daß er das strukturelle Böse einer Gesellschaft und das rätselhafte Böse der Geschichte verharmlost und die Leiden und Schrecken der Opfer dieses Bösen nicht ernst genug nimmt. Ist es legitim und wirklich christlich, den Opfern zu untersagen, daß sie ihre Leiden herausschreien – und daß sie ihre Bitte um das Scheitern ihrer Henker ihrem Gott in die Hände geben? Haben die christlichen Zensoren unseres Psalms überhaupt verstanden, was es heißt, nicht selbst zurückzuschlagen (vielleicht auch: nicht selbst zurückschlagen zu können) und die eigene Sache Gott zu überlassen, wie dies in Ps 6 geschieht? Psalm 6 ist ein Gebet von Menschen am Rande des gesellschaftlichen und psychischen Todes; da darf es kein religiöses Sprachtabu geben. Nur dies ist wichtig: Daß das Herz „auf Gott hin weint" (Ijob 16,20).

In Psalm 6 geht es nicht einfach um eine private Feindschaft. Die „Unrechttäter", deren Scheitern der Psalm erbittet, sind Menschen, die die Solidarität mit Schwerkranken verweigern und ihre gesellschaftliche bzw. familiäre Stellung mißbrauchen, um meist heimtückisch und verdeckt anderen zu schaden und sich selbst dadurch Vorteile zu verschaffen. Wie unsere Auslegung andeutet, besteht die theologische Leistung des Psalms gerade darin, diese gesellschaftlichen Realitäten, die es in der Welt von heute ebenso gibt, als gott-widrig zu entlarven und zum Widerstand gegen sie zu ermutigen. Wer die unheilbar Kranken und die Ärmsten dieser Erde im Namen „christlicher Höhe" auffordert, sich in ihr Schicksal zu fügen und ihren Peinigern aus „Feindesliebe" zu vergeben, weiß nichts von der Leidenschaft des biblischen Gottes, der diese konkrete Erde als Lebenshaus für die Menschen will. Die Botschaft vom rettenden Gott gilt nicht nur den Sterbenden und Toten. Sie will ihre Wahrheit auch den Lebenden erweisen. Das ist sogar die bleibende Aktualität des durch die biblische Auferstehungsbotschaft korrigierten Verses 6 unseres Psalms.

Nein, Psalm 6 ist ein unverzichtbares Gebet im Kampf um Gerechtigkeit für die, denen in ihrer Ausweglosigkeit nur noch die Hoffnung geblieben ist, daß wenigstens ein Gott da ist, der auf ihrer Seite steht und der ihnen die Botschaft sendet, daß es nicht so bleiben darf und wird, wie es ist ...

Psalm 6, der im Neuen Testament an drei Stellen wörtlich aufgenommen wird (Mt 7,23; Lk 13,27; Joh 12,27 f), ist ein notwendiges Gebet noch mehr für *die* Christen, denen der Psalm zu wenig jesuanisch bzw. „christlich" ist, wenn damit drei Dinge vor allem gemeint sein sollen. (1) Insofern der Psalm zu wenig den Aspekt der Solidarität der Opfer untereinander und mit ihnen betont (Freilich: welcher Einzeltext kann und muß schon alles sagen?), braucht er eine „Fortschreibung" im Leben, die zu einer echten Leidens- und Lebensgemeinschaft mit den Leidenden hinführt. (2) Wenn der Psalm in der Nachfolge Jesu gebetet wird, kann der Gedanke an ihn, der als Opfer feindlicher Gewalt vom Vater auferweckt wurde, die Kraft geben, sich voll dafür in Dienst nehmen zu lassen, die bösen Mechanismen der Welt zu verändern, in der Hoffnung, „daß der Herrscher dieser Welt hinausgeworfen werden wird" (Joh 12,31). Der Psalm 6 bittet zu Recht darum, daß die Unwahrheit und das Unrecht des Bösen gerade im Umgang der Gesellschaft mit den Kranken aufgedeckt und „beschämt" werden. Nur so, das erleben wir doch tagtäglich, wird es entmachtet. (3) Ein „christliches" Gebet ist der Psalm für uns vor allem dann, wenn die Bitte von V. 11 auch als gegen den Beter bzw. die betende Gemeinschaft gerichtet verstanden wird, nämlich als Bitte, daß all unserem Paktieren mit Gewalt und Unterdrückung Gott selbst ein „beschämendes" Ende setzen möge.

Im übrigen hat schon die biblische Überlieferung selbst Psalm 6 in einen theologischen Horizont gestellt, der beachtet werden muß und in dessen Licht die leidenschaftlichen Töne des Psalms gehört werden müssen. Der Psalm besteht (ohne die Überschrift) aus insgesamt 21 (drei mal sieben!) Zeilen. Genau in der Mitte (Zeile 11) steht der Klagesatz „Ich bin am Ende meiner Kraft vom Stöhnen" (V. 7 a). Diese Zeile, die im Hebräischen kürzer ist als die übrigen Zeilen und die außerdem kein paralleles Glied hat, dürfte sekundär in den Psalm eingefügt worden sein, um ihm ein zusätzliches theologisches „Licht" aufzusetzen. Der Kurzsatz ist ein Zitat aus Jer 45,3 und zitiert mit ihm implizit den ganzen Abschnitt Jer 45,1–4. Die dort entfaltete Leidenstheologie soll nun der Horizont sein, in dem Psalm 6 „kanonisch" gelesen/gebetet werden soll. Den über sein Leiden klagenden Baruch verweist dort JHWH auf die Leiden, die er selbst mit seinem Volk erfährt und aushalten muß. Mit seiner Antwort will JHWH den Baruch freilich nicht nur tadeln, sondern trösten und stärken, sein „kleines" Leid in Solidarität mit ihm, dem an seinem Volk leidenden Gott anzunehmen. Ob ein so verstandener Psalm 6 kein christliches Gebet sein soll?

Psalm 44

1 *Für den Chorleiter. Von den Korachiten. Ein Weisheitslied.*

2a *Gott, mit unseren Ohren haben wir gehört,*
2b *unsere Väter haben uns erzählt:*
2c *Ein Werk hast du gewirkt in ihren Tagen,*
2d/3a *in den Tagen des Uranfangs, du, ja du mit deiner Hand.*
3b *Völker hast du vernichtet, sie aber eingepflanzt,*
3c *du zerschlugst Nationen, sie aber ließest du sich ausbreiten.*
4a *Ja, nicht mit ihrem Schwert haben sie das Land in Besitz genommen,*
4b *und nicht ihr Arm hat ihnen Rettung gebracht,*
4c *sondern deine Rechte und dein Arm*
4d *und das Licht deines Angesichtes, denn du hattest Gefallen an ihnen.*

5a *Du, ja du, mein König, bist Gott:*
5b *Biete auf die Rettungen Jakobs!*
6a *Mit dir stoßen wir unsere Bedränger nieder,*

6b mit deinem Namen zerstampfen wir unsere Widersacher.
7a *Ja, nicht auf meinen Bogen vertraue ich,*
7b *und mein Schwert bringt mir nicht Rettung.*
8a *Ja, du hast uns gerettet aus unseren Bedrängern*
8b *und die, die uns hassen, hast du schamrot werden lassen.*

9a *(Unseres) Gottes haben wir uns immerzu gerühmt*
9b *und deinen Namen wollen wir lobpreisen bis ans Ende der Zeit.*

10a *Doch du hast uns verstoßen und uns Schmach angetan*
10b *und du ziehst nicht (in den Kampf) mit unseren Heerscharen,*
11a *du läßt uns rückwärts wenden vor unserem Bedränger,*
11b *und die, die uns hassen, plündern (uns aus) für sich,*
12a *du gibst uns dahin wie Schafe zum Verzehr*
12b *und unter die Völker zerstreust du uns,*
13a *du verkaufst dein Volk um ein Nichts*
13b *und mühst dich nicht um einen höheren Preis für sie,*
14a *du machst uns zu Hohn für unsere Nachbarn,*
14b *zu Gelächter und zu Spott für die, die um uns herum wohnen,*
15a *du machst uns zum Spottlied bei den Völkern,*
15b *zum Kopfschütteln unter den Nationen.*
16a *Immerzu ist mir meine Schmach gegenwärtig,*
16b *und Schamröte bedeckt mein Angesicht,*
17a *vor der Stimme, die höhnt und die lästert,*
17b *vor dem Angesicht des Feinds und des Rachgierigen.*

18a *Dies alles ist über uns gekommen, und doch haben wir dich nicht vergessen,*
18b *und nicht haben wir verleugnet deinen Bund,*
19a *nicht weicht unser Herz rückwärts,*
19b *und nicht biegen unsere Schritte ab von deinem Pfad,*
20a *auch wenn du uns zerschlagen hast am Ort der Schakale*
20b *und uns bedecktest mit Todesfinsternis.*
21a *Wenn wir vergessen hätten den Namen unseres Gottes*
21b *und unsere Hände ausgebreitet hätten zu einem fremden Gott –,*
22a *würde nicht Gott dies ergründen,*
22b *da er doch kennt die Geheimnisse des Herzens?*
23a *Ja, deinetwegen werden wir umgebracht immerzu*
23b *und wir werden erachtet wie Schafe zum Abschlachten.*

24a *Wach doch auf! Warum schläfst du, Herr?*
24b *Erwache doch! Verstoß uns nicht für immer!*
25a *Warum verbirgst du dein Angesicht,*
25b *vergißt unsere Unterdrückung und unsere Drangsal?*
26a *Ja, unsere Seele ist in den Staub gesunken,*
26b *unser Leib klebt am Erdboden.*
27a *Erhebe dich doch, uns zur Hilfe,*
27b *und löse uns aus um deiner Güte willen!*

Einführung

Psalm 44 ist ein Volksklagepsalm. Der Klagepsalm im eigentlichen Sinn beginnt freilich erst mit V. 10. Er ist durch unüberhörbare Signale (V. 10: Einsatz mit betontem „doch"; V. 18: zurückblickende und eröffnende Zusammenfassung „dies alles"; V. 24: Imperativ „wach auf!" und Anrede „Herr!") in drei Abschnitte gegliedert, die zugleich eine innere Geschehensstruktur bilden. V.10–17 schildert die notvolle Situation, die der Anlaß der Klage ist. V. 18–23 reflektiert über die Ursache der leidvollen Gegenwart und benennt anklagend als tiefsten Grund des Leidens die Bindung Israels an seinen Gott: Israel muß leiden, weil es SEIN Volk ist. Hier wird gewissermaßen die Innenseite der Not, die zur Klage und Anklage treibt, sichtbar. So wird die leidenschaftliche Bitte vorbereitet, die in V. 24–27 folgt und den Psalm beschließt. Dieser Abschnitt bündelt in ungeheurer Intensität Appelle, Vorwürfe, Bitten, Argumente, Fragen, um schließlich mit dem gewichtigen theologischen Begriff zu enden, mit dem Israel das Gottgeheimnis und alle seine Gottessehnsucht zusammenfaßt: „um DEINER Güte/Gnade willen!"

Dem Klagepsalm vorgeschaltet ist ein „Vertrauenspsalm" V. 2–9, der gewissermaßen das Fundament ist, von dem her die Klage aufsteigt. Der Klagepsalm V. 10–27 ist sogar eine ausdrückliche Auseinandersetzung mit dem Gottesverständnis, das sich in diesem Vertrauenspsalm V. 2–9 ausspricht.

Beide Texteile stammen nicht aus derselben Situation. Vielmehr ist der Vertrauenspsalm mit seiner in V. 5–8 ausgesprochenen Bitte, JHWH möge, wie bei der Landgabe in der Ursprungsgeschichte Israels (V. 2–3), sich als Gott Israels dadurch erweisen, daß er ihm beistehe, die Feinde wie ein Stier mit seinen Hörnern (V. 6 a) zu Boden zu stoßen und zu vernichten, als eigenständiger Psalm (vgl. die Abschlußformel in V. 9), vermutlich in der Zeit des Königs Joschija (also im letzten Drittel des 7. Jahrhunderts v. Chr.) entstanden. Das sich in ihm widerspiegelnde Bild eines Gottes des Krieges und der Macht, das ähnlich in der ebenfalls aus dieser Zeit stammenden Schicht des Buches Dtn sichtbar ist, wurde durch die Katastrophe von 587 v. Chr. und die sich daraus ergebende Leidensgeschichte des Gottesvolkes schmerzlich korrigiert.

Auf den mühsamen „Lernprozeß", den der biblische Gott seinem Volk damit zumutete, ließ Israel sich auf vielfältige Weise ein. Die in der Exilszeit und in der frühnachexilischen Zeit so immens anwachsende literarische Tätigkeit (Neuausgabe und Sammlung der Prophetenworte und -bücher; deuteronomistische Geschichtstheologie; priesterschriftliches Erzählwerk; Buch der Klagelieder u. a.) zeugen von der Leidenschaft, in der Israel damals die Gottesfrage neu stellte – und zu Antworten durchstieß, deren Tiefe und Ernst auch uns Heutige still und demütig machen. Auch die exilisch-frühnachexilische „Fortschreibung" des Vertrauenspsalms V. 2–9 durch den Klagepsalm V. 10–27 ist ein solcher Antwortversuch. Streng genommen ist es keine Antwort, sondern es ist der mutige Versuch, die richtigen Fragen zu stellen. Und vor allem, sie dem einzigen Adressaten zu stellen, von dem her allein letztlich helfende, tröstende Antwort kommen kann.

Auslegung

Der vorexilische Vertrauenspsalm beginnt betont mit der Anrufung Gottes; diese leitet einen heilsgeschichtlichen Rückblick ein, der Israels Landnahme als Machterweis der Göttlichkeit seines Gottes deutet (V. 2–4). Mit der erneuten Anrufung Gottes in V. 5 a, wodurch eine Zäsur markiert ist, wird die Bitte eröffnet, Gott möge diese seine Macht erneut erweisen in der Zeit der Beter (V. 5–8). Abermals wird mit dem Wort „Gott" in V. 9 a das abschließende Versprechen („Lobgelübde“) eingeführt, das den Bogen bis ans Ende der Zeiten auszieht.

Nach einer von vielen Exegeten vertretenen Hypothese stand an Stelle des Gattungsbegriffs „Gott“ in der Erstfassung des Psalms der Gottesname JHWH (ähnlich in Ps 42–83!); dadurch würde nicht nur der Aufbau, sondern vor allem die Bezugnahme auf „deinen Namen“ in V. 6b und V. 9b noch deutlicher.

Geradezu beschwörend stellen sich die Beter des Psalms mit V. 2 in den Strom der Geschichte ihres Volkes. Die Erinnerung an das Werk, das JHWH „in den Tagen des Uranfangs“, also als existenzgründende und ein für allemal gültig bleibende „Ur-Tat“ gewirkt hat, bindet die Generationen Israels als eine Erzähl- und Lerngemeinschaft zusammen. Sie stiftet Identität in Augenblikken der Gefahr: Wer weiß, wo er herkommt, kann offenen Auges dem entgegengehen, was auf ihn zukommt. Daß der Vorgang des Erzählens und Hörens so betont wird, unterstreicht die Lebendigkeit, die die Generationen verbindet. Das ist ja alttestamentlich-jüdisch die wichtigste Aufgabe der Väter (und Mütter): das Wissen von den Ursprüngen, das Lebenswissen, weiterzugeben (vgl. Dtn 6,20–23; 31,10–13; Jos 4,20–24). Der dem Baal Schem Tow zugeschriebene Spruch: „Das Vergessenwollen verlängert das Exil, und das Geheimnis der Erlösung heißt Erinnerung“, faßt diese Überzeugung bündig zusammen.

Freilich: Viel, ja alles hängt davon ab, *was* und *wie* erinnert wird. Unser vorexilischer Psalm wählt die Tradition von der kriegerisch-vernichtenden Landnahme als Ur-Datum der Gottesoffenbarung aus. Es ist ein drastisches Bild, mit dem in V. 3bc die Entstehung Israels im Lande gezeichnet wird. Wir wissen heute, daß der historische Vorgang völlig anders verlief. Und wir erkennen vor allem, daß diese „Eroberungs- und Vernichtungstheologie" nur in bestimmten Phasen der politischen Geschichte des biblischen Israel auftrat, nämlich dann, wenn Israel unter starkem militärischen Druck der mächtigen Nachbarstaaten und Großreiche stand. Und wir wissen ebenso, daß insbesondere die Propheten, vor allem Jesaja, diese übereifrige Verbindung von Gott und Krieg scharf bekämpft haben. Daß unser Psalm das Werden Israels „im Lande" so zeichnet, daß JHWH zunächst dieses Land wie einen Wald kahlschlägt, um dann Israel als neue Pflanzung anzulegen und ihm mächtiges Wachstum zu verleihen (vgl. auch Ps 80,9–12), will einerseits das Bekenntnis sein, daß JHWH, der Gott des weltpolitisch bedeutungslosen Israel, mächtiger ist als alle Götter der übermächtigen Nachbarstaaten; insofern entspringt diese Aussage mehr der Angst als dem Bewußtsein eigener Macht.

Andererseits ist nicht zu übersehen, daß dieses Bekenntnis dann in der Bitte von V. 5–6 zu politischen und militärischen Wünschen hinführt, die Gott zu einem aktuell erfahrbaren Kriegs- und Siegergott machen wollen. Diese Bitte steht zur Zeit der Entstehung des Psalms im Dienste der Bestrebungen des Königs Joschija, die im 8. Jahrhundert von den Assyrern besetzten Gebiete Israels wieder zurückzuerobern. Es ging also nicht um einen Expansions-, sondern um einen Befreiungskampf. Dennoch: Für uns ist diese glatte Verbindung von Gott und Vernichtung der Feinde (die leider auch die Christentumsgeschichte durchzieht!) nicht mehr akzeptabel. Auch das Bild von V. 6 ist drastisch: Mit Gottes Hilfe und in seiner Kraft wollen die Beter wie ein Stier mit den Hörnern die sie bedrängenden Feinde zu Boden stoßen und und mit den Füßen zertrampeln (vgl. Dtn 33,17; 1 Kön 22,11).

Die Geschichte hat, wie wir wissen, diese Bitte, mit der das Israel des ausgehenden 7. Jahrhunderts seinen

Gott bestürmte, nicht erfüllt. Schon der große „Reformator" König Joschija wurde im Verteidigungskampf von ägyptischer Hand getötet (vgl. 2 Kön 22,29). Vor allem aber brach das, was sie den Feinden antun wollten, mit der Katastrophe von 587 v. Chr. über sie selbst herein.

Gott also hatte dieses Gebet nicht erhört: Die Geschichte Gottes mit seinem Volk war und ist offenbar nicht die ständige Aktualisierung von Machttaten für sein Volk, gar der Erweis seiner Göttlichkeit durch die Vernichtung „der Völker". Was also ist diese Geschichte dann? Und vor allem: Worin besteht JHWHs Göttlichkeit? V. 10–27 versucht eine betende Antwort auf diese Fragen.

Die Partikel „doch", mit der die Notschilderung V. 10–17 einsetzt, betont den Kontrast zu V. 2–9: „*Wir* haben die Loblieder auf dein machtvoll rettendes Mit-Sein gesungen, doch *du* hast uns von dir weggestoßen!" V. 10b zieht nüchterne Bilanz; der altüberlieferte Ehrentitel „JHWH der Heerscharen" (Jahwe Zebaot) bedeutet offensichtlich nicht, wie die Beter des 7. Jahrhunderts meinten, daß JHWH mit den Heerscharen Israels in die Kriege zieht. Die schreckliche Niederlage im Krieg mit Nebukadnezzar und die Niederbrennung des JHWH-Tempels haben dies aller Welt gezeigt. So ist Israel in seiner Gottsicherheit, ja „Gottbesessenheit" zum Spott und Hohn der Nachbarvölker geworden. V. 11 deutet im sprachlichen Rückgriff auf V. 6 und V. 8 an, daß das, was Israel mit Gottes Hilfe über seine Feinde bringen wollte, nun über es selbst hereingebrochen ist.

Der Text formuliert außerordentlich scharf: Du, unser Gott, hast dies getan und tust es immer noch! Die ganze Widersprüchlichkeit bringt V. 13 auf den Punkt: Gott hat sein eigenes (und einziges) Volk einfach verschleudert, zu einem Spottpreis; er hat sich nicht einmal bemüht, einen Gewinn bei diesem „Geschäft" zu erzielen. Ist ihm sein Volk wirklich nicht mehr wert gewesen? Ist er sich selbst nicht mehr wert? Was ist das für ein Hirte, der seine Schafe so fürsorglich aufzieht, um sie dann überallhin zum Verzehr für Mensch und Tier zu verschleudern (vgl. Ps 23,1; 80,2)?

V. 18–23 sucht diese Not, die über Israel hereinbrach und andauert, tiefer zu ergründen. Die in der deuteronomistischen Geschichtstheologie, aber auch im Buch der Klagelieder gegebene Deutung, daß dies alles die gerechte Strafe des Bundesgottes für den Bundesbruch sei, übernimmt unser Psalm (m. E. gezielt!) nicht. Dafür haben ihn nicht wenige christliche Kommentatoren getadelt, vor allem weil sie V. 18b–19 als „pharisäische Selbstgerechtigkeit" mißdeutet haben. Doch weigert sich hier das leidende Israel nicht, „den Grund dieses Leidens in eigener Sünde zu finden" (H. Gunkel). In den Versen 18b–20b kommt vielmehr die leidenschaftliche Bindung Israels an seinen Gott zum Ausdruck, in der es an ihm im Denken (V. 19a) und im Tun (V. 19b) festhalten will – auch in dieser Situation der buchstäblichen Verwüstung (V. 20a „Ort der Schakale") und der Gottesfinsternis, die ER über es gebreitet hat (V. 20b). So stößt V. 23 zu einer der tiefsten, aber zugleich schmerzlichsten Aussagen über die Existenz Israels durch: Weil Israel von JHWH als SEIN Volk erwählt ist, an dem er sein Gottsein offenbaren will, muß es leiden. Es muß am eigenen Leib erleben, daß JHWH nicht auf der Seite der Mächtigen und der Sieger steht, sondern auf der Seite der Schwachen und der Leidenden. In der Entschlossenheit, das Leid auszuhalten und dabei IHN nicht zu vergessen, im Leiden sogar an seinem Gott, will und kann Israel, so sieht es unser Psalm, Zeuge dieser gegenüber V. 2–9 neuen Gotteswahrheit sein.

Allerdings: Gerade in dieser Situation braucht das

Gottesvolk die Gewißheit, daß das Leid nicht Gottesferne, sondern besondere Gottesnähe ist. Deshalb schreit und klagt es in V. 24–27 mit ungeheurer Intensität um die Erfahrung, von Gott angesehen und angenommen zu sein. Mit Anspielung auf die Exodusüberlieferung (V. 25 b.27 a) bittet es stürmisch um Erlösung aus der Not, diese Situation als „Tod" (V. 26) und als „Fremdherrschaft" (V. 25 b.27 b) zu erleiden. Es ist ein Schrei um Erfahrung nicht mehr des allmächtigen (vgl. V. 2–9), sondern des allgütigen Gottes, mit dem der Psalm schließt. Schließt er also ungetröstet? Dieser Schrei, der aus den Warum- bzw. Wozu-Fragen von V. 24–25 aufsteigt, *sucht* den lebendigen Gott und kommt deshalb aus einer Ur-Bindung, die in Israels Ursprüngen gründet. Israel ist, wie die Exodusüberlieferung festhält, im Leid geboren – aus dem Mit-Leiden JHWHs (vgl. Ex 3,7 b). *Das* ist die Erinnerung, in der das Geheimnis der Erlösung Israels und aller Leidenden beschlossen ist.

Auf der Ebene der Redaktion des Psalmenbuches muß Ps 44 als Teil der ersten Korachitensammlung Ps 42–49 gelesen werden. Demnach sind die Psalmen 45–48 als „Antwort" auf den Schrei nach Gott von Ps 44 zu lesen. Schon der Nachbarpsalm 45 gibt eine erste grundlegende Antwort: Der in Ps 45 (auf der Ebene des Endtextes) als Tochter Zion dargestellten Gottesstadt wird zugerufen, daß für sie eine neue Phase ihrer „Lebensgeschichte" beginnt, weil „der König" (die „neue" messianische Dynastie oder der Gott-König JHWH selbst) nach ihrer Schönheit und Liebe verlangt und sie zur Mutter vieler Söhne machen will. Daß Ps 45 eine Antwort auf Ps 44 sein will, hat übrigens auch der Midrasch zu den Psalmen herausgearbeitet.

Psalm 44 muß aber auch in den Horizont der zweiten Korachitensammlung Ps 84–85; 87–88 gerückt werden (vgl. dazu schon oben III. zu Ps 46). Die beiden Sammlungen, die sich als „Schale" um Ps 50–83 legen, sind in ihrer thematischen Struktur miteinander parallelisiert: Ps 42/43 hat seine Entsprechung in Ps 84, Ps 44 ist auf Ps 85 bezogen (vgl. die Stichwortaufnahmen 44,4; 85,2: „du hattest Gefallen an ihnen"; 44,27: „löse uns aus um deiner Güte willen" – 85,11: „Güte und Treue begegnen sich"; 44,13; 85,9: „dein/sein Volk"; vgl. auch 44,8 mit 85,8), Ps 45–48 wird in Ps 87 gebündelt, Ps 49 steht in Entsprechung zu Ps 88. Von dieser Kompositionsidee, die hier nur angedeutet werden kann, ist die in Ps 85 referierte Gottesrede „die eigentliche" Antwort auf den Hilfeschrei von Ps 44,24–27:

„Ich will hören, was Gott redet:
JHWH, ja er redet Frieden
zu seinem Volk und zu seinen Frommen,
und zu den Götzen sollen sie nicht mehr sich wenden!
Gewiß, nahe ist seine Rettung denen, die ihn fürchten,
daß in unsrem Lande wohne seine Herrlichkeit.
Güte und Treue begegnen sich,
Gerechtigkeit und Frieden küssen sich" (Ps 85,9–11).

VIII. Vergebung der Sünden

Das biblische Israel hat begeistert von der guten Welt des guten Gottes erzählt und gesungen. Es hat die Menschen als Abbilder Gottes definiert. Es hat sich selbst als „Kronjuwel" (Ex 19,5), ja als „Augapfel" (Dtn 32,10; Sach 2,20; vgl. Ps 17,8) seines Gottes verstanden. Begeisterter als Israel hat wohl kaum jemand von sich selbst, von seinem Land, von der Erde und vor allem von seinem Gott geredet: „Und Gott sah alles, was er gemacht hatte: siehe, sehr gut ist es!" (Gen 1,31). Ja, „Gott hat das Ganze schön gemacht zu seiner Zeit" (Koh 3,11), das war sogar noch die „Erkenntnis" des Skeptikers Kohelet, dem der naive Optimismus seiner Weisheitskollegen auf die Nerven ging.

Aber zugleich und spannungsreich daneben muß festgehalten werden: Realistischer und offener hat auch kaum jemand über die Sünde Israels und der einzelnen Menschen geredet als das biblische Israel. Israel ist nie dem Unschuldswahn verfallen, der die Sünde verdrängt und beschönigt. Israel hat weder seine Ursprünge glorifiziert noch seine Geschichte mystifiziert. Die Erzähler und die Propheten, die Weisheitslehrer und die Psalmendichter wußten um das Rätsel des Bösen und um den Hang der Menschen zum Bösen. Sie haben die Verantwortung der Menschen betont, und sie haben die Sünde konkret beim Namen genannt. Niemand haben sie davon ausgenommen. Sie haben weder ihre Könige geschont noch ihre „heiligen" Stammväter Abraham, Isaak und Jakob. Und Mose, Aaron und Mirjam haben sie mit und in ihrer Sünde behaftet. Mehr noch: Die biblische Überlieferung Israels wußte um das, was wir heute die soziale und die strukturelle Sünde nennen. Immer und immer wieder hat sie die Menschen mit der destruktiven, widersinnigen Macht der Sünde konfrontiert. Und sie hat die sündigen Menschen aufgerufen, die Wege der Sünde zu verlassen. Sie hat die Wege gewiesen zur Umkehr!

Vor allem aber hat die Überlieferung Israels eingeschärft, daß die Sünde Gottes-Verweigerung, Selbst-Verfehlung und Zerstörung der gott-gegebenen Lebensordnungen ist: eine Störung des Lebens, die Gott, der Liebhaber des Lebens (vgl. Weish 11,26), nicht hinnehmen will und kann – um des Lebens willen! Deshalb schleudern die Propheten und die Erzähler den Sündern das Nein des Zornes Gottes entgegen. Dieses Nein macht die Schwere der Sünde und ihren Widerspruch zur Liebe Gottes offenbar. Aber dieses Nein zur Sünde ist zutiefst ein Ja zum Sünder – eben des biblischen Gottes, der nicht den Tod des Sünders will, sondern daß er umkehrt und lebt (vgl. Ez 18,23). Der biblische Gott spricht das Urteil über die Sünde und den Sünder, aber er verurteilt nicht – sondern „vergibt" die Sünde. Weil er der liebende Gott ist, dessen „mütterliches Herz" sich gegen den „väterlichen Zorn" wendet (vgl. Hos 11,1–9), kämpft er mit seinem Volk und mit dem einzelnen um einen „Ausweg" aus dem Unheilszusammenhang, den die Sünde auslöst. Indem er gerade den Sünder *als Sünder* seine Zuwendung erfahren läßt, ermöglicht er ihm einen Neuanfang. Das ist das Geheimnis des Neuen Bundes, der die Mitte des Ersten Testamentes ist, wie *auch* aus den drei Psalmen hervorgeht, die wir im folgenden auslegen.

Psalm 130

1a *Wallfahrtslied*

1b *Aus Tiefen rufe ich dich, JHWH.*
2a *Herr, höre doch auf meinen Schrei.*
2b *Möchten doch deine Ohren aufmerksam sein*
2c *für meinen Schrei um Gnade.*
3a *Wenn du Schuldverstrickungen bewahrtest, Jah (= JHWH),*
3b *Herr, wer könnte dann Bestand haben?*
4a *Ja, bei dir ist Vergebungsbereitschaft,*
4b *so daß du gefürchtet wirst.*

5a *Ich hoffe auf JHWH,*
5b *es hofft meine Seele,*
5c *auf sein Wort warte ich,*
6a *meine Seele (wartet) auf den Herrn,*
6b *mehr als Wächter auf den Morgen*
6c *(ja mehr als) Wächter auf den Morgen.*
7a *Warte doch Israel auf JHWH!*
7b *Ja, bei JHWH ist Güte*
7c *und viel ist bei ihm Erlösung.*

8a *Er ist es, der Israel erlösen wird*
8b *aus all seinen Schuldverstrickungen.*

Einführung

Anders als Psalm 6 (vgl. dazu oben VII.) ist dieser Psalm wirklich ein „Bußpsalm", ein Schrei aus den tödlichen Wassern (vgl. V. 1b) und aus der ängstigenden Nacht (vgl. V. 6) der Sünde – ein Schrei, dessen Leidenschaft aus der Hoffnung kommt, daß „Gottes Gnade rein nichts ist als Vergebung, und diese den Menschen neu und stark macht" (R. Bultmann). Er ist uns vertraut als Hoffnungspsalm, wenn wir ihn beim Begräbnis unserer Toten singen. Und wir kennen ihn auch als das Psalmenlied „Aus tiefer Not schrei ich zu dir ...", das wir Martin Luther verdanken. Freilich ist die nun in unserem „Gotteslob" abgedruckte Fassung des Lieds (vgl. Nr. 163) nur eine verdünnte Gestalt des in zwei unterschiedlichen Fassungen entstandenen Originals, die die markante reformatorische Theologie aus dem Lied weitgehend (und gezielt?) entfernt hat. Für Luthers Lehre von der Rechtfertigung des Sünders allein aus Gottes Gnaden war Psalm 130, den er wegen seiner theologischen Nähe zum Römerbrief (vgl. bes. Röm 3 und 5) zu den „paulinischen Psalmen" zählte, „einer der kostbarsten und wichtigsten Psalmen, weil er über die Rechtfertigung handelt, jenen Glaubensartikel, von dem gilt: wenn der steht, steht die Kirche, wenn der fällt, fällt die Kirche!"

Durch seinen Anfang, insbesondere in der lateinischen Fassung „De profundis", hat der Psalm in der religiösen und profanen Dichtung eine lebendige Wirkungsgeschichte erlebt, von der Romantik (z. B. C. Brentano) über den Expressionismus (z. B. F. Werfel, G. Trakl) bis zur Gegenwartslyrik (z. B. G. Kunert). Der „Schrei aus der Tiefe", wie immer sich seine Metaphorik entfaltete, wurde als Schrei der Sehnsucht nach Erlösung begriffen und verdichtet, selbst dort noch, wo „Erlösung" als religiöse Kategorie bestritten wurde. Vielleicht rührt dies an das tiefste Geheimnis unseres Psalms, das der unvergeßliche Fridolin Stier in seinem Tagebuch so beschreibt: „Am tiefsten, am heißesten beten wohl, die nicht wissen, daß sie es tun. Es gibt einen de-profundis-clamans-Habitus – ein dauerndes Schreien aus dem Grunde des Wesens, am innersten Ort."

Wie bei den meisten „Wallfahrtsliedern" (vgl. dazu oben VI.) überlagern sich auch in Ps 130 eine individuelle („Ich") und eine Israel-Schicht (V. 7 a.8 ab). Die letztere hebt sich dadurch ab, daß V. 7 a mitten in die zusammenhängenden Hoffnungsaussagen V. 5–7 eine Mahnung einschiebt und daß V. 8 eine endzeitliche und universale Perspektive hat. Die Israel-Schicht bindet auch Ps 130 mit dem Nachbarpsalm 131 enger zusammen (vgl. V. 7 a mit Ps 131,3).

Die „Ich-Schicht" des Psalms, also die Erstfassung, gliedert sich in zwei gleich lange und parallel gebaute Strophen, wobei die erste als Ich-Du-Rede (Anrede JHWHs) und die zweite als Ich-Er-Rede (Rede über JHWH) gestaltet ist. Beide Strophen setzen mit den entscheidenden Handlungsvollzügen des Beters ein, die sich gegenseitig deuten (Rufen ist Hoffen und umgekehrt!) Beide Handlungen suchen JHWH und gründen zugleich in ihm, wie die beiden strukturell sich entsprechenden Zeilen V. 4 a und V. 7 b festhalten. Beide Zeilen sind mit der bekräftigenden Partikel „ja, fürwahr" eingeleitet und machen eine Aussage über JHWHs innerstes Wesen („bei dir ist", „bei ihm ist"). Die theologischen Fachbegriffe beider Strophen geben dem Psalm ein theologisches „Gerüst": „Vergebung" (V. 4 a) geschieht aus „Gnade" (V. 2 c); „Erlösung" (V. 7 c) geschieht aus „Güte" (V. 7 b).

Von seiner theologischen Prägung her ist der Psalm frühnachexilisch, insbesondere in seiner radikalen Aussage über die allgemeine Sündenverstrickung aller Menschen (vgl. V. 3) und in der Deutung von Erlösung als Vergebung (vgl. in der Zusammenschau von V. 4 a und V. 7 c). Die Erweiterung ist ein Hoffnungsanruf, der die für die Redaktion des Wallfahrtspsalters charakteristische Notsituation Israels widerspiegelt.

Auslegung

Mit einer metaphorischen Ortsangabe, die die Situation des Beters angibt, setzt der Psalm ein (V. 1b): Er versinkt in „Wassertiefen", die über ihn zusammenschlagen und aus denen er sich nicht mehr retten kann. Er ist umspült von Chaos- und Todeswassern (vgl. Jes 51,10; Jon 2,3), die ihn in die Tiefe ziehen (vgl. Ps 69,3) – weg aus der Gemeinschaft der Menschen und weg von der Nähe Gottes. Was ihm geblieben ist, ist sein Schrei nach JHWH (V. 2a). Es ist ein Schrei der Klage, die sich mit der Situation nicht abfinden will, und ein Hilferuf, der aus dem Vertrauen aufsteigt, daß da ein Gott ist, der hört (V. 2b). Er klagt freilich kein Recht ein, sondern er schreit nach Gnade und Erbarmen (V. 2c).

V. 3 sagt in verallgemeinernder Form, worin die tiefe Not des Beters besteht. Er ist in den Strudel der Todeswasser geraten, weil er gesündigt hat und die Last seiner bösen Tat am eigenen Leibe und an der eigenen Seele erleidet. Er erfährt die selbstzerstörerische Macht der Sünde, aus deren Teufelskreis keiner sich selbst befreien kann. Das Unheil, das der Sünder wirkt, entfaltet eine Dynamik, die auch ihn selbst niederwirft (vgl. Ps 38,5; 65,4; 107,17) und in seiner Personmitte vernichtet (vgl. Ps 40,13). Wenn JHWH darüber wachen würde, daß der Zusammenhang von Untat und Unheil immer wirksam bleibt, könnte kein Mensch Bestand haben. Das ist einer der radikalsten Sätze der ganzen Bibel: Jeder Mensch *ist* Sünder, als Sünder verweigert er sich dem Heil und zerstört sich selbst und die anderen (vgl. Gen 6,5.11f). Aber V. 3 deutet auch an, daß Gott diese aus Sünde kommende Todesverfallenheit unterbrechen kann und will (vgl. Gen 8,21f; 9,11–15), weil sein innerstes Wesen, wie V. 4a herausstellt, „Vergebungsbereitschaft und Vergebung" ist. Dieser Begriff (und damit diese Eigenschaft) wird alttestamentlich nur von Gott ausgesagt. Daß er allein die Selbstvernichtungsmechanismen des schuldiggewordenen Menschen aufheben will und kann, gründet in seiner Göttlichkeit, die Neh 9,17 so definiert: „Du bist ein Gott der Vergebungen" (Plural der unbegrenzten Fülle!).

Gerade das Bittgebet in Neh 9 zeigt, daß göttliche Vergebung mehr ist, als daß Gott großzügig Sünden nicht „beachtet" (so die „Einheitsübersetzung" in V. 3). Wenn er vergibt, heißt das, daß er positiv der zerstörerischen Macht der Sünde Einhalt gebietet, indem er sich in Gnade (V. 2c) dem schuldverfallenen Menschen zuwendet, um ihm Leben in „Gottesfurcht" (V. 4b) zu ermöglichen, d.h. Leben in einem erneuerten und erneuernden Treueverhältnis (zu dieser Bedeutung von „Gottesfurcht" vgl. bes. Dtn 10,20). „Vergebung" bedeutet also gottgewirkte Erneuerung der vom Menschen gestörten Bundesgemeinschaft; „Vergebung" ist das göttliche Lebensprinzip des „Neuen Bundes" (vgl. die Auslegung der beiden folgenden Psalmen 51 und 103 sowie Jer 31,34 bzw. Jes 55,7; Jer 5,1; 33,8; 36,3; 50,2). Nach der Gnade des erneuerten Bundes schreit dieser „alttestamentliche" Mensch. Ja, wer könnte „Bestand haben" ohne die Gnade des „neuen Bundes", von und aus der Israel und die Kirche, ja alle Menschen immer schon leben?

In der zweiten Strophe reflektiert der Beter seinen Schrei nach Vergebung und deutet ihn als Vollzug von Hoffnung. Er wirft JHWH seinen Hoffnungsschrei entgegen, um sich an ihm aus den Wassertiefen emporziehen zu lassen (V. 5a). Er hofft als ein „Wartender", der voller Spannung auf ein rettendes Wort seines Gottes wartet. Daß Gott seinen Schrei aus den Tiefen hört – und antwortet und ihm so mitten im Dunkel und in der Verlassenheit zeigt, daß er nicht allein ist, das ist die Gewißheit, die ihm Kraft gibt. Was immer dieses antwortende Wort Gottes sein mag, es wird – das ist die Überzeugung, die ihn hält – das Wort des Exodusgottes sein, der aus Güte Versklavte und Verurteilte „freikauft" (V. 7 bc). Das Wort „Erlösung" von V. 7 c stammt aus dem Handelsrecht; vor allem im Buch Deuteronomium (z. B. Dtn 7,7 f) wird damit der Exodus Israels als ein Handeln JHWHs gekennzeichnet, durch das er das versklavte Israel „auslöst", um es als sein kostbares „Eigentumsvolk" anzunehmen – aus Liebe! Solche „Auslösungsbereitschaft" ist das innerste Wesen JHWHs, und zwar in Überfülle (V. 7 c). Auf ein Wort dieses „auslösungswilligen" JHWH wartet der Beter in der Nacht seiner Sünde; er wartet noch viel lebhafter darauf als in Gefahrenzeiten die Wächter einer Stadt auf das rettende Licht des Morgens warten. Von diesem Warten auf das Zu-Kommen Gottes her lebt er!

Die erweiternde Nachinterpretation der „Israel-Schicht" macht mit V. 7 a Israel diesen Schrei nach Erlösung als Aufhebung der tödlichen Sündenmacht zur Aufgabe. Das ist Israels messianische und eschatologische Sendung: Angesichts der Unerlöstheit soll es die Botschaft weitergeben, daß ER erlösen wird, um seiner eigenen Göttlichkeit willen!

Deshalb ist Ps 130 ein Buß- und Hoffnungspalm gerade im Angesicht des Todes. Der Schrei aus den Tiefen des Todes ist die Bitte, Gott möge „Bestand" geben (V. 3) für immer.

Psalm 51

1 *Für den Chorleiter. Ein Psalm Davids,*
2a *als zu ihm kam Natan, der Prophet,*
2b *nachdem er eingegangen war zu Batseba.*

3a *Sei mir gnädig, Gott, nach deiner Güte,*
3b *nach deinem großen Erbarmen lösche aus meine Verbrechen.*
4a *Wasche mich ganz ab von meiner Schuld,*
4b *und von meiner Sünde reinige mich!*
5a *Ja, meine Verbrechen erkenne (bekenne?) ich,*
5b *und meine Sünde ist gegen mich allezeit,*
6a *gegen dich allein habe ich gesündigt,*
6b *und das in deinen Augen Böse habe ich getan,*
6c *so daß du gerecht bist bei deinem Reden,*
6d *daß du makellos bist bei deinem Richten.*
7a *Siehe, in Schuld bin ich geboren,*
7b *und in Sünde hat mich empfangen meine Mutter.*
8a *Siehe, Wahrheit willst du im Innersten,*
8b *und im Verborgenen läßt du mich Weisheit erkennen.*
9a *Entsündige mich mit Ysop, daß ich rein werde,*
9b *Wasche mich, daß ich weißer werde als Schnee!*
10a *Laß mich hören Wonne und Freude,*
10b *es sollen jauchzen die Knochen, die du zerschlagen hast.*
11a *Verbirg dein Angesicht vor meinen Sünden,*
11b *und alle meine Schuld lösche aus!*
12a *Ein reines Herz erschaffe mir, Gott,*
12b *und einen festen Geist erneuere in meinem Inneren.*
13a *Nicht wirf mich weg von deinem Angesicht,*
13b *und deinen heiligen Geist nimm nicht von mir.*
14a *Laß mir wiederkehren die Wonne deines Heils,*
14b *und mit einem willigen Geist stütze mich.*
15a *Ich will lehren die Verbrecher deine Wege,*
15b *daß die Sünder zu dir zurückkehren.*

16a *Rette mich von Blutschuld, Gott, Gott meines Heils,*
16b *daß meine Zunge juble über deine Gerechtigkeit.*
17a *Allherrscher, öffne meine Lippen,*
17b *daß mein Mund verkünde dein Lob.*
18a *Denn du willst nicht ein Schlachtopfer,*
18b *ich würde es geben,*
18c *an einem Brandopfer hast du kein Gefallen.*
19a *Opfer Gottes sind ein zerbrochener Geist,*
19b *ein zerbrochenes und zerschlagenes Herz, Gott, verachtest du nicht.*

20a *Tue Gutes in deinem Wohlgefallen an Zion,*
20b *baue die Mauern Jerusalems wieder auf!*
21a *Dann wirst du Gefallen haben an Schlachtopfern der Gerechtigkeit,*
21b *an Brandopfer und an Ganzopfer,*
21c *dann wird man opfern auf deinem Altar Stiere.*

Einführung

Die Redaktoren haben diesen Psalm programmatisch an den Anfang des zweiten „Davidpsalters" (Ps 51–72) innerhalb des Psalmenbuchs gestellt. In diesem Psalm, der mehrere sprachliche Anklänge an die Erzählung 2 Sam 11–12 über die Sünde Davids aufweist (vgl. bes. 51,6a mit 2 Sam 12,13; 51,6b mit 2 Sam 12,27) und sich deshalb zur „Davidisierung" geradezu anbot, sahen die Überlieferer eine Identifikations- und Hoffnungsfigur par excellence: Dem David, der seine Sünde weder beschönigt noch verdrängt, sondern vor Gott bekennt und bereut, verzeiht Gott – und stiftet so Hoffnung für jeden Israeliten, der den Weg der Sünde verläßt und zu Gott zurückkehrt. Darin ist der David der Psalmen eine „messianische Gestalt", daß er die Sünder zur Umkehr ruft! Bei aller Idealisierung Davids hat die Überlieferung diesen Aspekt im Davidbild festgehalten: An David soll Israel lernen, daß der, der steht, fallen kann, aber auch daß, wer gefallen ist, von der Barmherzigkeit Gottes wieder aufgerichtet werden kann, mehr noch: „neu geschaffen werden kann" (vgl. 51,12).

Daß und wie David als Sünder zum Zeugen der Barmherzigkeit JHWHs vor allen Völkern wird, sagt der Babylonische Talmud (Makkot 24a) unter Hinweis auf Ps 51,6a (wobei das Bekenntnis – was vom hebräischen Wortlaut her möglich ist – so verstanden wird: „für dich allein ...") folgendermaßen: „Mit wem können wir David vergleichen? Mit einem Mann, der eine Verletzung erlitten hatte und zu einem Arzt kam. Der Arzt wunderte sich und sprach: ‚Wie schwer ist deine Verwundung, du tust mir sehr leid!' Da sagte der Mann: ‚Weshalb bedauerst du mich? Kommt dir meine Verwundung nicht zustatten? Du solltest dich doch eher über deinen Lohn freuen.' So sagte David zu Gott: ‚Für dich allein habe ich gesündigt. Wenn du zu den Sündern sprichst: warum kehrt ihr nicht zurück, und du nimmst mich in Gnaden auf, und sie sehen es, dann werden sich dir alle unterwerfen, und ich werde für alle Zeugnis ablegen, daß du die Bußfertigen wieder aufnimmst.' Deshalb sprach Gott (Jes 55,4): ‚Siehe, zum Zeugen für die Völker habe ich ihn bestellt.'"

In der christlichen Überlieferung, wo er gerne mit dem Anfangswort der lateinischen Übersetzung als „Miserere-Psalm" bezeichnet wird, gehört der Psalm zu den sieben kirchlichen Bußpsalmen, ja er avancierte zum biblischen „Beichtgebet" schlechthin. Die betende Doppelbewegung, die sich in seinen beiden Teilen V. 2–11 (Bitte um Vergebung) und V. 12–19 (Bitte um Neuschöpfung) vollzieht, macht den Psalm in der Tat zu einem Gebet, das dazu einlädt, sich vorbehaltlos und ganz dem reinigenden, rettenden und schöpferischen Feuer des barmherzigen Gottes auszusetzen. Der Maler und Graphiker Georges Rouault hat in seinem 57 Blatt umfassenden Zyklus „Miserere" die Leidenschaft nachempfunden, mit der dieser Psalm an der Last der Sünde leidet und im Aushalten dieses Leids im Angesicht Gottes den Anfang neuen Lebens verheißt. Dieser Psalm weiß um das Dunkel der Sünde, aber er weiß noch mehr um den Lichtstrahl der Gnade!

Der Psalm inspiriert sich an den großen prophetischen Verheißungen der Neuschaffung des Herzens (vgl. Ez 11,14–20; 36,24–28) und der Vergebung der Sünden durch den bundeswilligen Gott (vgl. Jer 31,31–34). Er spielt auch auf die Sinaiüberlieferung (vgl. Ex 34,6f) an. Seine Opferkritik (vgl. V. 18f) setzt die prophetische Opferkritik (vgl. besonders Jes 1,11–17; Jer 6,20; Am 5,21–24; Mi 6,6–8) voraus. Dies alles spricht für eine Entstehung des Psalms in nachexilischer Zeit. Wann der Psalm seine Endgestalt erhalten hat, hängt vom Verständnis des auf eine spätere Erweiterung zurückgehenden Abschnitts V. 20–21 ab. Wer das Thema „Wiederaufbau der Mauern Jerusalems" (vordergründig) historisch versteht, wird den Psalm vor dem um 450 v. Chr. erfolgten Wiederaufbau der Stadtmauern von Jerusalem unter Nehemia ansetzen. Wer hier hingegen eine Bitte um die eschatologische Wiederherstellung der Gottesstadt sieht, wie dies auch in der späten prophetischen Literatur aufscheint, wird den Psalm entsprechend später ansetzen.

Auslegung

Der Psalm hat ein sehr individuelles Profil. Zwar kann man versuchen, in ihm die typischen Elemente eines Klagepsalms auszumachen: Anruf Gottes (V. 2–3), Bekenntnis der Schuldverstrickung als Notschilderung (V. 5–8), Bitte um Sündenvergebung und Erneuerung als Bitte um ein Ende der Not (V. 9–14), Lobgelübde (V. 15–19), doch wird dies weder der den ganzen Psalm durchziehenden Bitt-Struktur (beachte die vielen Imperative!) gerecht, noch ist hier die einen Klagepsalm kennzeichnende Auseinandersetzung mit Gott und mit den Feinden (sie fehlen im Psalm überhaupt!) gegeben. So wird man den Psalm am ehesten als „Bittgebet eines einzelnen" bestimmen, dessen beide Teile V. 3–11 und V. 12–19 nicht nur durch ihre jeweils unterschiedliche Thematik (Befreiung von Sünde bzw. Neuschaffung), sondern auch durch literarische Rahmung angezeigt werden: Die den ersten Teil eröffnende Bitte „lösche aus mein Verbrechen" beschließt auch diesen Teil, wobei durch die Totalitätsangabe der zusammenfassende Charakter unterstrichen wird: „und alle meine Schuld (im Hebräischen steht hier sogar der Plural!) lösche aus!" Auch der zweite Teil ist semantisch gerahmt: Die anthropologischen Begriffe „Herz" und „Geist", mit denen dieser Teil beginnt, beschließen ihn auch (in spiegelbildlicher Reihenfolge!). Beide Teile werden auch jeweils mit der Anrufung Gottes eröffnet; nach einer nicht unbegründeten Hypothese stand statt des Gattungsbegriffs „Gott" hier ursprünglich der Gottesname JHWH (so auch in V. 16a.19b). Beide Teile, die Gottes reinigendes und erneuerndes Handeln am Beter erflehen, sind insofern von einer parallelen Dynamik bestimmt, als sie beide die Freude und den Jubel als Zeichen der Zuwendung Gottes anzielen.

Der erste Teil wird eröffnet mit dem Appell (V. 3–4) an den Sinaigott, der sich in Ex 34, 6 f selbst so definiert: „JHWH ist ein barmherziger und gnädiger Gott, langmütig und groß an Güte ... vergebend Schuld und Verbrechen und Sünde". Diese drei Eigenschaften JHWHs, die die Großzügigkeit eines Höheren gegenüber seinem Untergebenen („Gnade"), die selbstlose und opferbereite Solidarität zwischen Verwandten und Liebenden („Güte") und die durch nichts zu zerstörende Bindung von Eltern an ihre Kinder („Erbarmen") in dem einen JHWH vereinigen, sind die von der Geschichte JHWHs mit seinem Volk vorgegebenen Erfahrungen, denen sich der Beter unter der Last seiner Schuldverstrickung aussetzt.

Mit den drei wichtigsten Begriffen für Sünde, die auch andernorts in dieser Trias begegnen (vgl. Ps 32, 1 f; 103, 10.12 sowie Lev 16, 21), werden die unterschiedlichen Dimensionen von Sünde gebündelt, die sich in der Realität freilich vermischen. „Verbrechen" *(pæš)* meint die Auflehnung und den Verstoß gegen die grundlegende Lebens- und Heilsordnung Gottes (vgl. Gen 3). „Schuld" *(ʿāwōn)* ist die Zerstörung und der Schaden, die man anrichtet und die einen dann auch selbst bedrohen (vgl. Gen 4). „Sünde" *(ḥaṭāʾt)* bezeichnet das Abweichen vom richtigen Lebensweg und die Verfehlung des aufgetragenen Zieles; dieser Begriff wurde zunehmend zum Begriff für Sünde als Verstoß gegen JHWH.

Durch die drei Verben, mit denen der Beter JHWH um Befreiung von seiner vielschichtigen Schuld bittet, wird diese als Schmutz qualifiziert, der seinen Lebensraum, seine Kleider, ja sein Inneres beschmutzt. Dementsprechend bittet er darum, daß Gott diesen Unrat „wegwischt", wie man eine Schüssel auswischt (vgl. 2 Kön 21, 13), daß er den Beter gründlich abwäscht, wie man Kleider auswäscht (vgl. Ex 19,10), und daß er ihn bis ins Innerste davon reinigt, wie man die Metalle durch einen Schmelzprozeß läutert (vgl. Mal 3,3).

In einem entfalteten Sündenbekenntnis (V. 5–8) breitet der Beter sodann die ganze Not seiner sündigen Existenz vor seinem Gott aus. Jenseits aller Versuche, Schuld abzuschieben oder zu verharmlosen, kommt hier die ganze Ambivalenz menschlichen Lebens zur Sprache, die auch die biblische Urgeschichte durchzieht: Der Hang zum Bösen (vgl. Gen 8,21) sowie die Verweigerung gegenüber dem Nächsten (vgl. Gen 4) und gegenüber Gott (vgl. Gen 3) stecken zutiefst in jedem Menschen – gewissermaßen vom ersten Augenblick seiner Existenz an, wie V. 7 sagt (V. 7 ist natürlich keine Aussage über den Vorgang der Zeugung usw. als „Sünde"!). Was den Beter besonders belastet, ist aber, daß er in seiner Sünde „gegen seinen Gott allein" sündigt. Damit ist nicht gemeint, daß er nicht um die Schuld gegenüber Menschen weiß (das wäre ein alttestamentlich unvorstellbarer Gedanke!). Im Gegenteil, hier wird Schuld am Nächsten und an der Gemeinschaft radikalisiert als „Sünde an Gott allein" (vgl. ähnlich Gen 39,9; Jer 22,16). Wer die Menschenwürde und die Menschenrechte verletzt, verletzt Gottesrecht – das war besonders die These der Propheten!

Die erneute Bitte um Befreiung vom Makel der Sünde (V. 9–11) setzt gegenüber der Anfangsbitte (V. 2–4) noch tiefsinniger an. Mit der bildhaften Anspielung auf die rituelle Reinigung der Aussätzigen (vgl. Lev 14) sowie der durch die Berührung mit Toten in den gefährlichen Machtbereich des Todes Geratenen (vgl. Num 19) wird einerseits die Sünde in ihrer ansteckenden (Aussatz) und tödlichen Destruktivität gekennzeichnet, andererseits wird aber gerade dem gütigen und barmherzigen Gott zugetraut, daß er von dieser Krankheit und von diesem

Tod befreien und neue Lebensfreude (V. 10) schenken kann.

Mit einer Kette von Bitten (V. 12–15), die auf die Verheißung des Ezechielbuchs, wonach JHWH sein Volk reinigen (vgl. den ersten Teil unseres Psalms) und ihnen ein neues Herz und einen neuen Geist geben wird, damit sie seine Tora leben können (vgl. Ez 11,19f; 36,24–28), anspielen, erfleht der Beter eine derart fundamental ansetzende und tief greifende Rettung aus der beklagten Schuldverstrickung, daß er dafür zu Recht die beiden Verben „schaffen" und „erneuern" (V. 12) gebraucht. Angesichts der den Menschen vom ersten Augenblick seiner Existenz an bedrohenden tödlichen Krankheit „Sünde" bittet er darum, daß Gott ihn von der Mitte seiner Existenz her neu schaffen möge.

„Herz" und „Geist" sind nach alttestamentlichem Denken die beiden Grundkräfte, aus und mit denen der Mensch lebt. Das „Herz" *(leb)* ist dabei der Sitz der (praktischen) Vernunft. Das Herz ist das „Organ", mit dem der Mensch die Welt- und Lebensordnung erfaßt. Das Herz ist vor allem das Organ, mit dem der Mensch Gott hört und sich ihm öffnet. Von daher wird verständlich, wieso der junge Salomo, als Gott ihm (wie im Märchen) die Erfüllung eines Wunsches gewährt, bittet: „Verleihe deinem Knecht ein hörendes Herz, damit er dein Volk zu regieren und das Gute vom Bösen zu unterscheiden versteht" (1 Kön 3,9). Dagegen ist „Geist" *(rūaḥ)* das Zentrum der Lebenskraft und des Willens. Am „Geist" hängen gewissermaßen Leben und Tod. Wer „Geist" hat, hat Anteil an Gottes „Geist", der durch den „Geist" den Menschen befähigt, an seiner Stelle (als Prophet, als König, als Charismatiker) zu reden und zu handeln.

Es ist also nichts Geringes, um was der Beter von Ps 51 angesichts seiner leidvollen Erfahrung mit seinem „bloßen" Menschsein bittet: Er bittet darum, daß Gott ihm ein „reines *Herz*“ schaffen möge, damit er die Lebensordnungen, ja das Gottgeheimnis voll erfassen kann. Und noch mehr bittet er um den rechten *„Geist“* (gleich dreimal!), damit er das mit dem Herzen Erkannte auch wirklich konsequent („fester Geist“) und mit Hingabe, ja mit Liebe („williger Geist“) tun kann. Wenn Gott seinen „heiligen Geist“ in ihm wirken läßt, kann er „heilig“ leben, d. h. in jener intensiven Lebensgemeinschaft mit dem heiligen Gott, daß die Sünde gegen Gott (und gegen die Menschen) unmöglich wird. Durch Gottes „heiligen Geist“ wird ein Leben nach der im Heiligkeitsgesetz verkündeten Maxime „Seid heilig, weil/wie ich, euer Gott, heilig bin!“ (vgl. Lev 19,2) Wirklichkeit. Mit diesen Bitten bittet der Beter letztlich um die Gnade des Neuen Bundes – und dies nicht nur für sich, sondern auch für die anderen „Verbrecher“ und „Sünder“ (V. 15).

Noch einmal setzt der Beter mit seiner Bitte um Befreiung von der zerstörerischen Macht der Sünde an (V. 16–19; Neueinsatz markiert mit der Anrede „Gott“). Er greift das Verbum „herausreißen, retten“ auf, mit dem die großen Befreiungserfahrungen Israels gefeiert werden (vgl. Ex 3,8; 5,23; 6,6; 18,8.10; Ri 6,9; 1 Sam 10,18), und bittet mit ihm darum, aus der „Blutschuld“ der Sünde, d. h. aus dem tödlichen Kreislauf der Lebensvernichtung, in den die Sünde stürzt, herausgerissen zu werden.

Die für uns eigenartige Rede von der „Blutschuld“ der Sünde spielt auf eine Rechtspraxis an, die ein schweres Vergehen mit der Todesstrafe ahndete. Eine andere Wurzel dieser Rede ist die urtümliche Vorstellung, daß das gewaltsam vergossene Blut nach Vergeltung („Blutrache“) schreit (vgl. Gen 4,10 sowie die Redewendung „das Blut komme über sein/unser Haupt“ [Jos 2,19; 2 Sam 1,16; 1 Kön 2,37; Mt 27,25]). Errettung aus „Blutschuld“ meint hier also nicht nur Errettung aus „blutigem Strafgericht", sondern Rettung vor allem Tun, das zu einem solchen „Strafgericht" führen könnte. Letztlich zielt die Bitte auf die Rettung vor der tödlichen Knechtschaft der Sünde und auf die „Erlösung von dem Bösen". Wo solches geschieht, begegnet der Mensch „dem Gott des Heils" und Gottes „Gerechtigkeit", er erfährt seinen Gott als den, der nicht den Tod des Sünders will, sondern daß er sich zu ihm wendet und darin Leben und Freude findet (vgl. Ez 18,1–32; 33,10–20).

Auf Rettung aus tödlicher Gefahr antwortete der Gerettete mit einem Dankopfer (vgl. Noach nach der Sintflut [Gen 8,20] sowie die Dankopferversprechen in den Psalmen [54,8 f; 66,13–15; 116,17–19 u. ö.]), bei dem er zugleich JHWH als den guten Rettergott feierte und verkündete (vgl. Ps 22,23; 26,12; 35,18 u. ö.). Unser Psalm aktualisiert in V. 18 die prophetische Opferkritik, die statt der Opfer den Gottesgehorsam und das Tun von Recht und Gerechtigkeit fordert (so auch die Weisheit [vgl. Spr 15,8; 21,3.27; 28,9 sowie bes. Sir 34,21–35,22]). Zugleich stößt der Psalm in V. 19 (ähnlich wie Ps 40,7–10; 69,31 f) zu einer „neuen" Opfertheologie durch: Nicht irgendwelche Gaben, die den Geretteten „symbolisieren" sollen, sondern *sich selbst* als den an Herz und Geist erneuerten Menschen übergibt er seinem Gott. Das ist das Opfer, das Gott als den Schöpfer und Retter verkündet und an dem Gott Wohlgefallen hat: Daß der selbstgefällige, hartherzige und hochmütige Sünder sich von ihm „zerbrechen" läßt und vor ihm „klein und arm" wird, (zu diesem Verständnis von V. 19 vgl. bes. Ez 6,9; Ps 34,19).

Der Psalm schließt in V. 20–21 mit der Vision von der eschatologischen Erneuerung des Zion. Da ist zunächst die Bitte, JHWH möge die Zeit seines „Wohlgefallens" anbrechen lassen und Jerusalems Mauern wieder „bauen". Das ist die Topik, mit der die nachexilische

Theologie, insbesondere die jesajanische Schule, davon träumt, daß JHWH den Zion zu einem Ort des Heils und der Gerechtigkeit macht – nicht nur für das bedrängte und zerstreute Gottesvolk Israel, sondern für alle Völker. Das ist die Botschaft, die der mit dem „Geist Gottes" erfüllte Gottesknecht in Jes 61 (vgl. die Aufnahme durch Jesus nach Lk 4, 18 f) verkündet: „Er hat mich gesandt, damit ich den Armen eine frohe Botschaft bringe und alle heile, deren Herz zerbrochen ist, ... damit ich ein Jahr des Wohlgefallens JHWHs ausrufe, ... damit ich alle Trauernden tröste, die Trauernden Zions erfreue, ihnen Schmuck bringe anstelle von Schmutz, Freudenöl statt Trauergewand, Jubel statt Verzweiflung. Man wird sie ‚Die Eichen der Gerechtigkeit' nennen, ‚Die Pflanzung, durch die JHWH seine Herrlichkeit zeigt'. Dann bauen sie die uralten Trümmerstätten wieder auf ..." (Jes 61, 1–4; vgl. zum Motiv vom eschatologischen „Bau" der Gottesstadt u. a.: Jes 58, 12; 60, 10; 62, 7 sowie Ps 102, 17; 147, 2; Tob 13, 17 f; 14, 5 f).

Hier geht es um mehr als um den Aufbau der Stadtmauern von Jerusalem als einer militärisch-defensiven Anlage. Dies ist vielmehr die Bitte, JHWH möge Jerusalem „ bauen" als „Stadt der Gerechtigkeit" (vgl. Jes 1, 26 f) und als „Gottesstadt", auf dem Zion, von der Heil und Frieden ausgeht (vgl. Jes 2, 1–5; Ps 46.48). In einer so erneuerten Gottesstadt, deren Bewohner sich als von Gott aus ihrer Schuldverstrickung Gerettete und als Neugeschaffene erfahren (vgl. V. 12–19), wird JHWH seine Freude haben an den „Schlachtopfern der Gerechtigkeit", die nicht mehr unter die prophetische Kritik fallen. Diese Schlachtopfer sind dann Anerkennung und Dank für die Gegenwart des „Gottes der Gerechtigkeit" inmitten seines Volkes, und zwar in doppeltem Sinne: Sie sind öffentliche Anerkennung der Herrschaft JHWHs über die Gottesstadt und über ihre Bewohner.

Und insofern die Schlachtopfer immer verbunden sind mit einem gemeinsamen Opfermahl, realisieren sie die vom Sinaibundesgott (vgl. den Bezug auf Ex 34,6f in V. 3–4) gestiftete und in der Sündenvergebung fortwährend erneuerte soziale Gemeinschaft (Die in V. 21b noch genannten „Brandopfer" und „Ganzopfer", die die vollständige Verbrennung von Tier- und Speiseopfern bezeichnen, wollen noch unterstreichen, daß mit den Opfern die Majestät des in seiner Gottesstadt herrschenden JHWH anerkannt wird; vermutlich handelt es sich, wie auch die poetische und syntaktische Struktur zeigt, um einen nachträglichen Zusatz; auch V. 8 und V. 18b dürften nachträglicher Zusatz sein).

Die Vision von V. 20–21 schließt einerseits gut an V. 3–19 an: Die durch die Sündenvergebung neugeschaffenen Menschen sind in der Tat die „Idealbewohner" des neuen Jerusalem. Andererseits ist V. 3–19 nicht auf V. 20–21 als Höhepunkt hin gestaltet. Im Gegenteil: Zion und Jerusalem ist nirgends im Blick. Und die opferkritischen Aussagen von V. 18–19 stehen eher in Spannung zur Opfertheologie von V. 21. So legt sich die Hypothese nahe, V. 20–21 sei eine „eschatologisierende" Fortschreibung des Psalms, die die Erneuerung durch Sündenvergebung eng mit der Erneuerung des Zion verbindet und auf sie hin transparent macht.

In der Tat: Wo Sünder sich von JHWH neuschaffen lassen, wird das Gottesvolk erneuert. Und wenn dies auf dem Zion und von ihm her geschieht, wird Jerusalem zur Stadt der Gerechtigkeit. Und zwar in einem doppelten Sinn: Wo Sünder vor Gott ihre Schuld bekennen, stellen sie sich unter das gerechte Urteil JHWHs, wie dies V. 6cd sagt. Und wo das Urteil JHWHs angesichts des Schuldbekenntnisses dann die Vergebung und die Rettung des Sünders bedeutet, erweist sich JHWHs Gerechtigkeit als rechtfertigende, heilende Zuwendung; wo dies geschieht, wird JHWH als „Gott des Heils" (V. 16a) erfahren. Sowohl dieser Gottestitel wie auch V. 6cd gehen wahrscheinlich ebenfalls auf die erweiternde Hand zurück, die V. 20–21 angefügt hat. (V. 6cd ist syntaktisch schwierig angeschlossen und steht semantisch-theologisch in Spannung zum eröffnenden Appell an Gottes Güte bzw. Erbarmen; „Gott des Heils" ist ein die Zeile 18a übermäßig längendes Element).

Diese in V. 6cd.18a.20–21 erkennbare Redaktion steht nun in auffallender sprachlicher und theologischer Nähe zum vorangehenden Psalm 50 (vgl. u. a. V. 6cd mit 50,6f; V. 18a mit 50,23; V. 20f mit 51,14.21 als Aufforderung, mit der rechten Haltung Schlachtopfer als Dankopfer darzubringen). Beide Psalmen sind thematisch verwandt: In Ps 50 proklamiert der am Zion den Sinaibund erneuernde (50,5 ist präsentisch zu übersetzen!) JHWH seine Bundes-Gebote, klagt Israel des Bundesbruchs an und fordert zur Umkehr auf. In Ps 51 bekennt ein „Ich" seine Schuld, bittet um Vergebung und verspricht „Opfer der Gerechtigkeit".

Ps 50 ist von der Redaktion gezielt vor Ps 51 gestellt worden (die „Asafpsalmen" 50 und 73–83 legen sich als Rahmen um die Davidpsalmen 51–72!): Er soll nun als die Antwort der Ziongemeinde auf die Gottesreden von Ps 50 gelesen werden. In der Nachfolge Davids (vgl. 51,1–2) bekennt sie ihre Schuld, bittet um Vergebung und Neuschöpfung – und hofft darauf, daß der Ziongott als rettende und neuschaffende Sonne (vgl. 50,2) über dem Zion aufgeht, damit die in 51,19f gesprochenen Bitten, aber auch die in 50,18.23 (jeweils Schluß der Gottesrede) gegebenen Verheißungen sich zu erfüllen beginnen. Ob freilich die „Opfertheologie" von Ps 51,21 oder die von Ps 51,18f die heute zu hörende Botschaft ist, wird nicht so leicht zu entscheiden sein.

Dieser Psalm lebt aus der Verheißung: „So spricht der Hohe und Erhabene, der ewig Thronende, dessen Name ‚Der Heilige' ist: Als Heiliger wohne ich in der Höhe, aber ich bin auch bei den Zerschlagenen und Bedrückten, um den Geist der Bedrückten wieder aufleben zu lassen und das Herz der Zerschlagenen neu zu beleben" (Jes 57,15; vgl. auch Jes 61,1).

Psalm 103

1a *Von David.*

1b *Segne, meine Seele, JHWH*
1c *und alles in mir seinen heiligen Namen.*
2a *Segne, meine Seele, JHWH*
2b *und nicht vergiß alle seine Taten:*
3a *Er ist es, der vergibt all deine Schuld,*
3b *er ist es, der heilt all deine Gebrechen,*
4a *er ist es, der auslöst aus der Grube dein Leben,*
4b *er ist es, der dich krönt mit Güte und Erbarmen,*
5a *er ist es, der dich sättigt mit Gutem, solange du bist,*
5b *daß sich erneuert wie beim Adler (Geier?) deine Jugend.*

6a *Heilstaten tut JHWH*
6b *und Recht allen Unterdrückten.*
7a *Er ließ erkennen seine Wege den Mose,*
7b *die Kinder Israels seine Werke:*
8a *Barmherzig und gnädig ist JHWH,*
8b *langmütig und voller Güte.*
9a *Nicht auf immer streitet er,*
9b *nicht auf ewig zürnt er,*
10a *nicht gemäß unseren Sünden wirkt er an uns,*

und nicht gemäß unseren Schuldverstrikkungen tut er an uns.

11a *Denn so hoch der Himmel über der Erde ist,*
11b *war stark seine Güte über denen, die ihn fürchten.*
12a *So weit der (Sonnen-)Aufgang entfernt ist vom Untergang,*
12b *entfernte er von uns unsere Verbrechen.*
13a *So wie sich erbarmt ein Vater über Kinder,*
13b *erbarmte sich JHWH über die, die ihn fürchten.*
14a *Denn er weiß, was wir für Gebilde sind,*
14b *er ist eingedenk, daß wir Staub sind.*
15a *Das Menschlein, wie Gras sind seine Tage,*
15b *wie eine Blume des Feldes, so blüht er.*
16a *Wenn der Wind über sie hinfährt, ist sie nicht mehr,*
16b *und der Ort, wo sie war, weiß nichts mehr von ihr.*
17a *Doch die Güte JHWHs ist von Ewigkeit zu Ewigkeit über denen, die ihn fürchten,*
17b *und sein Heilswalten über den Kindeskindern,*
18a *über denen, die bewahren seinen Bund*
18b *und die seiner Gebote gedenken und sie tun.*

19a *JHWH, im Himmel hat er gegründet seinen Thron,*
19b *und seine Königsherrschaft herrscht über das All.*
20a *Segnet JHWH, seine Boten,*
20b *Helden der Kraft, die sein Wort ausführen,*
20c *im Hören auf die Stimme seines Wortes.*
21a *Segnet JHWH, all seine Heerscharen,*
21b *seine Diener, die seinen Willen ausführen.*
22a *Segnet JHWH, all seine Werke,*
22b *an allen Orten seiner Herrschaft.*
22c *Segne, meine Seele, JHWH!*

Einführung

Der Psalm ist ein Hymnus auf JHWHs Königtum, dessen tiefstes Wesen er am Sinai geoffenbart hat. Wegen seiner vielfältigen Anspielungen auf Ex 19–34 und das Jesajabuch (Jes 40, 6–8; 57, 16), aber auch auf andere Psalmen (vgl. besonders Ps 25) ist Ps 103 ein „junger" Psalm. Er gliedert sich in drei Teile: Aufgesang (V. 1–5), Hauptteil (V. 6–18) und Abgesang (V. 19–22).

Der zehnzeilige (!) „Aufgesang" setzt mit einer zweifachen Aufforderung des Sprechers an seine „Seele" (Kehle?) ein, JHWH bzw. „seinen heiligen Namen", den er beim Exodus (vgl. Ex 34, 6 f) geoffenbart hat, zu lobpreisen. Diese Aufforderung reicht vom Satzgefüge her bis V. 5. Die Aussagen in V. 3–5 a (im Hebräischen ist es eine partizipiale Reihe) sind eine erläuternde Konkretion der in V. 2 b genannten „Taten" JHWHs. V. 5 b markiert mit seiner anderen Satzform eine Zäsur; die Zeile faßt mit einem Vergleich die Wirkung zusammen, die JHWHs Handeln auslöst: Er schafft wundervolle Erneuerung!

Der Hauptteil wird in V. 6 mit einer allgemeinen hymnischen Prädikation (im Hebräischen steht das Partizip!) eröffnet, die JHWHs Heilshandeln als Parteinahme für alle Unterdrückten festhält – gewissermaßen das Thema des Hauptteils. Daß es dann aber in der Entfaltung des Themas nicht um die Rettung von „äußeren" Feinden oder aus gesellschaftlich-politischer Bedrängnis, sondern um die Befreiung von eigener Schuld, also um „innere" Feinde geht, ist die überraschende Pointe des Psalms. Er spielt mehrfach auf die Sinai-Erzählung Ex 19–34 an (vgl. die Auslegung) und deutet den Sinaibund als „Neuen Bund", d. h. als „Bund der Erneuerung". Dies ist auch die Perspektive von Ex 19–34 auf der (kanonischen!) Ebene des Endtextes.

Die drei Phasen des in Ex 19–34 erzählten Bundesgeschehens, nämlich Bundesschluß auf der Basis des Dekalogs und des sog. Bundesbuchs (Ex 19–24) – Bundesbruch durch die Anbetung des Goldenen Kalbs (Ex 32) – Bundeserneuerung (Ex 33–34), werden in Ex 34,9f präzise auf den Zusammenhang von Bitte um und Zusage von Sündenvergebung gebracht, wobei die Sündenvergebung vom gütigen und barmherzigen JHWH (vgl. Ex 34,6f) als erneute Zusage des Bundes (Ex 34,10a) und als Verkündigung des Gottesrechts (Ex 34,10b–26) zugesprochen wird. Auch wenn in Ex 34 der Begriff „neuer Bund" nicht verwendet wird, steht die in Ex 34,10 verheißene Geschichte Israels als Fortführung des Exodus dezidiert unter der Gnade des Sinaigottes, dessen Güte kein Maß und keine Grenze hat, wie unser Psalm verkündet.

Der Abschnitt V. 6–18 ist seinerseits klar aufgebaut. Nach Themenangabe und Bezugnahme auf die Sinaierzählung (V. 6–7) folgen drei je sechszeilige Unterabschnitte: V. 8–10 bietet eine Variation der „Sinaiformel" (vgl. die Auslegung). V. 11–13 ist eine Komposition von drei Vergleichen über das „Wesen" Gottes, in deren Mitte (!) die Aussage über die Sündenvergebung steht. V. 14–16 bietet Aussagen bzw. Vergleiche über das „Wesen" der Menschen. V. 17–18 schließlich faßt die im Hauptteil entfaltete „Theo-Logie" zusammen; hier fällt nun auch das Stichwort „ Bund". In V. 6–18 überlagern sich Aussagen im Wir-Stil und Aussagen über die Gruppe der JHWH-Fürchtenden. Durch diese pluralische Perspektive hebt sich der Hauptteil deutlich vom Aufgesang ab; der Teil ist durch drei Stichwortbeziehungen gerahmt („tun": V. 6a.18b; „Heilstaten, Heilswalten": V. 6a.17b; „Kinder"; V. 7b.17b).

Mit dem betont an den Zeilenanfang gesetzten Got tesnamen beginnt in V. 19 der zehnzeilige (!) „Abgesang". Thematisch bedeutet er gegenüber dem „Aufgesang" eine Steigerung: Er fordert nun den gesamten himmlischen Hofstaat und alle Werke der Schöpfung zum Lobpreis JHWHs auf (V. 19–22); dabei bilden V. 19b und V. 22b durch das Stichwort „herrschen" eine Rahmung.

Die letzte Zeile ist wortgleich mit der ersten Zeile des Psalms: Wer den Psalm betet und sich von seiner Botschaft ergreifen läßt, wird erfahren, daß sich im staunenden und rühmenden Aufschauen zum Sünden vergebenden Gott eine „Verjüngung" des Lebens vollzieht, wie sie nur Gott schenken kann.

Auslegung

Die zweifache Aufforderung zum „Segensspruch" (Beraka), mit der der Psalm einsetzt, wendet sich an „die Seele" *(næfæš)*, womit ursprünglich vielleicht sogar wörtlich „die Kehle" als Organ des Sprechens (des Atmens, des Essens und des Trinkens: all dies ist im biblischen Sinn „Seele" = Lebensorgan des Menschen) gemeint ist. Der Lobpreis soll, wie das hebräische Verbum anzeigt, eine „Beraka", ein „Segensspruch" sein, d.h. eine rühmende Bezeugung des Segenshandelns JHWHs. Jede Beraka besteht unverzichtbar aus diesen beiden Elementen: Anbetung JHWHs als des wahren Gottes und Erinnerung seiner Taten (V. 1c und 2b).

Die (unendliche) Fülle „all seiner Taten" bündelt der Aufgesang in einer Reihe von fünf Partizipien (V. 3–5a; vgl. dazu auch das fünfmalige Vorkommen des Gottesnamens im Abgesang V. 19–22). Gleich an erster Stelle steht, unter Anspielung auf Ex 34,9, die Vergebung „aller Schuld", wobei das hebräische Wort *'āwōn* die Sünde als (lebens-)zerstörerische Tat und das daraus auch für den Sünder letztlich entstehende Unheil (vgl. unsere Auslegung von Ps 51) bezeichnet. All dies „vergibt" JHWH, womit ein Dreifaches gemeint ist: er konfrontiert den Schuldigen mit seiner Schuld (er ist nicht gleichgültig gegenüber dem Bösen!); er spricht ein Urteil, das den Schuldigen nicht zerstört, sondern zur Abkehr von seinem zerstörerischen Tun motiviert („Urteil", aber keine „Verurteilung"); er läßt den Schuldigen seine Zuwendung und sein Wohlwollen so erfahren, daß Aussöhnung und Erneuerung geschieht (wirksame Vergebung).

Dieses tiefgreifende Geschehen der Sündenvergebung, das dann der Hauptteil des Psalms als „Wesen" des Sinaibundesgottes entfaltet, wird in den weiteren Partizipien und im abschließenden Konsekutivsatz des „Aufgesangs" mit metaphernreicher Sprache umkreist: Sündenvergebung ist Heilung schwerer Krankheit, Herausholung aus dem Grab, Schmückung und Krönung mit Güte und Erbarmen, überreiche Beschenkung mit allem Guten – und vor allem wundervolle „Verjüngung". Wem JHWH Schuld vergibt, der wird ein neuer Mensch. Der Psalm sagt dies in V. 5 b mit einem Vergleich, den wir leider nicht ganz verstehen. Wahrscheinlicher als die Erklärung, der Vergleich habe die Mauserung des Adlers bzw. Geiers (schon die alten Übersetzungen entscheiden sich in griechisch-abendländischer Bewunderung für „Adler"; richtiger ist „Geier" – auch wenn wir dabei meist negative Assoziationen haben!) als „Verjüngung" (bzw. als Erkrankung und Genesung) im Blick, ist die Deutung, daß hier auf den schnellen, kräftigen, hohen und schier unermüdlichen Flug des Geiers angespielt wird: Wo andere Vögel aus Müdigkeit zu Boden gehen, schwingt der Geier sich immer noch durch die Lüfte (vgl. Jes 40,27–31).

Der Hauptteil des Psalms (V. 7–18) erinnert daran,

daß die Hoffnung und die Erfahrung der Leben erneuernden Sündenvergebung, wie sie „die Seele" des Beters von V. 1–5 beschreibt, in der großen Sinaioffenbarung gründet, die „am Ursprung" Israels als Bundesvolk steht. Während in der allgemeinen Gottesprädikation in V. 6, mit der der Hauptteil eröffnet wird und die JHWH als Gott bezeugt, der „den Unterdrückten" zum Recht verhilft, noch die Befreiung aus der pharaonischen Bedrängnis mitgemeint sein könnte (also der „Anfang" des Exodus!), macht V. 7 deutlich: Die eigentliche Befreiung Israels war und ist die Befreiung von der Last der Sünde und die Zusage des „neuen" Bundes vom Sinai.

V. 7 spielt sprachlich und theologisch auf die nach der Sünde des Gottesabfalls (Ex 32: Goldenes Kalb!) von Mose JHWH vorgetragene Bitte an: „Laß mich doch erkennen deine Wege" (Ex 33,13). Und V. 8–10 zitiert dann die dem Mose in Ex 34,6–10 gegebene Antwort auf diese Bitte. JHWH zieht dort oben am Sinai an Mose vorüber und erläutert ihm so buchstäblich „seine Wege", indem er „seinen Namen" ausruft und diesen durch eine Reihe von Aussagen definiert: „JHWH ist ein barmherziger und gnädiger Gott, langmütig und voller Güte und Treue, bewahrend Güte für tausend Generationen, wegtragend Schuld und Verbrechen und Sünde. Er spricht keineswegs einfach frei, er prüft vielmehr die Schuld der Väter an den Kindern und an den Kindeskindern" (Ex 34,6f). Als Mose diese „Selbstdefinition" des Sinaigottes hört, wirft er sich (wie bei einer Königsaudienz) nieder und bittet um Sündenvergebung (s.o.) für das Volk: „Vergib uns unsere Schuldverstrickungen und unsere Sünden und nimm uns als deinen Erbbesitz an" (Ex 34,9). Diese Bitte beantwortet JHWH mit der Bundeszusage, die im Kontext von Ex 19–34 als Zusage der Bundeserneuerung, d.h. als Zusage des „neuen" Bundes zu begreifen ist: „Siehe, ich schließe (erneut) den Bund ...". All dies ist im Hintergrund unseres Psalms.

Allerdings werden gegenüber Ex 34 deutlich neue Akzente gesetzt, die sich aus der prophetischen Theologie inspirieren (vgl. bes. zu V. 7: Jes 57,16, sowie zu V. 13: Jes 49,15; 63,16; Jer 31,9.20; Hos 2,6; 11,1.3.4): Was schon im Aufgesang mit Anspielung auf Ex 34,9 verkündet wird, nämlich daß JHWH alle (!) Schuld vergibt, wird nun dadurch verstärkt, daß aus Ex 34,6f nur der Aspekt der Güte und der Barmherzigkeit JHWHs zitiert und der Aspekt des strafenden Gottes in viermaliger (!) Bestreitung zurückgenommen wird. Möglicherweise sind der Vergleich mit dem Vater, der sich seiner Kinder erbarmt (V. 13) sowie der Hinweis auf JHWHs „Heilswalten über den Kindeskindern" (V. 17) sogar eine gezielte Gegenposition zu Ex 34,7 (vgl. die Stichwortbeziehungen!).

Die „neue" Sinai-Theologie unseres Psalms wird in den beiden je sechszeiligen Unterabschnitten V. 11–13 und V. 14–16 ausführlich begründet (beachte jeweils am Anfang die Partikel „denn"!), zum einen mit den drei Vergleichen über das Wesen JHWHs, das zutiefst unendliche „Güte" und „Barmherzigkeit" ist, und zum anderen mit dem Hinweis auf das Wesen der Menschen, das zutiefst Vergänglichkeit ist. V. 17f faßt die Theologie vom Bund, der von seinem Ansatz her „ewig", d.h. unwiderrufbar ist (vgl. u.a. Jes 54,7–10), nochmals zusammen.

Der Abgesang (V. 19–22) „gründet" die Sinaibundestheologie im uranfänglichen Königtum des Schöpfergottes. Die Sündenvergebung ist der fundamentale Akt, durch den JHWH seine Herrschaft über das All und an allen Orten „stabilisiert". Das war auch die Quintessenz der Gottesreichpredigt Jesu!

Kontext

Wer Psalm 103 als *biblischen* Text lesen und beten will, muß ihn im Zusammenhang seiner Nachbarpsalmen sehen. Das ist nicht erst eine Erkenntnis der kanonischen Psalmenlektüre, die die einzelnen Psalmen als Teil des biblischen Psalmenbuchs begreifen will. Schon die frühe jüdische Exegese hat die Psalmen *so* ausgelegt. Der Midrasch zum Psalmenbuch betrachtet Ps 103 und Ps 104 ausdrücklich als einen übergreifenden Zusammenhang, wenn er die in beiden Psalmen zusammen fünfmal vorkommende Aufforderung „Segne, meine Seele, JHWH" (103, 1.2.22; 104, 1.35) mit den fünf Büchern der Tora vergleicht oder wenn er diese fünf Aufforderungen zu einer mystischen Biographie Davids (des „messianischen" Psalmenbeters!) ausdeutet.

Als David im Mutterschoß war, sprach er 103, 1 („Segne meine Seele JHWH und all mein Innerstes"); als er geboren wurde, betete er 103, 2 („ ... und nicht vergiß all seine Wohltaten!"); als er in seinem Leben viel unterwegs war, sprach er 103, 22 (in verändertem Satzzusammenhang: „an allen Orten seiner Herrschaft lobpreise meine Seele JHWH!"); als er starb und die Herrlichkeit Gottes sah, sprach er 104, 1 („Segne meine Seele JHWH, mein Gott, du bist sehr groß!"); und bei der eschatologischen Vollendung wird er 104, 35 ausrufen: „Verschwinden sollen die Sünder von der Erde und Gottlose soll es nicht mehr geben! Segne meine Seele JHWH. Halleluja!"

Daß Ps 103 und Ps 104 durch die Aufforderungen „Segne meine Seele JHWH!" von der Psalmenbuchredaktion gezielt verklammert werden sollten, läßt sich auch exegetisch aufweisen. Diese Aufforderung „sitzt" nur im Aufgesang 103, 1–5 ursprünglich fest im Text; in 103, 22 c und in 104, 1 a. 35 c ist sie nachträglich gesetzte Rahmung bzw. Verklammerung.

Ps 103 und Ps 104 sind an ihren „Nahtstellen" motivlich verzahnt. Ps 103 schließt im Abgesang mit dem Bild von JHWH, der im Himmel seinen Königsthron errichtet hat und dort umgeben ist von seinen „Boten" und „Dienern", die darauf warten, seine Befehle auszuführen. Mit ebendiesem Bild setzt dann Ps 104, 1–4 ein: Der im königlichen Lichtglanz thronende JHWH beauftragt seine „Boten" und seine „Diener" (dieses Wort kommt im Psalmenbuch nur in 103, 21; 104, 4 vor!), ihn bei der Gabe des Lebens(wassers) an die Erde und alles, was auf ihr lebt, zu unterstützen. Beide Psalmen zeichnen JHWHs Königsherrschaft mit gleichen Stichworten: Er „sättigt mit Gutem" (103, 5; 104, 28) und er „erneuert" das Leben (103, 5; 104, 30). Beide Psalmen betonen, daß die göttliche Lebensgabe insbesondere für die Menschen unverzichtbar ist, weil sie aus sich selbst nur „Staub" sind (103, 14; 104, 29). Beide Psalmen verwenden auch für die von JHWH geschaffene und erneuerte Welt den Gesamtbegriff „seine/deine Werke" (103, 22; 104, 24). Welche dieser sprachlichen Bezüge „zufällig" sind oder erst auf eine Redaktion zurückgehen, braucht hier nicht diskutiert zu werden. Wichtiger ist, daß beide Psalmen dadurch einen theologischen Aussagezusammenhang bilden: Sie fordern zum Lobpreis JHWHs als der fortwährenden Lebensquelle auf. Er gibt bzw. erneuert das Leben „der Kinder Israels" (Ps 103) und aller Lebewesen der Erde und des Meeres (Ps 104). Die Geschichte Israels und die Geschichte des Kosmos sind hier ineinander verwoben – durch den Sinaigott, der gütig und barmherzig ist über die Maßen.

Ps 103 muß aber auch im Horizont seines Vorgängers Ps 102 gelesen werden, mit dem er ebenfalls sprachliche und motivliche Gemeinsamkeiten hat. In Ps 102 erwächst aus der Klage die Vision von der Erneuerung bzw. Wiederherstellung Zions – als Königserweis des im Himmel thronenden JHWH (102,20; vgl. 103,19; 104,2f). Gerade angesichts der leidvollen Erfahrung, daß die „Lebenstage" des Menschen vergänglich wie Rauch und wie Gras sind (102,4f.12; vgl. 103,15), verkündet Ps 102 wie Ps 103, daß JHWHs „Wesen" darin besteht, daß er der Sinaigott ist: „barmherzig" und „gnädig" (102,14; vgl. 103,8.13). Wenn JHWH dieses sein Wesen erneut offenbaren wird, wenn er sich des Zion „erbarmt", werden die Völker „den Namen JHWHs" fürchten (102,16) – weil die Kinder Zions (dann, nein jetzt schon!) auf dem Zion den Namen JHWHs verkünden, „wenn (dort) die Völker sich versammeln und die Königreiche, um JHWHs Diener/Knechte zu werden" (102,23; vgl. auch 100,2), wie es die Kinder Israels sind (vgl. 102,13.29).

Liest man Ps 103 als „Fortsetzung" von Ps 102, dann ist 103 genau diese rühmende Verkündigung des „Namens JHWH" (vgl. 103,2 als Ankündigung der in 103,8–10 erläuterten Namensoffenbarung Ex 34,6f). In diesem Zusammenhang gehört Ps 103 dann zu den wichtigen Texten über das Thema „Israel und die Völker". Der Psalm ist die Gottesbotschaft, die Israel „den Völkern" der Erde weitergeben soll. Auch sie sollen Anteil erhalten an der Bundesgnade des Sinaigottes. Der Neue Bund vom Sinai ist offen für alle, die bereit sind, JHWHs Wege zu gehen. Israel *und* den Völkern ist im 103. Psalm gesagt: „SEINE Güte ist von Ewigkeit zu Ewigkeit über denen, die IHN fürchten, über denen, die bewahren seinen Bund, die seiner Gebote gedenken und sie tun" (103,17f).

IX. Leben mit dem Tod

„Einen Vorteil des Menschen gegenüber dem Vieh gibt es nicht. Beide sind Windhauch. Beide gehen an ein und denselben Ort. Beide sind aus Staub entstanden, beide kehren zum Staub zurück. Wer weiß, ob der Atem der einzelnen Menschen wirklich nach oben steigt, während der Atem des Viehs ins Erdreich hinabsinkt?" (Koh 3,19–21). „Wir müssen alle sterben und sind wie das Wasser, das, auf die Erde gegossen, versickert und nicht wieder zurückgeholt werden kann" (2 Sam 14,14). Diese zwei Stimmen sprechen nüchtern und leidenschaftslos aus, was Israel jahrhundertelang über den Tod gedacht hat: Der Tod ist nicht Türe zu einem neuen Leben. Der Tod ist nicht Unterbrechung der individuellen Existenz, sondern ihr Abbruch. Nicht die Frage „Gibt es ein Leben *nach* dem Tode?" steht im Zentrum der alttestamentlichen Todestheologie, sondern die Frage: „Gibt es ein Leben *vor* dem Tod?" Wenn der Tod das unausweichliche, definitive Ende der individuellen Existenz ist, dem niemand entkommen und dessen beendende Rolle auch Gott nicht aufheben kann, wird der Tod zu einer Macht, die das Leben vor dem Tod so radikal bestimmt, daß die Frage unausweichlich ist: Ist solches „Leben-zum-Tode" überhaupt Leben? Ist solches „Sein-zum-Tode" überhaupt Sein? Ist solches „Leben-Sterben" nicht insgesamt sinnlos?

Der Verlockung, daß wir nach-alttestamentlichen Zeitgenossen besserwisserisch über diese radikale Todestheologie vorschnell hinweggehen, gar mit der These, damit könne man nicht leben, widersetzt sich eine zweite Realität: Die alttestamentlichen Menschen haben gerne und in vollen Zügen gelebt. Weil für sie *alles* auf das Leben-vor-dem-Tod ankam, haben sie ihre ganze Lebenskraft in dieses Leben geworfen. Weil es für sie kein „Leben danach" gab, haben sie mit aller Leidenschaft für das Leben-vor-dem-Tod gekämpft, listig wie der Erzvater Jakob, hingebungsvoll wie Rut, revoltierend wie Ijob, skeptisch wie Kohelet.

Das ist die dialektische Eigenart alttestamentlicher Todestheologie über Jahrhunderte hinweg: Je radikaler das Sterben als Versinken und als Ende bedacht wurde, desto leidenschaftlicher wurde das Leben geliebt und gestaltet. Das Bedenken des Todes führte nicht vom Leben weg, sondern zum Leben hin.

Es dauerte lange, bis das biblische Israel das Sterben nicht mehr als Ausscheiden aus dem Machtbereich JHWHs, sondern als Begegnung mit JHWH oder gar als Beginn einer gegenüber dem Leben auf dieser Erde noch intensiveren Gemeinschaft zu begreifen begann. Manche religionsgeschichtlichen Gründe ließen sich anführen, die Israel dazu drängten, lieber nichts als mit JHWH nicht Vereinbares über den Tod und die Toten zu sagen. Und es ließen sich manche „denkerischen Anläufe" nachzeichnen, in denen die israelitische Theologie an die rätselhafte Türe des Todes anklopfte, ehe sich das Tor in der spätalttestamentlichen Zeit öffnete. Wie tastend freilich die Sprache und die Bilder dieser Theologie blieben und angesichts des Geheimnisses, an das menschliches Reden hier immer stößt, wohl auch bleiben müssen, zeigen die drei Psalmen 90; 49; 73, die wir im folgendem auslegen wollen.

Psalm 90

1a *Ein Gebet. Von Mose, dem Mann Gottes.*

1b *Allherrscher, Hilfe bist du uns gewesen*
1c *von Geschlecht zu Geschlecht.*
2a *Ehe Berge geboren wurden*
2b *und in Wehen gerieten Erde und Festland,*
2c *von Ewigkeit zu Ewigkeit bist du Gott.*
3a *Du ließest das Menschlein zurückkehren zu Staub*
3b *und du sprachst: „Kehrt zurück, Adamssöhne!"*
4a *Ja, tausend Jahre sind in deinen Augen*
4b *wie ein gestriger Tag, wenn er (eben) vorbeigegangen ist,*
und (wie) eine Nachtwache am Morgen.
5a *Du hast sie dahingerafft, ein Schlaf sind sie (dann),*
5b *wie Gras, das vergeht:*
6a *Am Morgen blüht es auf und schon vergeht es,*
6b *am Abend welkt es und schon ist es verdorrt.*
7a *Ja, wir schwinden dahin durch deinen Zorn*
7b *und durch deine Zornesglut werden wir verstört.*
8a *Du stellst unsere Verfehlungen dir gegenüber,*
8b *unser Geheimstes vor das helle Licht deines Angesichts.*
9a *Ja, alle unsere Tage gehen zur Neige durch deinen Grimm,*
9b *es schwinden dahin unsere Jahre wie Seufzen.*
10a *Die Tage unserer Jahre sind siebzig Jahre,*
10b *und, wenn mit Kräften, sind es achtzig Jahre,*
10c *und ihr Ungestüm ist (gleichwohl) Mühsal und Unheil.*
10d *Ja, schnell ist es vorbei, und wir sind (wie ein Vogel) weggeflogen.*

11a *Wer begreift (schon) die Gewalt deines Zorns,*
11b *und wer sieht (schon) ein den Druck deines Grimms?*
12a *Unsere Tage zu zählen, lehre uns so,*
12b *daß wir ein Herz der Weisheit (davon) einbringen.*

13a *Kehre doch um, JHWH! Wie lange noch?*
13b *Und habe Mitleid wegen deiner Knechte!*
14a *Sättige uns am Morgen mit deiner Güte,*
14b *daß wir jubeln und uns freuen an allen unseren Tagen.*
15a *Erfreue uns entsprechend der Tage, die du uns unterdrückt hast,*
15b *gemäß der Jahre, die wir Unglück gesehen haben.*
16a *Es erscheine an deinen Knechten dein Wirken*
16b *und dein Glanz über ihren Söhnen!*
17a *Und es sei die Freundlichkeit des Allherrschers, unseres Gottes, über uns,*
17b *und dem Werk unserer Hände gib du Bestand!*

Einführung

In seiner Letztgestalt ist Ps 90 von der Struktur der Volksklagepsalmen geprägt. Deren vier Bauelemente „Anrede Gottes – Klage – Bitte – Ausblick in eine heilvollere Zukunft" tragen die Bewegung, in die die Leidenden sich mit ihren Klagegebeten hineinbegeben, um in der von ihnen beklagten Leidenssituation nicht unterzugehen. Die beiden Elemente „Klage" (V. 2–10) und „Bitte" (V. 11–16) sind in Ps 90 breit entfaltet. Um sie legen sich knapp die beiden anderen Elemente: V. 1 verknüpft die Anrede Gottes mit einer allgemeinen Erinnerung an früher erfahrene Hilfe. V. 17 öffnet den Blick auf menschliches Tun, das die im Psalm beklagte Todesverfallenheit relativiert und so zu Weltgestaltung motivieren will.

Der Psalm ist kaum eine ursprüngliche Einheit. Als „Grundpsalm" legt sich V. 2–12 nahe. Der Psalm setzt sich in V. 2–10 mit „Todestheologien" auseinander, die die Tradition bereithielt – und verwirft sie in V. 11–12; in dieser dialektischen Struktur ähnelt der Psalm dem Ijob-Buch. Die These von V. 11f ist: „Nimm das Leben an und *lebe es,* so wie es kommt. Es gehört zur Realität des menschlichen Lebens, daß es begrenzt ist. Zwar gibt es Versuche, dieses ‚tödliche Leben' als Brutalität oder als Zorngericht Gottes zu deuten. Laß dich nicht darauf ein: Wer weiß das schon? Also: Du darfst leben, du mußt leben!" Dieser weisheitliche „Grundpsalm", der in die Nähe der Ijob-Dichtung (4. Jahrhundert v. Chr.) gehört, wurde sodann „geschichtstheologisch" durch V. 1 und V. 13–17 gerahmt. Der Blick auf die Beziehung zwischen JHWH und seinen Knechten sowie auf die von JHWH mit seinem Volk gewollte Geschichte sollte nun den Schrecken des Todes mildern und den Tod des einzelnen in einen größeren Sinnzusammenhang „aufheben". Während V. 2–12 von universaler Menschheitsperspektive bestimmt ist (Welt- und Menschenschöpfungsmotive), trägt die Erweiterung spezifische Begriffe der JHWH-Theologie ein. Beide Vorstellungsebenen sind nun im Psalm zu einem nie endenden Diskurs über den Tod als bleibendes Lebensrätsel verschmolzen, das *alle* Menschen bedrängt und herausfordert.

Auslegung

Der „Grundpsalm" ist in die drei Teile V. 2–6 (Sprechrichtung: du – sie), V. 7–10 (Sprechrichtung: wir – du) und V. 11–12 (Doppelfrage und Bitte) gegliedert.

Der *erste Teil* (V. 2–6) klagt Gott als Urheber des Todes der Menschen an. Welch ein Widerspruch ist es doch, daß der Schöpfergott über den Menschen von Anfang an, wie mit Anspielung auf Gen 3, 19 beklagt wird, die Rückkehr zu Staub verfügt hat! Mitten in den gewaltigen Lebensprozeß der Weltschöpfung hinein, der mit der Geburt der Berge als „Säulen" von Erde und Festland ein- und sich in dem Herauskommen der Lebewesen aus der „Mutter Erde" fortsetzte, ertönte der Schreckensruf: „Kehrt zurück, Adamssöhne", der unterschiedslos über jedem einzelnen Menschenleben steht. Und noch widersprüchlicher erscheint das kurze Menschenleben, wenn es mit der unendlich-ewigen Lebensfülle Gottes selbst verglichen wird. Während Gott tausend Jahre wie einen einzigen Tag überschaut, hat er den Menschen nur die Zeit eines Grashalms zugestanden, der am Morgen aufblüht, aber unter der Sonnenglut des aufkommenden Tages schnell umknickt, von oben her verwelkt und schließlich bis in die Wurzel hin trocken und dürr wird. Was von den Menschen, die Gott „dahinrafft", übrig bleibt, ist „Schlaf". Das ist hier keine positive Metapher der ewigen Ruhe, sondern Bezeichnung einer Schattenexistenz im Totenreich ohne Erinnerung: Die Toten gehen ein in „das Land der Vergessenheit" (Ps 88, 15), wo sie selbst alles vergessen haben und wo auch sie vergessen sind – von den Lebenden und von ihrem Gott (vgl. Ps 31, 13). Das ist die nüchterne „Botschaft" der traditionellen Theologie von damals!

Der *zweite Teil* (V. 7–10) geht von der Anklage Gottes zur klagenden Notschilderung über und hält Gott vor, daß ein derart vom Tod bedrohtes Leben alle Lebensfreude verhindert und das Leben zur Lebenslast macht. Der Abschnitt greift die traditionelle These auf, der Tod sei der „Sünde Sold" und steigert sie gar noch (ähnlich wie die „Freunde" Ijobs im Ijob-Buch) mit dem Hinweis auf die vielen verborgenen, unbewußten Sünden, die zu Recht den tödlichen Zorn Gottes heraufbeschwören. Das ist die Sicht eines Menschenlebens, das „böse ist von Jugend an" (vgl. Gen 6,5) und radikal unfähig, vor Gott zu bestehen. So bricht, neu angesetzt durch betontes „ja!", in V. 9–10 die gesteigerte Klage über dieses unausweichlich unter dem Zorngericht Gottes stehende Leben aus dem Beter heraus: Wer in der fortwährenden Gottesangst leben muß, dessen Tage und Jahre haben kein Ziel und keine Vollendung, woraufhin das Leben zuläuft und wovon her es angenommen werden könnte. Die Tage streben keinem Höhepunkt zu, sondern „sie gehen zur Neige" – unter Seufzen, das keinen Ausweg aus der Trostlosigkeit sieht. Selbst eine Lebenszeit von 80 Jahren, die nach biblischem Maß einen „lebenssatten" Tod ermöglichen würde, ist angesichts des Gotteszorns nur sinnlose „Mühsal" und schlimmes Unheil. Das Leben geht „einfach" und plötzlich ohne Ertrag zu Ende. Es bleibt nichts. Es fliegt weg wie ein Vogel! In der Tat: Eine geradezu gespenstische „Todeslogik"!

Der *dritte Teil* (V. 11–12) überrascht mit seiner Doppelfrage, deren Stil an die skeptisch-vorwurfsvollen Fragen des Kohelet erinnert (vgl. Koh 2,19; 3,21; 6,21; 8,1). Mit dieser Frage stellt der Psalm die in den ersten beiden Teilen entfaltete „Todeslogik" und das ihm zugrundeliegende Gottes- und Menschenbild in Frage. Er gibt das Problem des „Gotteszorns" Gott selbst zurück – und appelliert an Gott als „Lehrer des Lebens". Er bittet nicht um Rettung aus der Todesverfallenheit oder gar um die Unsterblichkeit. Nein, er bittet um die rechte Lebensweisheit, mit dem Todeswissen so umzugehen – jenseits aller Kategorien wie Gotteszorn und Tod als Strafe für Sünde –, daß das Leben als Gabe Gottes angenommen und erfüllt gelebt werden kann. So bittet der Beter darum, daß das Wissen um die Begrenztheit der dem Menschen zugemessenen Zeit ihm die Kostbarkeit jedes einzelnen Tages („unsere Tage zu zählen, lehre uns!"), des jeweiligen und gerade ihm geschenkten *Jetzt* bewußt macht. Im Wissen um den Tod kommt es nach Meinung dieser Bitte darauf an, jeden einzelnen Augenblick als Gabe eines guten Schöpfergottes staunend anzunehmen und als Herausforderung zu bestehen.

Den Überlieferern des Psalms war dies zu wenig. So haben sie ihn (vielleicht in drei Phasen) in V. 13–17 „fortgeschrieben". Sie beschwören nun JHWH als den Gott, der sich doch seiner besonderen Verantwortung und Nähe „seinen Knechten" gegenüber bewußt werden soll. Sie appellieren an sein Erbarmen und bitten um viele Zeiten des Glücks, so daß der Tod und die Gedanken an den Tod aus der Mitte des Denkens verdrängt werden können (V. 13–14). Und sie bitten darum, daß ihre Leiden insofern sinnvoll und ihr Tod letztendlich doch nicht ihre „Vernichtung" seien, wenn *er* die vielen Einzelleben zusammenbindet in der großen Geschlechterkette, um in und an ihr „seinen Glanz" zu offenbaren (V. 15–16). Ja, sie bitten sogar darum, daß er, ihr königlicher Gott, am Wirken und Streben seiner Knechte so mit Wohlgefallen Anteil nehme, daß ihre Werke einen Bestand erhalten, den menschliches Tun aus sich selbst nie haben kann (V. 17). Es ist die Hoffnung, Gott möge die Menschen befähigen, durch ihr Tun das Leben zu stärken – gerade gegen die Todesmächtigkeit, die in das Leben hineinragt. Wo und weil Gott mit am Werk ist, das Menschen tun, hat solches Tun an der „Festigkeit" Gottes selbst Anteil: es lebt weiter im ewigen Gott.

Kontext (Ps 90–92)

Mit Ps 90, dem einzigen Psalm, den die Redaktion durch eine entsprechende Überschrift „Mose, dem Mann Gottes" (vgl. zu diesem Titel Dtn 33,1) als „Gebet" (vgl. dazu Dtn 9,26) zuschrieb, nicht zuletzt wegen der Bezugnahme auf Gen 3,16 sowie wegen der mit Ps 90,13 wortgleichen Gebetsbitte des Mose in Ex 32,12, beginnt das vierte Psalmenbuch (Ps 90–106), das mit seiner abschließenden Lobpreisformel Ps 106,48 („von Ewigkeit zu Ewigkeit") auf Ps 90,2 anspielt. Zugleich aber hat die Redaktion neben Ps 90 gezielt die beiden Psalmen 91 und 92 gestellt, um mit der Abfolge dieser drei Psalmen eine übergreifende theologische Aussage zu machen. Die drei Psalmen wollen als Zusammenhang gebetet und meditiert werden (man könnte sie auch in folgenden liturgischen Zusammenhang stellen: Ps 90 91; Lesungstext: 1 Kor 15,12–28; Antwortpsalm Ps 92).

Die drei Psalmen wurden nebeneinandergestellt, weil man ihre Stichwortbeziehungen erkannte; teilweise wurden die entsprechenden Querverbindungen aber auch erst durch die Redaktion geschaffen. Hier soll nur auf die wichtigsten aufmerksam gemacht werden.

Auf die Bitte von Ps 90,14 „*Sättige uns* ... daß wir uns freuen ... an allen unseren *Tagen*" antwortet die Gotteszusage in Ps 91,16: „Ich *sättige* ihn mit der Länge von *Tagen*" (= mit langem Leben). Ps 91,14 begründet die Rettungszusage so: „denn er kennt *meinen Namen*". Der darauf folgende Ps 92 wird entsprechend eröffnet: „Wie schön ist es, *deinem Namen,* du Höchster, zu singen" (Ps 92,2). Die Schlußbitten Ps 90,13–17 klingen im Dankpsalm 92 teilweise wörtlich an, teilweise werden sie kontrastierend aufgenommen: Auf die Bitte Ps 90,14 „Sättige uns *am Morgen* mit *deiner Güte,* daß wir jubeln und uns freuen" blickt Ps 92,3.5 zurück: „Zu verkünden *am Morgen deine Güte* ... Du hast mich erfreut und ich kann jubeln." Die Bitte Ps 90, 16 „Es erscheine an deinen Knechten *dein Wirken*" ist erfüllt in Ps 92, 5: „Du hast mich erfreut durch *dein Wirken*". Die Schlußbitte Ps 90, 17 b „Und dem *Werk unserer Hände* gib du Bestand!" wird in Ps 92, 5–6 kontrastierend in die Wirklichkeit eingegliedert, auf die es ankommt, wenn die Menschenwerke Bestand haben sollen: „Über die *Werke deiner* Hände will ich jubeln. Wie groß sind *deine Werke,* JHWH!"

Insgesamt kann man Ps 91 und Ps 92 so lesen, daß hier konkretisiert wird, wer mit den in Ps 90, 13–17 angesprochenen „Knechten JHWHs" gemeint ist. Es sind die, die voll auf JHWH vertrauen (Ps 91) und die ihren konkreten Alltag als „Gerechte" leben (Ps 92). Wer so lebt, für den verliert die in Ps 90 beklagte Vergänglichkeit ihren Schrecken. Der Metapher Ps 90, 5–6 vom vertrocknenden Grashalm setzt Ps 92, 13–16 die Metapher von der fruchttragenden Palme und der festverwurzelten, hochragenden Libanonzeder entgegen: Wer „gerecht" lebt, d. h. wer sich gemeinschaftsgemäß verhält und wer die Wurzeln seiner Existenz in der Gottesgegenwart hat, der widersteht den Stürmen wie die Libanonzeder und der ist fruchtbar wie die Dattelpalme in der Wüstenoase. Wer so lebt, der ist „voll Saft und Frische" und trägt Frucht sogar noch, wenn das Leben sich im Alter zu Ende neigt.

Diese motivliche Verflochtenheit der drei Psalmen weist massiv daraufhin, daß die Psalmen als thematische Einheit beabsichtigt sind. Sie bilden einen fortschreitenden Geschehensbogen. Ps 90 beginnt als Klage über die menschliche Todesverfallenheit und zielt auf die Bitte, JHWH möge die lähmende Last dieses Todeswissens durch seine gnädige Zuwendung wegnehmen. Auf diese Bitte antwortet Ps 91 mit einer doppelten Zusage bzw.

Verheißung. Im Stil weisheitlicher Belehrung spricht ein fiktiver Sprecher (ein Weisheitslehrer oder der Beter zu sich selbst) einem Du die Gewißheit zu, daß JHWH den, der sich ihm vertrauend überläßt, vor aller lebenszerstörerischen Macht bewahrt. Ja, Ps 91 kulminiert mit der in direkter Gottesrede gestalteten Zusage langen und satten Lebens (Ps 91,14–16). Daß diese Zusage kein leeres Wort ist, sondern sich an dem erfüllt, der sich dieser Zusage ausliefert, wird in Ps 92 sichtbar, der als Danklied eines einzelnen auf die Erfüllung der in Ps 91 anklingenden Verheißung zurückschaut. Die drei Psalmen konstituieren einen Prozeß, den Ps 91,15 bündig zusammenfaßt: „Ruft er mich, so antworte ich ihm ... und sättige ihn mit langem Leben."

Durch diese Dreierstruktur Klage (Ps 90) – Rettungszusage (Ps 91) – Rettung (Ps 92) will die Psalmenbuchredaktion dazu einladen, inmitten aller Vergänglichkeitserfahrung und Todesangst die Erfahrung der belebenden und rettenden Gottesnähe zu machen und daraus Lebenskraft zu schöpfen – im Widerstand gegen den Tod. Es ist die Einladung, sich klagend dem Gott des Exodus anzuvertrauen, der das Flehen hört, die Zusage seines Mit-Seins gibt und „um seines Namens willen" rettet – auch aus dem und im Tod.

Psalm 49

1 *Für den Chorleiter. Von den Korachiten. Ein Psalm.*

2a *Hört dies, all ihr Völker,*
2b *nehmt es zu Ohren, all ihr Bewohner des Festen,*
3a *ihr Menschenkinder zusammen, ihr Leute zusammen,*
3b *miteinander der Reiche und der Arme!*
4a *Mein Mund will tiefe Weisheit reden,*
4b *das Nachsinnen meines Herzens tiefe Einsicht.*
5a *Ich will dem Weisheitsspruch mein Ohr neigen,*
5b *ich will öffnen zur Leier mein Rätsel.*

6a *„Wozu soll ich mich fürchten in Tagen des Unheils,*
6b *wenn die Schuld meiner Fußspuren mich umgibt?"*
7a *(So sagen) die, die auf ihren Besitz vertrauen*
7b *und ihres vielen Reichtums sich rühmen.*
8a *Weh! Nicht ein einziger kann sich loskaufen,*
8b *keiner kann Gott ein Sühnegeld geben.*
9a *Zu teuer ist das Lösegeld für sein Leben,*
9b *und er hört auf für ewig!*
10a *Sollte er (denn) für immer weiterleben?*
10b *Sollte er (denn) nicht die Grube schauen?*
11a *Gewiß schaut er sie! (Denn:)*

11b *Die Weisen – sie sterben miteinander,*
11c *der Tor und der Narr – sie vergehen,*
11d *und sie überlassen den Anderen ihren Besitz.*
12a *Gräber – das sind ihre Häuser für ewig,*
12b *ihre Wohnungen von Geschlecht zu Geschlecht,*

12c *auch wenn man sie mit ihren Namen auf der Erde gerühmt hatte.*
13a *Ja, ein Mensch in seiner Pracht, er bleibt nicht,*
13b *er ist gleich wie das Vieh, das verendet.*
14a *Das ist der Weg derer, die Selbstvertrauen hatten*
14b *und über deren Worte man sich nach ihnen freute.*
15a *Wie Schafe sind sie in die Scheol gesetzt,*
15b *der Tod weidet sie.*
15c *Sie stiegen geradewegs hinab in das Grab,*
15d *ihre Gestalt zerfällt, die Scheol ist ihr Palast.*

16a *Doch: Gott kauft meine Seele los aus der Scheol,*
16b *ja, er nimmt mich zu sich!*
17a *Fürchte dich (also) nicht, weil einer reich wird,*
17b *weil viel wird die Herrlichkeit seines Hauses.*
18a *Denn bei seinem Sterben nimmt er all dies nicht mit,*
18b *nicht steigt hinab nach ihm seine Herrlichkeit.*
19a *Wenn er auch seine Seele in seinem Leben preist:*
19b *„Man lobt dich, weil es dir gut geht!",*
20a *so geht sie doch ein zum Geschlecht seiner Väter,*
20b *die für immer das Licht nicht sehen.*

21a *Ein Mensch in seiner Pracht, er ist ohne Einsicht,*
21b *er ist gleich wie das Vieh, das verendet.*

Einführung

Der textlich schwierige, mit dem ebenfalls den Korachiten zugewiesenen Psalm 88 verwandte Psalm 49 (unsere Übersetzung versucht, den überlieferten hebräischen Text möglichst beizubehalten; anders die „Einheitsübersetzung"!) ist stark von weisheitlicher Begrifflichkeit geprägt, setzt sich aber mit der überlieferten Weisheitstheologie kritisch auseinander. Wie für Kohelet ist auch für unseren Psalm der unausweichliche Tod einerseits die Infragestellung schlechthin aller menschlichen Lebensträume und -planungen: Der Tod macht *alle* Menschen gleich – wie Vieh, das verendet. Andererseits klingt in unserem Psalm, anders als bei Kohelet, eine Hoffnungsperspektive an, die das Sprecher-Ich des Psalms für sich und die von ihm angeredete Gruppe, die von den Reichen unterschieden wird, verkündet. Wer diese Gruppe ist, läßt sich aus V. 3 und V. 17 unzweifelhaft ablesen: Es sind „die Armen", denen die Gewißheit gegeben wird, daß Gott sie „umsonst" zu sich nimmt: Er selbst kauft sie los aus der Sklaverei der Todesmacht Scheol, so wie er einst sein Volk Israel aus der Todesmacht des Pharao „losgekauft" hat. Die Reichen aber, die ihr Reichtum zu Brutalität, Selbstüberschätzung, ja Selbstvergötzung (vgl. bes. V. 19) verführt, verenden als Beute des „Hirten" Tod.

Daß beide sich im Psalm überlagernden Todestheologien nicht auf einen einzigen Verfasserkreis zurückgehen, wird von den meisten Exegeten angenommen. Hier wird die These vorausgesetzt, daß in V. 11–15.21 ein ursprünglicher „Grundpsalm" erkennbar ist, dessen beide Strophen (V. 13 und V. 21 sind „Refrains" mit kleinen, aber bedeutsamen Unterschieden!) die zerstörerische Macht des Todes einhämmern, der Besitz, Wissen und Nachruhm vernichtet und die Menschen allesamt, den Weisen und den Toren, letztlich dem Vieh gleichmacht. Um diesen Grundpsalm legte ein Bearbeiter einen Rahmen, der die Todestheologie im Kontrast Reich – Arm las und zugleich die oben angedeutete Hoffnungsperspektive eintrug. Dadurch entstand die nun vorliegende Komposition, die sich so gliedern läßt: Einleitung in der Form eines mehrgliedrigen Höraufrufs (V. 2–5); „Vorwort" des Bearbeiters als Problematisierung der Lebensmaximen der Reichen (V. 6–11 a); „Grundpsalm" über den unabwendbaren Tod (V. 11 b–15); „Nachwort" des Bearbeiters mit

„Entrückungstheologie" als Ermutigung für die Armen (V. 16–20); „Ausleitung" als Motivation, die vorgetragene „Lehre" anzunehmen (V. 21; vgl. den motivlichen Rückbezug nach V. 4b; im „Grundpsalm" war V. 21 „Refrain").

Der Psalm, der noch *vor* Kohelet entstanden sein muß, gehört, wie die Überschrift anzeigt, zur Korachiten-Sammlung Ps 42–49. Er läßt sich gut als Antwortpsalm auf die in Ps 42/43 zum Ausdruck kommende Sehnsucht nach der Begegnung „der Seele" mit dem lebendigen Gott (vgl. 42,6.12; 43,5) lesen bzw. beten.

Auslegung

Der feierliche Hör-Aufruf (V. 2–5), mit dem der Psalm einsetzt, ist vor allem im Bereich der Prophetie (vgl. Jes 1,2.10) und der weisheitlichen Belehrung (vgl. Spr 8,4–19) beheimatet. Mit seinem allumfassenden Adressatenkreis unterstreicht er die universale Bedeutsamkeit seiner „Botschaft", die ja in der Tat „weltweit" und jenseits aller sozialen Schichtungen gilt. Was der Sprecher zu sagen hat, kommt aus der Mitte seines Herzens, also aus dem intellektuellen Zentrum als dem Ort, in dem zugleich nach altorientalischem Verständnis die Gottheit sich dem Menschen offenbart. Die „tiefe Weisheit", die er als Lebenswissen zur rechten Lebenskunst weitergeben will, ist zwar einerseits aus seinem eigenen „Nachsinnen", also dem bedenkenden Wahrnehmen der Lebensschicksale, entstanden, aber andererseits ist es für den Psalm keine Frage: Eine solche „tiefe Einsicht" stellt sich nur dem ein, der „sein Ohr" dem zu ihm redenden Gott als Lehrer der Weisheit „zuneigt".

Im Schlußsatz des Hör-Aufrufs wird die Botschaft des Psalms als „Rätsel" gekennzeichnet. Als solches ist sie, wie der vergleichbare Wortgebrauch in Spr 1,6; Sir 8,8

u. ö. zeigt, eine kunstvoll verschlüsselte Redeform, die die Aufmerksamkeit *und* den Geschmack (auch im Lateinischen hat sapientia = Weisheit mit sapere = schmecken zu tun!) der Hörerinnen und Hörer gewinnen will. Wahrscheinlich wird damit auch das „Neue" der im Psalm vorgelegten Todestheologie angedeutet, das in dem verschlüsselten Satz „Du nimmst mich weg bzw. auf" (V. 16b) gegeben ist.

Der (auf den Bearbeiter zurückgehende) Abschnitt V. 6–11 hält in offensichtlicher Auseinandersetzung mit dem Einfluß und der Arroganz der Reichen, deren ganzes Denken und Streben um ihren Besitz kreist, fest: Spätestens der Tod wird diese selbstsüchtigen und rücksichtslosen Machtmenschen (vgl. das ihnen in V. 6 in den Mund gelegte Zitat!) auf ihr sterbliches Normalmaß reduzieren, nach dem *alle* im Tod vor Gott mit leeren Händen dastehen. Kein einziger kann sich mit Besitz loskaufen aus der Sklaverei des Todes und keiner kann Gott ein „Sühnegeld", eine Kompensation für den ihm bestimmten Tod anbieten. Der größte Reichtum und die höchste Geldsumme helfen den Reichen nicht, dem Tod zu entkommen. Selbst wenn sie es geschafft haben, „der Schuld ihrer Fußspuren" (V. 6) immer wieder zu entwischen, am Tod scheitern endlich ihre Machenschaften. So steigert sich der Psalm in rhetorische Fragen, die implizit an die Gerechtigkeit Gottes appellieren: Sollte denn der brutale Reiche im Tode noch einmal seine Privilegien und seine Macht ausspielen können, gar ein Weiterleben mit seinem Reichtum erkaufen können und „die Grube nicht schauen müssen"? Darauf gibt der Psalm in einem staccatohaften Kurzsatz seine Antwort: „Gewiß schaut er sie!"

Daß der Tod für *alle* ausnahmslos das Lebensende ist, war schon die These des zweistrophigen „Grundpsalms" (V. 11b–15.21). Er reflektiert nicht über das Schicksal der Reichen, sondern entzaubert die überlieferte Weisheit mit ihrem Anspruch, zu langem und glücklichem Leben verhelfen zu können. Dem Optimismus der Weisheitslehrer: „Die Lehre des Weisen ist ein Lebensquell, um den Schlingen des Todes zu entgehen" (Spr 13,14; vgl. 14,27), setzt Ps 49 (ähnlich nach ihm Kohelet!) seine „tiefe Einsicht" entgegen: Der Weise und der Tor – der Tod behandelt sie alle gleich! Und was immer sie sich erworben haben, auch an Weisheit, müssen sie „den Anderen", den Fremden, hinterlassen. Mögen sie zu Lebzeiten noch so berühmt gewesen sein, im Haus des Todes „wohnen" der Weise und der Narr „solidarisch" zusammen – „gleich wie das Vieh, das verschwindet". Der Tod macht offenbar, daß es zwischen Mensch und Vieh eben doch keinen Unterschied gibt (vgl. Koh 3,18–22): Beide sind dem Tod hilflos ausgeliefert.

Möglicherweise polemisiert der Refrain V. 13.21 gegen die hochgestochene Anthropologie von Ps 8,7–9 und Gen 1,26, die die Gottähnlichkeit und Gottebenbildlichkeit des Menschen mit seiner „Herrschaft über das Vieh" expliziert hatte. Nimmt man den Tod ernst, dann bleibt von „der Pracht des Menschen" und von seiner Ehrenstellung gegenüber den Tieren nichts. Wie Schafe werden die Toten in den Pferch gesperrt – von einem Hirten, der das Gegenbild des guten Hirten ist: vom Hirten Tod! Er, so suggeriert der Abschnitt, ist der eigentliche Hirte der Menschen, weil sie schlußendlich in seinen Armen enden. Wenn dies nicht als Antitext zu Psalm 23 gemeint war?! Während die Herden sonst „hinabsteigen" an Quellen und in Weidegründe, die Herde der Toten steigt hinab in das Grab, um dort zu zerfallen ...

Beiden „Wahrnehmungen" (daß die Reichen sich nicht vom Tod freikaufen können und daß auch die Weisheit nicht vor dem „Hirten" Tod rettet) setzt der Psalm nun in V. 16–20 seine eigentliche „Botschaft" entgegen. Nicht, daß er den Tod nicht ernst nähme. Aber das Bedenken des Todes führt ihn weg von sich selbst, vom Haben (die Reichen) und vom Sein (die Weisen), und führt ihn hin zu seinem Gott, der allein und *umsonst* ihn aus der ewigen Sklaverei des Todes retten kann. Was die Tradition von den großen Sondergestalten Henoch und Elija erzählte (vgl. Gen 5,24; 2 Kön 2,3–10), nämlich daß Gott sie zu sich „genommen" (d.h. entrückt) hat, überträgt der Sprecher des Psalms auf sich und „die Armen", mit der wichtigen, aus V. 16a ablesbaren, Modifikation: Während Henoch und Elija entrückt wurden, *bevor* sie starben, hofft unser Psalm darauf, im bzw. nach dem Tod von Gott zu sich „genommen" zu werden. Was immer sich der Beter darunter konkret vorgestellt haben mag (auf der bloßen Wortebene war der Satz ohnedies doppeldeutig; er konnte auch ganz traditionell „innerweltlich" mißverstanden werden: „du befreist mich aus der Macht des vorzeitigen Todes!"), entscheidend ist: Er hofft darauf, daß der Tod der Beginn einer noch innigeren Lebensgemeinschaft mit seinem Gott ist – für alle, die auf Gott und nicht auf Reichtum und auf Weisheit ihr Leben gründen! Angesichts dieser Botschaft ergibt sich die in V. 17–20 entfaltete Konsequenz beinahe von selbst: Niemand soll am Reichtum der Reichen irre werden, nicht einmal daran, wenn sie wie Götter gefeiert werden (V. 19b legt das für das Gotteslob reservierte Verbum „loben" den selbstgefälligen Reichen in den Mund!).

Der Psalm schließt mit dem Refrain des „Grundpsalms" (V. 21), der nun im Horizont von V. 16–20 bedeutet: Nur der Mensch, der auf seine Pracht setzt und nicht zur wahren vom Psalm verkündeten „Einsicht" durchdringt, ist gleich wie das Vieh. Wer aber „arm" ist vor Gott, der darf hoffen: „Ja, der LEBENDIGE nimmt mich im Tode zu sich!"

Psalm 73

1a *Ein Psalm Asafs.*

1b *Gewiß, gut ist für Israel Gott:*
1c *zu denen, die reinen Herzens sind.*
2a *Ich aber, fast wären gestrauchelt meine Füße,*
2b *um ein Nichts wären weggeglitten meine Schritte,*
3a *denn ich ereiferte mich über die Prahler,*
3b *da ich das Glück der Gottlosen sah.*
4a *Ja, keine Qualen haben sie,*
4b *voll und fett ist ihr Wanst,*
5a *in der Mühsal der Sterblichen stecken sie nicht,*
5b *und wie die anderen Menschen werden sie nicht geplagt.*
6a *Darum ist Hochmut ihr Halsschmuck,*
6b *als Gewand umhüllt sie Gewalttat.*
7a *Aus Fett geht ihr Frevel hervor,*
7b *ihr Herz läuft über von bösen Plänen.*
8a *Sie höhnen und reden von Bösem,*
8b *Bedrückung reden sie von oben herab.*
9a *Sie haben an den Himmel ihren Mund gesetzt,*
9b *und ihre Zunge geht einher über die Erde.*
10a *Darum wendet sich das Volk ihnen zu,*
10b *und die Wasser (ihrer Worte) schlürfen sie gierig.*
11a *Sie sagen: „Was erkennt denn schon Gott?*
11b *Gibt's Erkennen denn überhaupt beim Höchsten?"*
12a *Siehe, so sind die Gottlosen:*
12b *Immer im Glück, mehren sie ihre Macht.*

13a *Gewiß, umsonst also hielt ich rein mein Herz*
13b *und wusch in Unschuld meine Hände*
14a *und wurde geplagt den ganzen Tag*
14b *und wurde gezüchtigt alle Morgen.*

15a *Wenn ich gesagt hätte: „Ich will Gleiches erzählen!",*
15b *siehe, die Gemeinschaft deiner Kinder hätte ich verraten!*
16a *Ich dachte nach, dies zu erkennen,*
16b *eine Mühsal war es in meinen Augen,*
17a *bis ich eintrat in Gottes Heiligtümer,*
17b *Einsicht gewann über ihr Ende.*

18a *Gewiß, auf glatten Grund setzt du sie,*
18b *du läßt sie fallen in Täuschungen.*
19a *Wie werden sie zum Entsetzen mit einem Schlag,*
19b *sie verenden, werden zunichte vor Schrecken.*
20a *wie einen Traum beim Erwachen, o Adonaj,*
20b *verachtest du, wenn du aufstehst, ihr Schattenbild.*
21a *Als mein Herz sich erbitterte*
21b *und ich in meinen Nieren Schmerz empfand,*
22a *da war ich ein Rindvieh ohne Erkennen,*
22b *ein Vieh war ich bei dir!*
23a *Und doch – bei dir bin ich immer!*
23b *Du hast mich bei meiner rechten Hand ergriffen,*
24a *du leitest mich nach deinem Rat*
24b *und wirst mich danach in Herrlichkeit aufnehmen.*
25a *Wer ist mir im Himmel?*
25b *Bin ich bei dir, habe ich keinen Gefallen auf der Erde.*
26a *Wenn mir Fleisch und Herz dahinschwinden,*
26b *der Fels meines Herzens*
26c *und mein Anteil ist Gott für ewig.*
27a *Ja siehe, die fern von dir sind, werden zugrunde gehen,*
27b *du vernichtest alle, die dich treulos verlassen.*
28a *Ich aber: Nahen Gottes ist für mich gut,*

28b *ich habe bei Adonaj JHWH meine Zuflucht genommen,*
28c *so daß ich all deine Werke erzählen kann.*

Einführung

Auch Ps 73 ist wie Ps 49, mit dem er vor allem in der Hoffnungsperspektive übereinstimmt, daß Gott den, der sich voll von ihm „an die Hand nehmen läßt", letztendlich „an- und aufnimmt", von weisheitlicher Sprache geprägt, setzt sich aber zugleich von der traditionellen Weisheit ab: Nicht die Rechtschaffenen und die Gottesfürchtigen haben im Leben Glück, sondern die Gottlosen und die Skrupellosen. Daß Gutes tun dem Guten gut tut und daß Böses tun dem Bösen schadet, wie die traditionelle Weisheit lehrte, ist dem Verfasser dieses Psalms angesichts der gesellschaftlichen Wirklichkeit, in der er lebt, schlechterdings nicht mehr einsichtig. Und doch will er an der Überzeugung nicht rütteln lassen, mit der er den Psalm eröffnet: „Gut ist für Israel Gott!"

Daß und wie das Festhaltenwollen an diesem Bekenntnis-Satz ihn angesichts des Glücks der Gottlosen und des Leids der Gottesfürchtigen in tiefste Anfechtung gestürzt hat, wie er in der leidenschaftlichen Rückfrage nach Gott zu einem neuen „Gotteswissen" durchgedrungen ist und wie dieses neue Gotteswissen das Menschenleben anders sehen und leben läßt, das hält er in diesem Psalm fest, der sprachlich außergewöhnlich schwierig ist. Während Ps 49 sich als Lehre eines Weisen darbietet, mit der der Sprecher sich an eine Gruppe von Schülern oder Mitgliedern seiner „Gemeinde" wendet, enthält Ps 73 keine direkte Anrede. Er ist eher ein „Glaubensbekenntnis", das aus einer Glaubenskrise heraus gewachsen ist. Wie der Schlußvers hervorhebt, will der Psalm, dessen Grobgliederung in die drei Teile 1–12 (Schilderung), 13–17 (Bericht), 18–28 (Bekenntnis) durch das Signalwort „gewiß!" angezeigt wird, aber gleichwohl als Bekenntnisverkündigung für andere gehört werden.

Der erste und der letzte Vers bilden durch das gemeinsame Stichwort „gut für" einen Rahmen, der zugleich den theologischen Prozeß zusammenfaßt, in den der Psalm seine Beterinnen und Beter hineinziehen will. Das Bekenntnis „Gott ist gut für/zu Israel" meinte traditionell, daß Gott es Israel und den Israeliten, „die reinen Herzens sind", gut gehen läßt. Daß dieser Satz *so* nicht stimmt, hat der Psalmist, wie er im Psalm erzählt, am eigenen Leib und am Glück der Gottlosen erfahren. Dieser seiner Erfahrung hält er stand – im Eingedenken der Geschichte „der Gemeinschaft der Töchter und Söhne Gottes" (V. 15), die in ihrem Leid die großen Gottsucher geblieben sind, und so wird ihm ein tieferer, „neuer" Sinn des Satzes zuteil, den er in V. 28 festhält: „Nahen Gottes ist für mich gut!" „Gut" ist Gott, weil er den leidenden, sterbenden und toten Gerechten entgegenkommt und sich ihnen als der rettende Gott erweist. Dann wird sich zeigen, daß er denen, die in ihrem Leiden an seiner Verborgenheit dennoch bei ihm ihre Zuflucht gesucht haben, „ihr Anteil für ewig" sein wird.

Auslegung

Schon der Einsatz des Psalms mit dem Ausruf „gewiß, dennoch" läßt spüren, daß dieser Psalm die Dramatik einer leidenschaftlichen Auseinandersetzung mit der vitalen Frage, ob und wie der Gott Israels „gut" ist, wiedergibt und zum „Nach-Beten" dieses Kampfes einladen will. Dabei geht es nicht um irgendeine „Eigenschaft" Gottes, etwa um die Frage der traditionellen Theodizee, wie Gott „gut" und „gerecht" genannt werden kann angesichts der Katastrophen, der Leiden und des Bösen in der Welt. Im Psalm geht es viel grundsätzlicher um die Frage, ob der Gott Israels denn überhaupt „Gott" ist, wenn denn sein Gott-Sein in der konkreten Geschichte seines Volkes und der einzelnen Menschen erfahrbar sein soll. Denn der Satz „JHWH ist gut" war in der Zeit des Zweiten Tempels geradezu zur „Definition" des Gottes Israels geworden (vgl. Ps 106,1; 107,1; 118,1.29 u.ö.). Um das rechte Verständnis dieses Satzes geht es in Ps 73 – freilich in weisheitlicher Absicht, also mit dem Ziel, mit diesem Bekenntnis-Satz das Leben, das Leiden und den Tod zu bestehen.

Im *ersten Teil* (V. 1–12) schildert der Beter seine Anfechtung. Es ist eine Erschütterung seines Gottesglaubens, die mitten in seinem alltäglichen Leben aufbricht. Nicht gedankliche Probleme quälen ihn, sondern die zutiefst irritierende Erfahrung, daß die Gottlosen glücklich, gesund, erfolgreich und mächtig sind. Sie strotzen vor Gesundheit und Arroganz. Sie setzen rücksichtslos ihre Macht ein, um ihre Ziele durchzusetzen, und werden dafür gar noch öffentlich geehrt. Sie mischen überall mit. „Im Himmel und auf Erden" führen sie das große Wort. Sie höhnen über die, die ihnen mit Worten wie Solidarität, Gerechtigkeit, Nächsten- und Gottesliebe kommen. Dafür haben sie nur die spöttische Gegenfrage übrig: „Was weiß denn schon Gott?" Falls es ihn überhaupt gibt, hat er nach ihrer Meinung offensichtlich anderes zu tun, als sich um die Welt und die Menschen zu kümmern. Das denken sie nicht nur im stillen Herzenskämmerlein. Das verkünden sie laut, das findet den Beifall der Massen – und ihr Leben, das sie in dieser Gott-losigkeit führen, scheint ihnen recht zu geben.

Das ist die Realität, der Ps 73 nicht ausweichen kann

und will. Schlimmer noch: Der Psalmist macht an sich selbst, wie er im *zweiten Teil* (V. 13–17) erzählt, die Erfahrung, die die Gottlosen sogar zu bestätigen scheint. Er selbst, der nach dem Bekenntnis-Satz leben möchte, nämlich als einer „der sein Herz rein hält" und ein Leben im Gottesgehorsam und im Einsatz für Recht und Gerechtigkeit (zu diesem Verständnis von „ich wusch in Unschuld meine Hände" vgl. besonders Ps 24, 4; 26, 6) zu leben versucht, muß buchstäblich erleiden, daß er – im Widerspruch zur überlieferten Lehre vom Tun-Ergehen-Zusammenhang – all dies „umsonst" tat. Es brachte ihm weder Glück noch Reichtum noch Gesundheit noch Gelassenheit, im Gegenteil: Ihm geht es schlecht. Er muß gestehen, daß die Stimmen in seinem Inneren immer lauter wurden, die ihn lockten: „Recht haben sie, die Gott-losen! Du siehst es doch! Rede also, lebe also wie sie!" Und doch, so sagt er in V. 15, er schaffte es nicht, sich vom Gott seiner Mütter und Väter loszureißen. Da ist etwas in ihm, was ihn hindert, diesem Gott Israels den Abschied zu geben: „Die Gemeinschaft deiner Kinder hätte ich verraten!" Die Erinnerung an die Leidensgeschichte seines Volkes, an Abraham und Sara, an Isaak und Rebekka, an Jakob und Rahel, an das leidende Israel in Ägypten, an die verspotteten und verzweifelten Propheten von Elija bis Jeremia, das Eingedenken ihres Leidens an Gott, an dem sie festhielten auch in der Nacht ihrer körperlichen und seelischen Leiden – dies durfte *er* nicht verraten und nicht verdrängen. Ist es verwunderlich, daß dieses Eingedenken dem Psalmisten „unter der Hand" zum Gottesgedenken wird?

Zum ersten Mal im Psalm wechselt nun die Sprechrichtung: Bislang redete der Psalmist über Gott in der 3. Person, nun spricht er ihn im Du an („*deiner* Kinder"). Das ist der Durchbruch. Nicht die Fixierung auf die Gottlosen (1. Teil) und nicht die Selbstbemitleidung

(2. Teil), sondern die Erinnerung der Leiden seines Volkes und der Kraft, die sein Volk aus der Botschaft vom rettenden Gott geschöpft hat, bewahren ihn vor der tödlichen Apostasie. Was ihm da geschah, formuliert er in V. 17 in teilweise rätselhafter Rede: Als er „in Gottes Heiligtümer eintrat", wurde ihm klar, daß sich die Frage, ob der Gott Israels „Gott" ist, „am Ende" entscheidet. Ob hier auf eine kultisch-mystische Gotteserfahrung im Tempel, auf eine Erkenntnis beim Studium der Heiligen Überlieferungen Israels in der „Tempelschule" oder ob hier in einem übertragenen Sinne von einem Besuch „im Haus der Weisheit" (vgl. Spr 9,1–12) die Rede ist, ist nicht eindeutig zu klären. Wichtig aber ist: Das Glück der Gottlosen verliert für den Psalmisten seinen Stachel, weil er „ihr Ende", das Gott setzt, in den Blick nimmt, ja, weil er überhaupt auf den Gott schaut, der allem „das Ende" setzt, das freilich für die Gottlosen anders ausfallen wird als für „die, die reinen Herzens sind".

Über „das Ende", das Gott den Gottverleugnern und den Gottsuchern, den „Glücklichen" und den „Leidenden", bringen wird, reflektiert der Psalmist, in konfessorischer Sprache, im *dritten Teil* (V. 18–28). Während das Ende derer, die mit Gott nichts zu tun haben wollen, ein Ende mit Schrecken sein wird (V. 18–20), wird sein eigener Schrecken ein gutes Ende haben: Der Gott, an den er sich gehalten hat, hat in Wahrheit *ihn* gehalten und geführt. Er ist ein Gott, der ihn „am Ende" in Herrlichkeit annehmen und sich ihm als „Anteil" (Begriff der Landverteilung) schenken wird – „für ewig"! Was die Tradition von Henoch und Elija erzählt (vgl. Gen 5,24; 2 Kön 2,1–12), darf er, sogar in gesteigerter Weise, für sich erhoffen: daß der Gott Israels sich ihm zuwenden wird, um ihn in seine ewige Lebensgemeinschaft aufzunehmen.

Die bange Frage, die über jedem Menschenleben und über der Geschichte insgesamt steht, ist – das ist die Gewißheit, die der Psalmist erfahren hat und die er erzählend weitergeben will – längst entschieden: Gott kommt als Retter auf die zu, die gerettet werden wollen. Er ist immer schon, allem Anschein zum Trotz, auf der Seite der Leidenden, die nach ihm schreien und seine „Güte" einklagen. „Am Ende" wird er, dessen Nahen den Leidenden und Sterbenden Kraft geben will, sich als „der Gute" offenbaren: als der, der die Fülle des Lebens ist. Daß Gott *so* und *dann* „gut ist für Israel und für die, die reinen Herzens sind", darauf kommt „am Ende" in der Tat alles an. „Die Zeit der Welt vergeht vor der Ewigkeit, aber der existente Mensch stirbt in die Ewigkeit, als in die vollkommene Existenz, hinein" (Martin Buber).

Nach Auschwitz

„Die Gemeinde des Neuen Bundes wird den Psalm nur lesen und verstehen können angesichts der Tatsache, daß Jesus Christus der ‚Ort' der Gottesgegenwart (28) ist, an dem und in dem die Wirklichkeit der göttlichen Gnade und des göttlichen Gerichts offenbar ist. Er selbst ist die Wende, er selbst ist ‚der Letzte', durch den alle aus dem Sichtbaren gewonnenen Glaubens- und Lebensurteile umgestürzt werden. In ihm erfährt der Christ das Wunder der Gemeinschaft mit Gott, das alle Leiden, ja auch den Tod überwindet." So faßt Hans-Joachim Kraus in seinem großen Psalmenkommentar die Bedeutung des 73. Psalms für christliche Beter zusammen. Das ist richtig und falsch zugleich.

Gewiß, Psalm 73 ist wie kaum ein anderer Psalm eine gebetete „Verdichtung" des Leidens Jesu an den Menschen und vor allem an Gott. Sein Schrei am Kreuz „Mein Gott, mein Gott, warum hast du mich verlassen" (Mk 15,34 = Ps 22,2) angesichts der politischen und religiösen Autoritäten, deren Gewalt und Hohn ihn bis in den Tod begleiteten, ist „der Schrei jenes Gottverlassenen, der seinerseits Gott nie verlassen hatte ... In der Gottverlassenheit des Kreuzes bejaht er einen Gott, der noch anders und anderes ist als das Echo unserer Wünsche, und wären sie noch so feurig; der noch mehr und anderes ist als die Antwort auf unsere Fragen, und wären sie die härtesten und leidenschaftlichsten – wie bei Hiob, wie schließlich bei Jesus selbst" (J. B. Metz). *Diesem* Jesus wurde das in Ps 73 bezeugte „Nahen Gottes" zuteil, als Gott ihn auferweckte und „in Herrlichkeit zu sich nahm" (Ps 73,24). So bezeugt Jesus für uns Christen die Wahrheit und Tragweite des Bekenntnis-Satzes, mit dem der Psalm einsetzt: „Gewiß, gut ist für Israel Gott!" Denn Jesus lebte und starb als Israelit, als einer aus der „Gemeinschaft der leidenden Gotteskinder", deren Eingedenken dem Verfasser von Ps 73 die Kraft gab, bei Gott auszuhalten – gerade in der Nacht des Leidens.

Jesus hob die Leidensgeschichte Israels als Gotteszeugnis aber nicht auf, sondern gehört in sie hinein. Und deshalb ist es nicht richtig zu sagen, Christen könnten den Psalm „nur" so lesen und verstehen, wie H.-J. Kraus dies sagt (und die christlichen Kommentare im allgemeinen). So problematisch ohnedies alle „Nur"-Aussagen sind, so gefährlich und falsch sind sie im Blick auf Ps 73: Der Psalm beginnt in seinem kanonischen Text (über die von der wissenschaftlichen Exegese nicht ohne gute Gründe rekonstruierte „Vorform" von Ps 73,1, „Gut für den Rechtschaffenen ist Gott", ist hier nicht zu handeln!) mit einer Aussage über Israel. Dabei muß es auch für uns Christen bleiben: Wir können diesen Psalm nicht ohne oder gar gegen Israel beten. Die jahrhundertelang vertretene These, die Kirche sei „das wahre Israel" und sei nun an die Stelle des jüdischen Volkes als Trägerin der biblischen Verheißungen getreten, widerspricht nicht nur dem Zeugnis des Römerbriefs (vgl. Röm 9–11), sondern ist auch mit der Predigt Jesu schlechterdings nicht vereinbar. Es wurde höchste Zeit, daß das Zweite Vatikanische Konzil die Kirche und die Theologie wieder zu dieser verschütteten und verdrängten Wahrheit zurückführte. Wenn Christen diesen Psalm beten, werden sie mit der Leidensgeschichte Israels konfrontiert, an der Christen unselig beteiligt waren.

Spätestens nach Auschwitz können wir Psalm 73 nicht mehr mit jener das Leid und das Leiden an Gott verdrängenden optimistischen Erfüllungschristologie lesen und beten, wie H.-J. Kraus dies andeutet. Der oft zitierte Satz, daß wir „*nach* Auschwitz" noch beten dürfen, weil „*in* Auschwitz" gebetet wurde, gilt für Ps 73 mit besonderer Dringlichkeit. Nur wenn wir in diesen Psalm „den längst verhallten Schrei" der Opfer von Auschwitz „zu einem stummen Gott" (Hans Jonas) mithineinnehmen als einen Schrei der Schwestern und Brüder Jesu nach universaler Gerechtigkeit, werden wir die *Verheißung* erahnen, die Gott *allen* ungerecht Leidenden mit der Auferweckung Jesu gegeben hat. Wenn wir Ps 73, 1 als „Satz mit einem Verheißungsvermerk" (J. B. Metz) lesen und beten, der uns in eschatologische Unruhe versetzt, werden wir die Seligpreisung der Bergpredigt zu begreifen beginnen, die auf Psalm 73 anspielt: „Selig, die reinen Herzens sind, denn sie werden Gott schauen!" (Mt 5, 8).

X. Gottesnähe

„War Israel … glücklich mit seinem Gott? War Jesus glücklich mit seinem Vater? Macht Religion glücklich? Macht sie ‚reif'? Schenkt sie Identität? Heimat, Geborgenheit, Frieden mit uns selbst? Beruhigt sie die Angst? Beantwortet sie die Fragen? Erfüllt sie die Wünsche, wenigstens die glühendsten? Ich zweifle.

Wozu dann Religion, wozu dann ihre Gebete? Gott um Gott zu bitten, ist schließlich die Auskunft, die Jesus seinen Jüngern über das Gebet gibt (vgl. Luk 11,1–3, spez. 11,13). Andere Tröstungen hat er, genau genommen, nicht in Aussicht gestellt. Der biblische Trost entrückt uns jedenfalls nicht in ein mythisches Reich spannungsloser Harmonie und fragloser Versöhntheit mit uns selbst. Das Evangelium ist kein Katalysator, kein Durchlauferhitzer zur Selbstfindung des Menschen. Darin haben sich m. E. auch alle Religionskritiker von Feuerbach bis Freud getäuscht. Die ‚Armut im Geiste', Wurzel allen Trostes, ist nicht ohne die mystische Unruhe der Rückfrage, auch christlich nicht. Auch christliche Mystik will verstanden sein als eine Mystik des Leidens an Gott …, eine Mystik der offenen Augen, die uns auf die gesteigerte Wahrnehmung fremden Leids verpflichtet" (J. B. Metz).

Die drei Psalmen, mit denen wir unsere Psalmenauslegungen beschließen, sind Zeugnisse solcher Mystik. So sehr sie einerseits echte, aus der Mitte der Existenz aufsteigende Erfahrungen Gottes bezeugen, so durchzieht sie andererseits die Erfahrung der „Nacht", des sich bei aller Gottesnähe zutiefst verbergenden Gottes. Die Gottesmystik des Ersten Testaments hält jenen „Verheißungsvermerk" wach, unter dem all unser Reden von Gott „mitten in der Nacht" steht (die christlichen „Gotteswisser" mit ihren theologischen Glasperlenspielen haben das vergessen!). Die biblische Gottesgewißheit ist nicht die des schon dagewesenen, sondern die des kommenden Gottes.

Nur wer die Psalmen nicht kennt, kann die dümmlichen Klischees weiterlallen, die den Gott des sogenannten Alten Testaments als einen „Gott der Rache" absetzen wollen von dem „Gott der Liebe" des Neuen Testaments. Welche Intimität spricht sich nicht in vielen dieser Psalmen aus! Das ist nicht *Rede* über Gottes-Liebe, sondern *Leben* in und durch Gottes-Liebe. Sogar die Schreie der Psalmenbeter nach dem Gott der Ahndung und der Wiedergutmachung zerstörten Lebens (das ist mit dem hebräischen „Rache" gemeint, das keinerlei emotionale Irrationalität einschließt, wie dies unsere übliche Redeweise tut!) kommen aus der Leidenschaft dieser Gottes-Liebe, die nach Erfahrbarkeit der Gottesnähe verlangt und ruft. Die „Seele" der mystischen Beter der Psalmen verzehrt sich im Verlangen nach dem sie liebenden Gott: Ein einziger Tag nur im Vorhof seiner Nähe ist kostbarer als Tausende von Tagen ohne IHN (vgl. Ps 84,11).

Psalm 4

1 *Für den Chorleiter. Mit Saitenspielbegleitung. Ein Psalm Davids.*

2a *Wenn ich rufe, antworte mir,*
2b *Gott meiner Gerechtigkeit!*
2c *In der Bedrängnis hast du mir Raum geschaffen,*
2d *sei mir gnädig und höre mein Gebet!*

3a *Ihr Mächtigen, wie lange noch*
3b *soll meine Ehre zu Schande werden,*
3c *indem ihr Nichtiges liebt,*
3d *indem ihr Lüge sucht?*
4a *Erkennt doch, daß Wunder gewirkt hat*
4b *JHWH an dem, der ihm treu ist,*
4c *daß JHWH gewiß hört,*
4d *wenn ich rufe zu ihm.*
5a *Erzittert und sündigt nicht mehr!*
5b *Erwägt es in eurem Herzen auf eurem Lager*
und verstummt!
6a *Opfert Opfer der Gerechtigkeit*
6b *und sucht Geborgenheit in JHWH!*

7a *Mögen auch viele sagen:*
7b *„Wer kann uns noch Gutes schauen lassen?*
7c *Geflohen ist von uns*
7d *das Licht deines Angesichts!" –*
8a *JHWH, du hast gegeben*
8b *Freude in mein Herz,*
8c *mehr als zu der Zeit, da ihr Korn*
8d *und da ihr Most gar viel waren.*
9a *In Frieden kann ich mich hinlegen*
9b *und ich schlafe sogleich ein,*
9c *denn du JHWH allein,*
9d *in Geborgenheit läßt du mich wohnen.*

Einführung

Der Psalm ist kunstvoll aufgebaut. Nach einer eröffnenden Bitte (V. 2) folgt der Hauptteil (das in V. 2d gemeinte „Gebet"!), der aus zwei gleich langen Abschnitten (V. 3–6.7–9) besteht, die in ihrer letzten Zeile durch Stichwortbezug („Geborgenheit") aufeinander hingeordnet sind und das theologische Thema des Psalms herausheben. Der erste Abschnitt wendet sich (literarisch-fiktiv?) an die Umgebung des Beters, der zweite Abschnitt ist als direkte Anrede an JHWH gestaltet.

Beide Abschnitte entsprechen sich in ihrer dreigliedrigen Struktur (vorwurfsvolle Frage: V. 3.7; Hinweis des Beters auf das Handeln JHWHs an ihm: V. 4.8; Vertrauen als rechtes Verhalten JHWH gegenüber: V. 5–6.9)! Auch motivlich sind sie parallel gestaltet. Sowohl hinter der Frage V. 3 als auch im Zitat der Frage V. 7 wird das vom Psalm abgelehnte Bestreben sichtbar, nicht bei JHWH, sondern anderswo Lebensorientierung und Heil zu suchen. V. 4 und V. 8 sind insofern parallelisiert, als sie vom erfahrenen Glück der Gottesgemeinschaft des Beters selbst reden. V. 5–6 und V. 9 sind durch das Motiv vom Nachtlager und vom „Hinlegen zur Nachtruhe" aufeinander bezogen; vom Stichwortbezug zwischen V. 6b und V. 9cd („Geborgenheit") war schon oben die Rede.

Als Kompletpsalm (am Abend vor Sonntag und Hochfesten, also an deren liturgischem Beginn!) ist Psalm 4 zu einem Vertrauensgebet geworden, dessen Schluß nicht nur die erhoffte Nachtruhe erbittet, sondern die „ewige Ruhe" in der Geborgenheit Gottes, der die Freude schlechthin schenken wird (vgl. 4,8f). Gerade im Tod wird sich erweisen, daß „JHWH Wunder wirkt an dem, der ihm treu ist". Der im Stundengebet vor den Psalmtext gesetzte „Psalmtitel" zitiert aus der Auslegung des

Augustinus und deutet den Psalm christologisch: „Wunderbar hat der Herr an ihm gehandelt, den er von den Toten auferweckte."

Auslegung

Der Psalm wird in V. 2 mit einer Reihe von Bitten eröffnet, in denen sich das biblische Verständnis von Gebet überhaupt zeigt. Dieses Beten ist ein „Rufen", d. h. es geschieht in einer Situation, die als Gottferne erfahren wird. Mit seinem „Rufen" will der Beter die Distanz, an der er leidet, überbrücken. „Rufen" ist eine Form von Suchen: Gebet ist Gottsuche! Im Gebet ruft der Beter nach einer „Antwort" seines Gottes. Darauf kommt es an. Nicht daß der Beter redet, sondern daß er zum Hören kommt, ist das Ziel des Psalmengebets. Dabei ist „antworten" etwas anderes als „erhören" (so wird häufig übersetzt!). Wer erhört werden will, gibt dem anderen weitgehend die Antwort vor und läßt ihn gewissermaßen nur zwischen Ja oder Nein wählen. Wer dagegen um Antwort bittet, hofft gerade, daß der andere in seiner Kompetenz neue Möglichkeiten öffnet, die den Rufenden aus seinem begrenzten Horizont herausführen. Daß solches Beten, in dem Gott dem Rufenden sein Gehör schenkt, sich der freien Herablassung des gütig-gnädigen Gottes verdankt, heben die beiden Bitten von V. 2d hervor. Und daß solches Rufen seine Leidenschaft und seinen Grund aus dem Wissen um das biblische Gottgeheimnis schöpft, hält V. 2bc fest: Der biblische Gott erweist sich als „Gerechtigkeit" schaffender Gott, indem er das Befreiungshandeln, mit dem er Israel als sein Volk geschaffen hat (vgl. Dtn 33,21; Ri 5,11), auch am einzelnen, insbesondere am Verfolgten und Armen, wirksam werden läßt (vgl. Ps 18,20; 31,9; 118,5). Als diesen Gott *hat* der Beter JHWH schon in seinem Leben erfahren – und an dieser Erfahrung hält er fest, gerade jetzt, wo er in soziale Not und Anfechtung geraten ist.

Worin die in V. 3–6 beklagte Not des Beters besteht, ist gar nicht leicht zu entscheiden und in der Exegese kontrovers. Zwei Deutungen sind möglich.

Da sind einflußreiche und mächtige Kreise in der Umgebung des Beters, die „seine Ehre" zuschanden machen – durch Nichtiges und Lügen. Darunter könnte man einen radikal theologischen Vorwurf verstehen, insofern „Ehre" hier ein Würdetitel für JHWH ist, der sein Handeln an Israel zusammenfaßt, während „Nichtiges" und „Lüge" den Abfall zum Götzendienst bezeichnet. Das ist gut belegte alttestamentliche Redeweise (vgl. Jer 2, 11; Ps 106, 20; 3, 4). JHWH ist einerseits Israels „Ehre", insofern er durch sein Rettungshandeln sich in Israel zu Ehren bringt. Und er ist es andererseits, wenn Israel JHWH als seinen Retter bezeugt und preist. Das gilt von der Geschichte Gottes mit seinem Volk – und es gilt, so bekennt V. 3b, auch vom einzelnen Frommen. Genau diese Lebensoption wird von den „Mächtigen", an die der Beter sich wendet, nicht geteilt. Sie schmähen und schänden „die Ehre" des Beters, d. h. JHWH, indem sie „Nichtiges" und „Lüge" lieben und suchen. Mit diesen Formulierungen brandmarken vor allem Hosea und Jeremia, aber auch die deuteronomistische Theologie den Abfall Israels zu fremden Göttern, jahwewidrigen Kulten und Ideologien. All dies ist „nichtig" und „trügerisch", weil es letztlich zu nichts nütze ist, außer eben, daß diese Lügenmächte den Menschen, die ihnen nachlaufen, trügerische Illusionen wecken, Enttäuschungen bringen und letztlich tödlich sind. Kurz: sie sind Nichtse und führen zu Nichts (vgl. Ps 115, 8).

Neben dieser „theologischen" Deutung ist eine „soziale" Interpretation denkbar: Sie versteht unter „Ehre" die Ehre des Beters selbst, d.h. seine Stellung in der Gesellschaft, ja seine Menschenwürde. Sie wird von den Mächtigen und Reichen mit Füßen getreten, indem sie über ihn allerlei Lügen verbreiten und dabei sogar den Gottesnamen beim Lügeneid einsetzen. Für diese Deutung sprechen vor allem zwei Beobachtungen. Zum einen zielt die Aufforderung des Beters in V. 6 darauf, daß diese Leute „Opfer der Gerechtigkeit" darbringen, d.h. daß sie sich dem Beter gegenüber endlich sozial und solidarisch verhalten sollen. Und zum anderen hat das Wort „Ehre" in den Nachbarpsalmen unbestreitbar starke soziale Konnotationen (vgl. Ps 3,4; 7,6; 8,6). Mit diesen Psalmen aber bildet Ps 4 zusammen die Teilkomposition Ps 3–7, die auf Ps 8 hingeordnet ist (vgl. dazu oben zu Ps 6). In Ps 3–7 sind typische Notsituationen zur Sprache gebracht, die mit diesen Psalmen bestanden werden sollen. Dabei geht es immer um recht konkrete Bedrängnisse und weniger um „theologisches" Leiden.

Gerade angesichts des starken Gefälles von Arm und Reich, an dem der Beter selbst zu leiden hat (und das auch im Abschnitt V. 7–9, wenngleich in anderer Perspektive, thematisiert wird), hält der Psalm an JHWH, dem „Gott der Gerechtigkeit" (vgl. V. 2) fest. Zwei Argumente führt er „für" JHWH an: (1) Er wirkt jene „Wunder", die Israel in seiner Ursprungsgeschichte erfahren hat und durch die viele einzelne seither ihr Leben als verdanktes Dasein begriffen haben. (2) Vor allem aber „hört" er, wenn man zu ihm ruft; das unterscheidet ihn von Baal (vgl. 1 Kön 18) und von den Götzen, „die Ohren haben und doch nicht hören können" (vgl. Ps 115,6).

Angesichts dieser Gotteserkenntnis (vgl. V. 4a) fordert der Beter in V. 5–6 mit sechs Imperativen, die paarweise gegliedert sind, zur Konsequenz auf, das rechte Verhalten JHWH und dem Beter gegenüber zu praktizieren. Das erste Paar (V. 5a) gehört zum Sprachspiel der

Gottesoffenbarung. Wo der wahre Gott offenbar wird, „erzittern" die Menschen (Ps 99,1; Jes 64,1; Jer 33,9 u.ö., vgl. auch Ex 19,16.18). „Erzittert" meint also: Nehmt in Gottesfurcht wahr, daß JHWH Gott ist und daß er als solcher die Sünde verabscheut, ja bekämpft (vgl. Ex 34,6f). Sie sollen stille werden vor dem Gottgeheimnis und es demütig annehmen (V. 5b; vgl. Ps 37,2; 131,32; Ijob 30,27). Und vor allem sollen sie jene „Opfer der Gerechtigkeit" darbringen (V. 6a), die der Gott der Zehn Gebote mehr liebt als Tieropfer, wie insbesondere die Propheten leidenschaftlich verkündet haben: „Hat JHWH Gefallen an Tausenden von Widdern, an zehntausend Bächen Öl? ... Es ist dir gesagt, Mensch, was gut ist und was JHWH von dir erwartet: Nichts anderes als dies: Recht tun, Güte und Treue lieben, in Ehrfurcht den Weg gehen mit deinem Gott" (Mi 6,7f).

Im Abschnitt V. 7–9 redet der Beter JHWH direkt an. Der zweifelnden und resignierten Haltung der „Vielen" in seiner Umgebung, die in V. 7b–d in einem Zitat zusammengefaßt ist, setzt er sein klares Bekenntnis zu JHWH als der Quelle seines umfassenden Heils entgegen. Das Zitat klingt wie eine ironische Ablehnung des sog. aaronitischen Segens Num 6,24–26 oder zumindest wie eine Absage an die traditionelle Theologie, die „das Glück" als Folge der Zuwendung des Angesichts JHWHs deutet. Das Leuchten des Angesichts JHWHs (vgl. Ps 44,4; 89,16) ist Metapher für seinen freundlichen, strahlenden, gütigen Blick. Die Metapher stammt aus der gemeinaltorientalischen Vorstellungswelt des Kultes, wonach der Kultteilnehmer am Angesicht der Götterstatue ablesen will, ob die Gottheit ihm gnädig gestimmt ist. In dieser Tradition ist die zweite Segensbitte des aaronitischen Segens formuliert: „JHWH lasse leuchten sein Angesicht zu dir hin und sei dir gnädig!" (Num 6,25). Genau diese Erfahrung aber bestreiten „die Vielen" mit ihrer Feststellung V. 7 c d, deren Auslöser offensichtlich eine schwere Not ist, die in der Frage von V. 7 b beklagt wird. In der Frage verbergen sich zwei Dimensionen von Not. Da ist erstens eine Hungersnot, worauf nicht nur die Erwähnung von Korn und Most in V. 8 c d hinweist; auch der allgemeine Begriff „Gutes" läßt sich vom alttestamentlichen Sprachgebrauch her als „das, was man zum Leben braucht" (vgl. Ps 34, 11.13; 85, 13; 104, 27 f) begreifen. Dieses „Gute" ist nun so wenig vorhanden, daß den „Vielen" sich angesichts des starken Gefälles zwischen den rücksichtslosen Reichen und den ihnen hilflos ausgelieferten Armen die Frage aufdrängt: „Gibt es überhaupt noch jemand, der uns Gutes schauen lassen kann?" In dieser Frage pocht der Zweifel, ob JHWH wirklich der „Gott der Gerechtigkeit" ist, der sich um die notleidenden kleinen Leute („die Vielen") kümmert, ja ob er ihnen überhaupt helfen kann.

Auch in dieser Not will der Beter an JHWH als der Quelle und der Kraft seines Lebens festhalten. Er erinnert sich selbst und „die Vielen" an die früher gemachten Erfahrungen mit JHWH. Er vergleicht (in V. 8) die Freude, die er in den Stunden erlebter Gottesgemeinschaft gefunden hat, mit der Freude, die es bei guter Ernte von Korn und Most (die jungen Produkte der Getreide- und der Weinernte) gibt. Und bei diesem Vergleich ist unserem Beter die Liebe seines Gottes wichtiger als die reichste Ernte. „Dieser Vers gehört mit zu den Beweisen, daß die alttestamentliche Religion ... sich vom Aufgehen in der Sinnenwelt zu befreien vermocht hat und ein inneres Vergnügen an Gott kennt, das ihr, schon von bloß kulturgeschichtlichem und philosophischem Standpunkt, einen hohen Rang in der geistigen Geschichte der Menschheit zuweist" (B. Duhm).

Weil die heilende Begegnung mit Gott unserem Beter eine Erfahrung ist, gegenüber der alle Erntefreuden verblassen, kann er in V. 9 das Fazit ziehen, das zugleich seine Antwort auf die in V. 7 b gestellte Frage sein will. Was Israel als Volk erfahren hat und erhofft, das hat der Beter auch an sich selbst schon oft erfahren – und dazu führt ihn nicht zuletzt das Beten dieses Psalms selbst. Im Wissen um die Freude der Gottesgemeinschaft verliert für ihn die Nacht, sei es die Nacht am Ende eines Tages oder sei es metaphorisch die Nacht der Angst und des Todes, ihre bedrohende und lähmende Mächtigkeit. JHWH selbst ist für ihn gewissermaßen der Raum von Frieden, in dem er Schutz und Ruhe findet. Welch tiefes Glück spricht sich in diesem Sätzchen aus: „Ich lege mich hin und kann sogleich in Frieden einschlafen!" Der gute Schlaf als Gabe eines guten Gottes, das ist in der Tat – wie wir modernen Zeitgenossen wieder zu begreifen beginnen – eine Erfahrung, die religiöse Tiefen hat (vgl. Ps 3,6; 127,2; Spr 3,24; Sir 31,1 f; 40,5 f).

Für den Beter des Psalms ist es keine Frage, daß jene umfassende Ruhe für Leib und Seele, mag „die Nacht" noch so dunkel und stürmisch sein (Verfolgung, Not, Krankheit, Leid, Zweifel, Todesangst ...), einer allein geben kann: „du JHWH allein bist es, der mich in Geborgenheit wohnen/leben lassen kann" (V. 9 c d). Letztlich kommt es dem Psalm auf diesen Satz an: daß da ein Gott ist, der wirklich Gelassenheit, Ruhe und Geborgenheit geben kann und will.

Wer den Psalm so begreift, für den kann er wirklich zum „Abendgebet" seines Lebens werden; mit diesem Gebet auf den Lippen oder im Herzen läßt es sich „in Frieden" und in der Hoffnung auf „ewige Ruhe" sterben.

Psalm 139

1a *Für den Chorleiter. Ein Psalm Davids.*
1b *JHWH, du erforschest mich und du erkennst mich.*
2a *Du, ja du erkennst mein Hinsetzen und mein Aufstehen,*
2b *du achtest auf meine Gedanken von fern her.*
3a *Mein Gehen und mein Liegen mißt du ab,*
3b *und in all meinen Wegen bist du bewandert.*
4a *Ja, es ist kein Wort auf meiner Zunge,*
4b *siehe, JHWH, da erkennst du es schon ganz.*
5a *Hinten und vorne umgibst du mich,*
5b *und du legst auf mich deine Hand.*
6a *Zu wunderbar ist dieses Erkennen mir,*
6b *zu hoch: ich fasse es nicht.*
7a *Wohin könnte ich gehen vor deinem Geiste,*
7b *und wohin könnte ich vor deinem Angesicht fliehen?*
8a *Wenn ich aufstiege zum Himmel, dort bist du,*
8b *und wenn ich mich betten wollte in der Unterwelt, du bist da.*
9a *Erhöbe ich Flügel der Morgenröte,*
9b *ließe ich mich nieder am Rand des Meeres,*
10a *auch dort kann deine Hand mich führen*
10b *und kann mich ergreifen deine Rechte.*
11a *Und spräche ich: „Ach, Finsternis soll mich zudecken,*
11b *und Nacht soll das Licht sein um mich herum!" –*
12a *auch Finsternis ist nicht finster vor dir,*
12b *und Nacht – wie Tag leuchte sie!*
12c *Finsternis und Licht sind vor dir gleich.*
13a *Ja, du, du schaffst meine Nieren,*
13b *du webst mich im Leib meiner Mutter.*

14a *Ich lobe dich, daß ich ein Gottesfurcht erregendes Wunder bin,*
14b *wunderbar sind deine Werke, meine Seele erkennt dies wohl.*
15a *Nicht verborgen sind meine Glieder vor dir,*
15b *wenn ich auch im Verborgenen gemacht bin.*
15c *Kunstvoll bin ich gewebt in den Tiefen der Erde,*
16a *mein Werden sehen (dennoch) deine Augen.*
16b *Und in deinem Buch sind sie alle aufgeschrieben,*
16c *die Tage, die mir geschaffen, nicht einer von ihnen fehlt.*

17a *Doch mir, wie schwer sind mir deine Gedanken,*
17b *o Gott, wie gewaltig ist ihre Zahl?*
18a *Wollte ich sie zählen, sie sind zahlreicher als der Sand,*
18b *wäre ich damit am Ende, wäre ich noch immer bei dir!*
19a *Oh möchtest du sterben lassen, Gott, den Gottlosen,*
19b *ihr Männer voll Blutschuld: Weicht von mir!*
20a *Sie nennen dich und treiben Götzendienst,*
20b *sie erheben deinen Namen zu Nichtigem und widersetzen sich dir!*
21a *Sollte ich die dich bekämpfen, JHWH, nicht auch bekämpfen*
21b *und verabscheuen, die sich wider dich empören?*
22a *Ja, mit aller Leidenschaft bekämpfe ich sie:*
22b *Feinde sind sie mir selbst!*

23a *Erforsche mich, o Gott, und erkenne mein Herz!*
23b *Prüfe mich und erkenne meine Sorgen!*
24a *Sieh, ob ich auf einem Weg des Verderbens bin,*
24b *und führe mich auf dem Weg des Uranfangs!*

Einführung

„Was meinst du, wieviel Drohung und Unentrinnbarkeit unter der Oberfläche dieser Lobpreisung liegen? Und was meinst du, wie solche Liederverse auf ein verwirrtes und verzweifeltes Seelenleben wirken, das vorübergehend die Orientierung verloren hat und eigentlich Menschen suchen müßte, die ihm weiterhelfen: ‚Weiß ich den Weg auch nicht, du weißt ihn wohl!' ... Sind Menschen je warmherziger zur Selbstaufgabe ermuntert worden ... Vieles von dem, was zu deinem Lobpreis und Gottesdienst erfunden worden ist, hat die Wirkung, einen süchtig zu machen. Wenn du einen einmal so weit hast, daß man diese Art von Seelennahrung akzeptiert und braucht und auf jene Sättigung hofft, die du in unwahrscheinlicher Dreistigkeit in deiner Schrift als unmittelbar greifbar anbietest, dann ist man verloren. Dein Angebot ist ausgerichtet auf die tiefsten, im Leben unerfüllt gebliebenen Sehnsüchte der Menschen. Was Menschen nicht geben können oder wollen, kannst du geben." Diese Sätze in „Gebetsform" schrieb der Psychoanalytiker Tilmann Moser in seinem 1976 erschienenen religionskritischen Buch „Gottesvergiftung" zu Psalm 139. Ein Gott, der alles hört und alles sieht, der die geheimsten Gedanken und Sehnsüchte kennt, der mit uns das schreckliche Spiel vom Hasen und vom Igel treibt, der uns Angst macht („Was wird der liebe Gott dazu sagen?") und uns hindert, wir selbst zu werden – daß ein solches Gottesbild eine „Gottessäure" ist, die zu „Gottesvergiftung" führt, wird kaum jemand bestreiten. Und daß Psalm 139 *so* ausgelegt wurde, ist ebenfalls nicht zu bestreiten, allenfalls zu beklagen.

Daß es Stunden in jedem Menschenleben gibt, in denen Einzelsätze des 139. Psalms nicht mit Zustimmung, sondern mit Verweigerung und Auflehnung gesprochen werden, belegen schon Jeremia und Ijob. Die sogenannten Konfessionen des Jeremia (vgl. Jer 12, 1–6; 15, 10–21; 20, 7–18) sind Ausdruck des Leidens an einem Gott, den der Prophet als niederdrückende Last empfindet. Und die Revolte des Ijob ist *auch* der Kampf gegen einen Gott, der sich um alles kümmert und so als einengende und lähmende Übermacht erlebt wird: „Laß ab von mir ... Wann endlich schaust du weg von mir, daß ich wenigstens einmal unbeobachtet schlucken kann? Was hab ich dir getan, du Menschenwächter?“ (vgl. Ijob 7, 16–20). Daß der biblische Gott die menschliche Selbstfindung verhindern will und *sich* als „Quelle aller Freuden“ aufzwingt, um Menschen das Leben zu vergiften, ist ein schlimmes Mißverständnis der biblischen Überlieferung, an dem freilich die „Kirchenleute“ kräftig mitgewirkt haben. Auch die Exegese ist dabei nicht ohne Schuld. Wenn man beispielsweise den Psalm als Formular verstanden hat, das ein Angeklagter *vor* dem Gottesurteil in einem Untersuchungsverfahren wegen Abgötterei (also eine Art „Ketzerprozeß“) zu rezitieren hatte und das ihm bewußt machen sollte, daß man Gott nicht ungestraft belügen kann, dann ist dies nur eine religionsgeschichtlich verbrämte Variante dieses unseligen Mißverständnisses von Ps 139.

Nein, der spätalttestamentliche Psalm 139 will nicht Angst machen, sondern mitten in der Angst Identität und Hoffnung stiften. Der Psalm muß als „Gebetsweg“ gegangen werden, wie ihn die Komposition anzeigt. Dabei überlagern sich zwei Strukturen, die die Gebetsdynamik des Psalms bestimmen. Da ist *erstens* der Rahmen V. 1 und V. 23–24, der die Spannung „vom Indikativ zum Imperativ“ aufbaut: „Du erforschest mich und du erkennst (liebst) mich“ (V. 1) – „Erforsche mich und erkenne (liebe) mich“ (V. 23). Der Psalmbeter bittet darum, daß er die „objektiv“ gegebene Gotteswahrheit von V. 1

doch wirklich und endlich „subjektiv" erfahren möge – damit sein „Lebensweg", den er selbst (!) gehen muß und will, unter der Führung Gottes gelingt, wie der Schluß des Psalms unterstreicht (V. 24). Dieser „Rahmen" legt sich *zweitens* um den vierfach gegliederten Hauptteil: 2–6 (Thema: innige Beziehung JHWH – Beter). 7–12 (Thema: JHWH – der Kosmos – der Beter). 13–16 (Thema: innige Beziehung JHWH – Beter). 17–22 (Thema: JHWH – die Bösen als Exponenten des Chaos – der Beter). Dieser Hauptteil hat seinen dramatischen Schwerpunkt im vierten Abschnitt. Das ist die Welt, aus und in der der Psalm 139 „lebt": Inmitten einer rätselhaften Welt von Gottlosigkeit und Gewalt *sucht* dieser Psalm das, was der „Rahmen" formuliert: Licht und Kraft für einen „Weg der Ewigkeit", d.h. für einen Weg, wie er in der „Urzeit" Israels, insbesondere am Sinai, gewiesen wurde (vgl. Ps 25,4; 103,7). Anders als der Weg der Gottlosen, der in den Abgrund führt, ist der „Weg der Gerechten", den JHWH „erkennt" (liebend begleitet), ein Weg des Lebens (vgl. Ps 1,6). Darum bittet dieser Psalm. So verstanden bewirkt er weder Menschen- noch Gottesvergiftung!

Der Psalm ist ein Stück weisheitlich-prophetischer Auseinandersetzungsliteratur. Von der Weisheit hat er ein Doppeltes: Es geht ihm zum einen um praktische Lebenskunst aus der Gewißheit heraus, daß es – insgesamt gesehen – eine gottgesetzte und gottgeschützte Lebensordnung gibt; das Gelingen des Lebens sucht der Beter nicht durch Eingliederung in die Geschichte des Volkes, sondern als einzelner, in seiner ureigenen individuellen Gottesbeziehung. Zum anderen ist das Problem, das den Beter umtreibt, typisch für die späte Weisheit. Er hat (wie der Ijob-Dichter und wie Kohelet) den naiven Optimismus der alten Weisheit verloren, daß es den Guten gut und den Schlechten schlecht geht. Das Gegenteil ist seine Erfahrung. Die Gottlosen und die Gewalttäter haben Erfolg, Einfluß und Macht. Das stellt *sein* Gottesverhältnis in Frage. Anders als in den älteren Psalmen, in denen die Beter darüber klagen, daß die Feinde sie direkt physisch und sozial bedrängen, gehört Ps 139 zu jener Gruppe von Psalmen (vgl. bes. Ps 49; 73), in denen das Glück der Frevler die Wahrheit Gottes „gefährdet". Sie bedrohen den Beter nicht physisch, sondern sie bedrohen seinen ganzen auf Gott gegründeten Lebensentwurf! Deshalb kämpft der Beter um seine Gottesbeziehung – wie Ijob und wie Jeremia (vgl. bes. Jer 12,1–5; 17,9f; 23,23f). Mit prophetischer Leidenschaft kämpft er um den Erweis der Gotteswahrheit, ohne die er nicht leben kann.

Auslegung

V. 1b gibt überschriftartig die „Gotteswahrheit" an, um deren Vergewisserung der Beter mit und in seinem Psalm kämpft: daß JHWH den Beter sieht und „erkennt". Daß damit weder die lästige Kontrolle eines „Gott-Polizisten" noch das unsichtbare Auge des Big Boss gemeint ist, entfaltet der *erste Abschnitt* des Hauptteils V. 2–6, der betont mit dem Personalpronomen „du" einsetzt. Er verwendet dreimal (!) das Themawort „erkennen" und qualifiziert es in V. 6 als ein unbegreifliches Wunder (vgl. Ps 131; Ijob 42,2f). Es ist das Staunen darüber, daß JHWH sich nicht nur um die Großen dieser Erde kümmert (wie diese meist denken!), sondern um jeden einzelnen (vgl. auch Ps 8,5). Gemeint ist jenes „Erkennen", das echtes Interesse und verstehende Anteilnahme bedeutet. Der Beter beschwört geradezu diese „Gotteswahrheit", um deren *Erfahrung* er abschließend in V. 23f bittet: JHWH begleitet liebevoll alle Lebensvollzüge („Hinsetzen und Aufstehen": Totalität des Lebensweges, vgl. Dtn 6,7; Ps 127,12), das Denken, Arbeiten und Schlafen (V. 2b–3a), alle Art von Aktivitäten (V. 3b) und alles Sprechen (V. 4a) – all dies ist ihm wichtig. Wie ein schützender Wall umgibt er ihn (das Bild in V. 5a ist schwer zu fassen; manche Ausleger betonen negative Konnotationen: du engst mich ein wie ein Belagerungsring; andere sehen das Bild eines Vaters/einer Mutter, die das Kind voll umfangen). Er legt seine Hand auf ihn – segnend (vgl. Gen 48,14.17) und schützend (vgl. Ex 33,22). Daß hier an die Faust, die niederdrückt, gedacht sein sollte, wie wieder manche meinen, ist wenig wahrscheinlich; vor allem V. 6 als die staunende Zusammenfassung des Abschnitts spricht dagegen.

Der *zweite Abschnitt* (V. 7–12), dessen Neueinsatz durch das zweimal gesetzte Fragewort „wohin" markiert ist, verändert die Sprecherperspektive. Gegenüber der Sprechrichtung du – ich in V. 2–6 ist die Sprechrichtung nun ich – du. Der Abschnitt ist in sprachlicher Hinsicht dramatisch gestaltet: Frage–Antwort, Zitat einer Rede, Irrealis. Dies ist keine Klage eines Verzweifelten, der seinem Gott nicht entfliehen kann. Im Gegenteil: Der Beter bekämpft hier die Zweifel und Ängste in seiner eigenen Brust, Gottes Zuwendung und Nähe könnten Grenzen und Hindernisse haben. Deshalb durchschreitet er sozusagen experimentierend den ganzen Kosmos sowohl in der Vertikalen (V. 7: „Himmel" und „Unterwelt") wie in der Horizontalen (V. 8: „Morgenröte" und „Rand des Meeres", von Osten bis Westen). Überall gilt: „Da bist du" – mit deinem Geist bzw. deiner Lebenskraft und mit deinem liebevoll zugewandten Angesicht (V. 7) sowie mit deiner helfenden, rettenden und führenden Hand (V. 10, vgl. Ps 73,23f). Gottes Nahekommen sind auch keine zeitlichen Beschränkungen gesetzt: auch Nacht und Finsternis, die Zeiten des Chaos und des Unheils, kann er in Licht verwandeln (V. 11–12) – für die, die er „erkennt".

Im *dritten Abschnitt* (V. 13–16), dessen Neueinsatz wieder mit betontem Personalpronomen „du" markiert wird (Perspektive: du – ich), wird die im ersten Abschnitt beschriebene innige Beziehung zwischen JHWH und dem Beter auf ihre Ursprünge hin reflektiert: Sie gründet in der Hingabe, mit der JHWH am kunstvollen Werden des Menschen im Leib der Mutter (V. 13–15b) bzw. im Mutterschoß der Erde (V. 15c–16, vgl. Sir 40,1; Ijob 1,21) beteiligt ist. Hier sind der biologische und der mythische Ursprung des Menschen miteinander verwoben. Gott hat sozusagen das Webmuster entworfen. Er hat die Lebenstage in sein „Buch des Lebens" eingetragen, damit er für alles zu „seiner Zeit" sorgt (vgl. u.a. Koh 3,1–9) – er, der die Zeit in Händen hält (Ps 31,16).

Nach diesem dreifachen Anlauf kommt der Psalm im *vierten Abschnitt* (V. 17–22) zum eigentlichen Problem! Er ist wie der zweite Abschnitt mit einem zweimal gesetzten Fragewort („wie?") eingeleitet und wie dieser höchst dramatisch gestaltet (Ausrufe, Wünsche, Imperativ, Frage – Antwort). Der Beter sagt klar, was ihn plagt: Er kann Gottes Weltplan, den er – durchaus im Rahmen der traditionellen Weisheit – bisher im Psalm beschrieben hat, mit der Welt, in der er lebt, nicht zusammenbringen. Da herrscht nicht Gott, sondern da regieren die Gottlosen und die Männer, an deren Händen Blut der Gewalt und der Ausbeutung klebt (V. 19), die Götzendienst treiben und über JHWH spotten, seinen Namen beschwören und sich doch seiner Tora widersetzen (V. 20f). Voller prophetischer Leidenschaft bricht dies alles aus dem Beter heraus. Und nun kommt der Psalm zu seinem überraschenden Höhepunkt. Sein Leiden an der scheinbaren Ohnmacht seines Gottes und am offensichtlichen Glück der Gotteshasser führt ihn nicht dazu, sich auf die Seite der Erfolgreichen und Mächtigen zu schlagen. Nein: Das Festhalten an der in den ersten drei Abschnitten meditierten „Gotteswahrheit" motiviert ihn dazu, dieser Gotteswahrheit die Bahn zu brechen – durch den Kampf gegen den Gotteshaß. Er macht die Sache Gottes zu seiner eigenen! Wer hier von niederdrükkender „Gottesvergiftung" redet, hat den Psalm nicht verstanden.

Aber der Psalm ist damit noch nicht zu Ende. *Wie* der Kampf gegen die Gotteshasser zu geschehen hat, wird in den *Schlußbitten* V. 23–24 konkretisiert: JHWH möge sich in seiner Zuwendung dem Beter so sehr mitteilen, daß er „den Weg der Ursprünge" (vgl. Jer 6,16; 18,15) gehen kann. Das ist letztlich der Weg der Tora. Wer *ihn* geht, vertreibt das Chaos und stärkt das Leben – im Vertrauen auf den Gott, der den Weg der Gerechten liebevoll „erkennt" (Ps 1,6).

Kontext

Wer Psalm 139 als Teil der Bibel nachsinnend rezitieren will, muß jenes Beziehungsgeflecht mitdenken, in das ihn die Psalmenbuchredaktion hineingestellt hat. Wir haben dies mehrfach betont: Die Psalmen sind mit einer theologischen Idee nebeneinandergestellt. Oft hat die Redaktion durch Stichwortverkettungen noch zusätzliche Querverbindungen hergestellt. Mehrere Psalmen bilden eine „Kleingruppe", die als programmatische Komposition so gelesen werden will, daß die Einzelpsalmen dadurch neue Bedeutungen hinzugewinnen. Vor allem die Beziehung zwischen unmittelbar benachbarten Psalmen ist wichtig. Wer die Psalmen auswendig kannte, der entdeckte und lernte diese Bezüge. Man kann sich gut vorstellen, daß in jenen Gruppen, für die das Psalmenbuch das „Meditationsbuch" (das man auswendig lernte!) schlechthin war, diese Zusammenhänge buchstäblich gelernt wurden.

Schon die Redaktoren haben Ps 138–145 als eine zusammengehörige Gruppe dadurch gekennzeichnet, daß sie diese acht Psalmen durch die Überschrift dem David zugeschrieben haben. Der Psalmenbeter „David" ist der von Feinden verfolgte „Knecht" JHWHs, der in seiner Bedrängnis ganz und fest auf JHWH setzt und von IHM gerettet wird. „David" ist eine Figur sowohl für Israel wie für den Messias. Wer „seine" Psalmen betet, gliedert sich in die messianische Geschichte ein.

Die Kompositionsidee des Davidpsalters 138–145 kann hier nur angedeutet werden. Ps 138 ist ein Lobgesang auf den Namen JHWHs (138,2) „aus ganzem Herzen" (Anspielung auf Dtn 6,5; der Lobgesang ist realisierte Gottesliebe; ihm gilt deshalb die Zusage, mit der die Sammlung in Ps 145,20 schließt: „JHWH behütet alle, die ihn lieben!"). Was der Name JHWH bedeutet, wird mit Anspielung auf die „Sinaiformel" Ex 34,6f zusammengefaßt: „Güte und Treue" (138,2). Auch Ps 145 zitiert die Sinaiformel Ex 34,6f (145,8f: „Gütig und barmherzig, langmütig und groß an Güte ...") als Durchführung der den Psalm eröffnenden Ankündigung: „Ich will segnen deinen Namen auf ewig und für immer" (145,1). Worauf der segnende Lobpreis (Beraka) des Namens JHWHs durch „David" insgesamt hinzielt, faßt der letzte Satz der ganzen Sammlung so zusammen: „Mein Mund soll den Lobpreis JHWHs verkünden, damit alles Fleisch seinen heiligen Namen segne – auf ewig und für immer" (145,21). Das ist auch das Ziel, das pointiert am Anfang der Sammlung steht: „Loben sollen dich, JHWH, alle Könige der Erde, wenn sie die Worte meines Mundes [d.h. diese Psalmen!] hören! Und sie sollen singen von den Wegen JHWHs: ‚Ja, groß ist die Herrlichkeit

JHWHs ...'" (138,5: „die Wege JHWHs" und das Motiv „Herrlichkeit JHWHs" spielen auf Ex 33–34 an; vgl. dazu unsere Auslegung von Ps 103 [siehe oben VIII.]).

Der Davidpsalter 138–145 ist also von seinen Rahmenpsalmen her ein „Lobpreis" JHWHs aus dem Munde „Davids", der die Könige der Erde und „alles Fleisch" dazu bewegen will, in diesen Lobpreis einzustimmen. Der diese Psalmen singende „David" ist freilich, wie Ps 139–144 zeigen, der von Feinden und Gotteshassern, ja sogar von eben diesen „Königen" verfolgte und verachtete „Knecht JHWHs" (vgl. 140,13; 142,7; 143,2.12; 144,10). Im Zentrum stehen deshalb die vier Bittgebete „Davids" um Rettung Ps 140–143 (sie sind durch ganze „Satzbausteine" miteinander verbunden; vgl. bes. die Linie 140,7; 141,1; 142,2; 143,1 sowie 142,4; 143,4). Gerahmt sind diese vier Bittgebete durch die „Vertrauenspsalmen" 139 und 144, die ihrerseits durch Stichwort- und Motiventsprechungen aufeinander hingeordnet sind (vgl. vor allem das Motiv vom „Erkennen" JHWHs in 144,3 und die Kennzeichnung der Feinde des Beters in 144,11: „ihr Mund redet Nichtiges", wie 139,20). Von der Komposition her ergibt sich somit für das Verständnis von Psalm 139: Er ist ein „Kampf um die Gotteswahrheit", den „David", d.h. das bedrängte Gottesvolk in seiner messianischen Sendung, führt, um die Völker und ihre Könige zum Lobpreis (zur Beraka!) des Namens JHWHs zu bewegen.

Vom „Eröffnungspsalm" 138 her erhalten dann aufgrund der Stichwortbeziehungen mehrere Wörter bzw. Motive des 139. Psalms neue „Töne". Ps 138,1 kündigt die Lobgesänge Ps 138–145 so an: „angesichts der Götter (oder: gegen die Götter) will ich (die Psalmen) singen". Die kämpferische Vergewisserung der Nähe JHWHs, um die es in Ps 139 geht, ist damit zugleich ein Kampf „gegen die Götter" – und gegen ihre Anhänger (vgl. Ps 139,20).

Die „Hand" und die „Rechte", die den Beter von Ps 139 ergreift und führt (139, 10), ist keine andere als die, von der es programmatisch in Ps 138, 7 heißt: „Auch wenn ich mitten durch Bedrängnis gehen muß, erhältst du mich am Leben …, du streckst deine Hand aus, und deine Rechte rettet mich!" Die knappe Schlußbitte Ps 139, 24 „sieh" bedeutet im Horizont von Ps 138, 6: „JHWH sieht die Erniedrigten". Und „der Weg des Uranfangs", auf dem JHWH den Beter führen soll (139, 24), ist eben „der Weg" des Sinaigottes (Ex 34, 6 f), den die Völkerkönige durch „David" = Israel lernen sollen.

Die „Lobgesänge Davids" Ps 138–145 sind die „JHWH-Lieder", die die Psalmenbuchredaktion gezielt hinter Ps 137 gesetzt hat. In 137, 3 fordern „die Zwingherren" von Babel die deportierten Israeliten auf: „Singt uns ein Zionslied", worauf diese Antworten: „Wie könnten wir ein JHWH-Lied singen auf dem Boden der Fremde?" (137, 4). Es gibt Zeiten, in denen das Verstummen das dichteste JHWH-Gebet ist (vgl. Ps 65, 2 in der Lesart der Masoreten: „Dir ist Schweigen Lobpreis, Gott auf dem Zion."). Aber es gibt auch die Zeiten, wo die Lobgesänge erklingen – auch in der Fremde, inmitten bedrohlicher Götter und chaotischer Mächte. Ps 138–145 sind *eine* Antwort auf die (ironische) Aufforderung: „Singt uns ein JHWH-Lied!" (137, 3). Die Stichwortbeziehung zwischen 137, 3 f; 138, 5 („singen") deutet dann sogar an: Das „Singen" des armen Gottesknechtes „David" kann seine Feinde „besiegen" – indem sie in die Lobgesänge JHWHs einstimmen. Auch in den von Psalm 139!

Psalm 42/43

1 *Für den Chorleiter. Ein Weisheitslied. Von den Korachiten.*
2a *Wie eine Hirschkuh, die in (ausgetrockneten) Wadis schreit,*
2b *so schreit meine Seele nach dir, Gott.*
3a *Es dürstet meine Seele nach Gott, nach dem lebendigen Gott.*
3b *Wann darf ich kommen und schauen das Angesicht Gottes?*
4a *Meine Tränen sind mein Brot bei Tag und bei Nacht,*
4b *wenn man (sie) zu mir den ganzen Tag sagt: „Wo ist denn dein Gott?"*
5a *Daran will ich gedenken und um meinetwillen schütte ich meine Seele aus,*
5b *daß ich hinging im Kreis der Edlen zum Haus Gottes,*
5c *beim Schall des Jubels und des Lobopfers, inmitten einer tanzenden Menge.*
6a *Was bist du aufgelöst, meine Seele, und was tobst du gegen mich?*
6b *Warte auf Gott! Denn ich werde ihn wieder loben können,*
6c *die Rettung meines Angesichts und meinen Gott.*
7a *Gegen mich ist aufgelöst meine Seele, darum gedenke ich deiner*
7b *aus dem Land des Jordan und des Hermon, vom Mizar-Berg her.*
8a *Urflut ruft zu Urflut, beim Donner deiner Güsse,*
8b *all deine Wogen und deine Wellen gehen über mich hin.*
9a *Bei Tag entbiete JHWH seine Güte,*
9b *und in der Nacht ist sein Lied bei mir, ein Gebet zum Gott meines Lebens.*

10a *Ich will sagen zu Gott, der mein Fels ist: „Warum vergißt du mich?*
10b *Warum muß ich als Ausgestoßener einhergehen, wobei der Feind mich bedroht?"*
11a *Bei der Zermalmung meiner Glieder verspotten mich meine Bedränger,*
11b *indem sie zu mir den ganzen Tag sagen: „Wo ist denn dein Gott?"*
12a *Was bist du aufgelöst, meine Seele, und was tobst du gegen mich?*
12b *Warte auf Gott! Denn ich werde ihn wieder loben können,*
12c *die Rettung meines Angesichts und meinen Gott.*

1a *Schaffe Recht mir, Gott, und streite meinen Streit gegen ein unbarmherziges Volk,*
1b *aus der Macht des Lügners und des Verbrechers errette mich.*
2a *Denn du bist Gott, der mein Schutz ist. Warum verstößt du mich?*
2b *Warum muß ich als Ausgestoßener einhergehen, wobei der Feind mich bedroht?*
3a *Sende dein Licht und deine Treue! Sie werden mich leiten,*
3b *sie werden mich bringen zu deinem heiligen Berg und zu deiner Wohnstätte,*
4a *und so werde ich kommen zum Altar Gottes,*
4b *zu Gott, der meine Freude und mein Jubel ist,*
4c *und so werde ich dich loben mit der Tragleier, Gott, mein Gott!*
5a *Was bist du aufgelöst, meine Seele, und was tobst du gegen mich?*
5b *Warte auf Gott! Denn ich werde ihn wieder loben können,*
5c *die Rettung meines Angesichts und meinen Gott.*

Psalm 43, der bis zur Liturgiereform als „Stufengebet" zu Beginn der Messe gebetet wurde, bildet zusammen mit Ps 42 einen einzigen Psalm. Zwar teilte auch die Septuaginta (die alte griechische Bibelübersetzung) den Text auf zwei Psalmen auf und gab, abweichend von der hebräischen Bibel, dem Psalm 43 sogar eine eigene Überschrift („Psalm für David"). Die Zweiteilung läßt sich auch verständlich machen. Während Ps 42 Klage ist, ist Ps 43 Bitte. Und anders als Ps 42, der als Hoffnungsgrund das Gedächtnis von in der Vergangenheit gemachten Gotteserfahrungen beschwört, erhofft Ps 43 die Wende der Not von einem zukünftigen Handeln Gottes. Dennoch bilden die beiden Psalmen eine organische (möglicherweise gewachsene?) Einheit. Das war nicht nur die Meinung mehrerer hebräischer Handschriften, die die beiden Psalmen als einen zusammengehörenden Text schrieben. Schon mehrere Kirchenväter haben darauf aufmerksam gemacht, daß die beiden Psalmen von der Situation des Beters her und in seiner motivlich-literarischen Gestaltung eine übergreifende Einheit bilden. Der dreimal wiederholte Refrain (42,6.12; 43,5) bindet den Text zusammen. Die Abfolge dieser Kehrreime entfaltet ihre Gebetsdynamik erst, wenn die beiden Psalmen als Einheit begriffen werden (V. 7 nimmt das Stichwort „meine Seele" aus V. 6 auf; 43,1 nimmt aus 42,12 das Stichwort „Gott" auf!). Ps 42 und Ps 43 sind durch mehrere Stichwortbezüge eng verbunden. Und zumindest in jener hebräischen Textüberlieferung, die als die am besten bezeugte gilt, hat Ps 43 keine eigene Überschrift. Das ist deswegen so gewichtig, weil *alle* Psalmen des 2. Psalmenbuchs, das mit Ps 42 eröffnet wird (Ps 42–72), mit Ausnahme von Ps 71 eine Überschrift tragen.

Der durch den Kehrreim in drei Strophen gegliederte

Psalm ist gattungsmäßig ein Klage- und Vertrauensgedicht, das theologisch den Psalmen 62; 77; 131 und der Ijob-Dichtung nahesteht und aus frühnachexilischer Zeit stammen dürfte. Freilich gibt es auch andere Datierungsansätze, vor allem bei solchen Auslegern, die den Psalm historisch-biographisch mit prominenten Gestalten oder Ereignissen der Geschichte Israels (z.B. David auf der Flucht, König Jojachin auf dem Weg in das babylonische Exil u.a.) verbinden wollen. Oft werden zum Verständnis des Psalms auch falsche Engführungen vorgenommen: Der Psalm sei das Gebet eines Todkranken, eines aus Jerusalem Verbannten, eines zu Unrecht Angeklagten und Verurteilten, eines von Heiden wegen seines Gottesglaubens Verfolgten. Solche Deutungen machen einen Teilaspekt des Psalms zum Gesamtschlüssel. Gewiß hat der Psalm ein ausgesprochen individuelles Profil, vor allem in seiner Bildwelt. Dennoch „verdichtet" er so unterschiedliche Leiderfahrungen, daß es mir, wie auch beim Ijob-Buch, verfehlt erscheint, den Psalm auf eine einzige Lebenssituation festzulegen – außer es ist die *eine* Ursituation, die in sehr unterschiedlichen Lebenskontexten erlebt, erlitten und erstritten wird und die Augustinus klassisch so formuliert hat: „Unruhig ist unser Herz, bis es ruht in Dir!"

Der Psalm ist in seiner dreigestuften Geschehensstruktur, die zugleich eine sich steigernde Bildkonfiguration entfaltet (Strophe 1: Tödliche Bedrohung in der Wüste; Gegenbild: der lebendige Gott; Strophe 2: Tödliche Bedrohung durch chaotische Wassermassen; Gegenbild: Gott als Halt gebender Fels; Strophe 3: Tödliche Bedrohung durch gesellschaftliche Gewalt; Gegenbild: Gott als rettende und schützende Zuflucht), ein faszinierendes, komplexes Gespräch. Er ist nicht nur betende Gottsuche, in der der Beter auf das rettende Du seines Gottes setzt und wartet; er ist zugleich ein leidenschaftliches Selbstgespräch im Inneren des Beters selbst. Da stürmt eine „Seele" ungeduldig und ungestüm auf ein „Ich" ein, das seinerseits diese lebenshungrige (Strophe 1), geängstete (Strophe 2) und bedrängte (Strophe 3) „Seele" zu Ruhe und Gelassenheit hinführen will. Dieses „Ich" rät zu einem geduldigen Warten auf Gott, der in der Vergangenheit sich doch als Quelle des Lebens erwiesen habe und gewiß in der Zukunft sich als der Treue, auf den Verlaß ist, erweisen werde.

Man hat Psalm 42/43 (etwas mißverständlich) auch ein „Herzberuhigungsgebet" genannt, und es wäre verlockend, die psychologische Weisheit, die sich in diesem Psalm verdichtet hat, tiefenpsychologisch zu ergründen. Doch muß vor allem herausgestellt werden, daß der Psalm dem Leidenden und Klagenden die Ruhe von Gott her und in Gott verheißt. Es ist ein inniger Psalm der „Ur-Sehnsucht des Menschen ..., von Ihm erkannt zu sein. ‚Im Lichte seines Angesichtes' zu leben, ein Gedanke Gottes zu werden – das ist der wahre Beruf des Menschen" (Abraham Heschel). Das Psalmenbuch ist ein „Lehr- und Übungsbuch" für diesen Beruf.

Der Psalm eröffnet die erste Reihe der Korachiten-Psalmen (Ps 42–49); die zweite Reihe liegt in Ps 84–85; 87–88 vor. Diese Psalmen sind in auffälliger Weise aufeinander bezogen. Ps 42/43 hat eine „Parallele" in Ps 84; Ps 44 wird in Ps 85 aufgegriffen (siehe dazu unsere Auslegung oben IV.); die Psalmengruppe 46–48 wird in Ps 87 neu gedeutet (siehe dazu oben III. die Auslegung von Ps 46); Ps 49 schließlich hat seine Parallele in Ps 88 (vgl. dazu oben IV. die Auslegung von Ps 49). Diese Korachiten-Psalmen legen sich wie eine Schale um den Kern Ps 50–73 (Davidpsalter 51–72; seinerseits gerahmt durch die Asafpsalmen 50 und 73–83).

Auslegung

Dies ist der einzige biblische Psalm, der mit einem Vergleich einsetzt (V. 2). Die „Seele" des Beters, d. h. dieser Mensch in all seinen Bedürfnissen und Sehnsüchten, in seinen Empfindsamkeiten und Empfindlichkeiten, in seinen Verletzlichkeiten und Ängsten, kurz: der Mensch, insofern er Lebensdurst und Lebenslust ist, wird mit einer Hirschkuh verglichen, die in der Hitze des Sommers in den ausgetrockneten Wadis der Hermonregion (vor allem dort und im Karmel gab es damals Hirsche!) vergeblich nach Wasser suchte und nun, am Ende ihrer Kräfte, schmerzvolle Klagelaute ausstößt (vgl. zum Bild auch Jer 14,5; Joel 1,20). Wie die verdurstende Hirschkuh spürt und weiß diese „Seele" genau, was bzw. wer für sie in dieser Situation allein lebenswichtig ist – und genau dies fehlt ihr: die Nähe des lebendigen Gottes, d. h. des Gottes, der als Lebenskraft erfahren wird (V. 3 a). Und so klagt sie und bestürmt das Ich des Beters, der seinerseits weiß, daß dieses lebenswichtige „Wasser", das allein den Durst der Seele stillen kann, ein Geschenk ist, auf das er warten muß. Er weiß dies, weil er es in seinem Leben schon erfahren hat. Und diese Erfahrung, da er in der gottesdienstlichen Gemeinschaft von Jerusalempilgern die beglückende Nähe seines Gottes geradezu sinnlich erlebt und darin Kraft geschöpft hatte (V. 5; V. 5 c ist späte Erweiterung!), hält er der ungestümen Frage seiner Seele: „Wo ist denn dein Gott?" (V. 4 b) entgegen. Mit dem Imperativ: „Warte auf Gott!" fordert er sie auf, in dieser Situation der inneren Dürre sich auszurichten auf ein geduldiges und gelassenes Warten, das ungeheure Kräfte freisetzt und fähig macht, im rechten Augenblick wach zu sein für die Gnade der Gottesgegenwart. Dieser Augen-Blick, daß sich das Angesicht des Beters (V. 6c) und das Angesicht Gottes (V. 3b) begegnen, *wird* wieder kommen.

Vermutlich denkt der Beter sehr konkret an eine Wallfahrt nach Jerusalem, die ihm nun (wegen Krankheit, aus sozialer Not, aus politischen Gründen o. ä.) nicht möglich ist. Deshalb wendet er sich an seinen Gott, daß dieser endlich (die Wann-Frage hat drängenden Charakter!) seiner Not ein Ende macht, indem er ihn SEIN Angesicht schauen läßt (V. 3b). Die alttestamentlich breit belegte und in V. 3b verwendete Rede vom Schauen des Angesichtes Gottes, die sich einerseits an der an altorientalischen Heiligtümern üblichen Praxis, bei großen Festen die Götterbilder in Prozession zu zeigen, inspirierte und die andererseits im Blick auf den Königshof bedeuten konnte, zu einer Audienz beim König zugelassen und von ihm beschenkt zu werden, ja an einem königlichen Festmahl teilnehmen zu dürfen, kennzeichnet die erhoffte Teilnahme an einer Jerusalemer Liturgie als befreiendes und beglückendes Erlebnis, eben als ein echtes Gottesgeschenk, das den Lebensdurst „der Seele" stillen kann.

Die zweite Strophe macht deutlich, daß das Leid des Beters nicht nur in seiner „Gottesferne" (V. 7b ist wörtlich oder metaphorisch lesbar!) besteht. Viel schlimmer: Nicht nur, daß er Gott sucht und nicht findet, quält seine Seele, sondern noch mehr die Angst, daß sein Gott, der ihm doch allein Halt und Überleben inmitten der tobenden Chaosfluten, die da über ihn hinwegspülen, geben kann, ihn „vergessen", d.h. im Stich gelassen hat. Den Spott, den seine Umgebung über ihn, „den Frommen", mit ihrer zynischen Frage „Wo ist nun dein Gott in deinem Leid?" ausgießt, kann er nur seinem Gott weitergeben – in der Form der Anklage: „Warum tust du mir das an?" Nicht nur, daß er in seinem Leid Gott nicht als Lebensquelle wahrnimmt, es ist, so formuliert V. 8,

Gott selbst, den die Seele in diesen Lebensstürmen zerstörerisch am Werk sieht. Der textlich schwierige Vers 8, der im Psalm, den Jona im Bauch des Fischungeheuers betet (vgl. Jona 2,4), aufgenommen wurde, empfand die Tradition offensichtlich als so störend, daß sie V. 9 „entschärfend" eingefügt hat. Der Refrain, der auch diese Strophe beschließt, erhält angesichts der Anklage gegen den zerstörerischen Gott nun jene Dramatik, die im Ijob-Buch breit entfaltet ist: Gegen den als Zerstörer und Feind erfahrenen Gott wird der Gott beschworen, der sich als rettender Bundesgenosse (V. 12c) erweisen wird!

Diese dritte Strophe des Gebets setzt mit einer doppelten Bitte ein (V. 1). Der Beter bittet darum, Gott möge ihn von der Verfolgung und Bedrückung durch rücksichtslose und betrügerische Mitmenschen, die offensichtlich mächtig sind, retten. Und zugleich ist dies die Bitte, Gott möge so die rechte Lebensordnung wiederherstellen. Beides ist der Appell an den Gott, der „der Schutz" der Schutz- und Rechtlosen ist (V. 2a). Für den Beter, der als Ausgestoßener der Gesellschaft umherirren muß, bedroht und gehetzt von seiner feindlichen Umwelt (V. 2b), soll sich Gott endlich als Asyl („Schutz") erweisen, wo er Heimat, Recht und Verteidigung vor seinen Verfolgern findet. Diese Strophe transponiert das Bild von der umherirrenden Hirschkuh aus der ersten Strophe (42,2) in die gesellschaftliche Dimension: der Leidende empfindet sich als der von seiner Umgebung Gejagte und Unterdrückte, der nach Rettung lechzt und schreit wie das verdurstende Tier. Schlimmer noch: Er sieht hinter den Verfolgern seinen Gott selbst am Werk. Seine Anklage: „Warum verstößt du mich?" (vgl. Ps 44,10) hält Gott die Rätselhaftigkeit und Ausweglosigkeit entgegen, in der er sich sieht. Es ergeht ihm wie Ijob. Er vermag in seinem schrecklichen Leid keinen Sinn zu sehen, von einer Erklärung oder gar Rechtfertigung seiner Situation ganz zu schweigen. Er kann nur dies: Mit seinen wiederholten Warum-Fragen will er Gott zum Eingreifen bewegen. ER soll ihn herausführen aus dieser Wüste und aus diesem Todesdunkel, in dem er herumirren muß. Mit seinem Eingreifen soll Gott selbst Antwort auf die Frage „der Seele" des Beters und seiner Feinde („Wo ist denn dein Gott?") geben. *Daß* und *wie* Gott in dieser Welt gegenwärtig ist, soll und kann er am Leben dieses Leidenden erweisen.

In V. 3 bittet der Beter darum, daß Gott ihm Boten sendet, damit sich ereigne, wonach er sich in der ersten Strophe gesehnt hatte (vgl. 42,3b). Diese Boten sollen ihm den Weg ebnen und ihn geleiten, daß er endlich „das Angesicht Gottes schauen" könne (Stichwortbezug „kommen": 42,3b; 43,4a; auch „hinbringen" ist im Hebräischen eigentlich: „sie sollen mich kommen machen"!). „SEIN Licht" und „SEINE Treue" sind die Boten, auf die der Beter all seine Hoffnung setzt. Das „Licht" soll der Nacht der Angst und des Unheils, in der er leben muß, ihren lähmenden, ja tödlichen Schrecken nehmen (vgl. Ps 27,1; Jes 9,1). Es soll ihm das Zeichen sein, daß sein Gott ihm wohlwollend und liebend zugewandt ist (vgl. Ps 31,17; Num 6,25). Es soll ihm vor allem die Kraft geben, an der großen „Wallfahrt" festzuhalten, von der er träumt. Als Ziel dieser Wallfahrt, die seine Gottferne beenden soll, wird zunächst gewiß die Teilnahme an einer ihn faszinierenden Jerusalemer Tempelliturgie gemeint sein (V. 4). Nur wer an der emotionalen und sozialen Kraft, die von gelungenen Festen ausgehen kann, noch nichts erfahren hat, wird über diese liturgische Sehnsucht des Beters lächeln. Aber ihm geht es um mehr. Er weiß um die theologische Vergewisserung, die der gemeinsame Gottesdienst schenken kann. Er hofft darauf, daß ihm dabei „die Treue" seines Gottes, in der dieser die Geschichte des Gottesvolks und jedes Einzellebens schützend umfängt, erneut aufgeht. Dies ist ja die tiefste Wurzel seines Leids: der Zweifel, ob Gott wirklich auf seiner Seite steht, ob er seinem Gott etwas bedeutet, ob sein Gott ihn versteht und mit ihm leidet. Nicht nur den spottenden „Feinden" soll offenbar werden, daß auf diesen Gott Verlaß ist. Nein, ihm selbst soll diese Erfahrung zuteil werden, damit er wieder zu dem Sinn seines Lebens zurückfindet, an dem er auch inmitten seiner Zweifel und seiner Verzweiflung festhält: Gott wieder loben zu können (V. 5b) – mit einem einfachen Lied auf seiner Tragleier (V. 4c).

Vielleicht ist dies der überraschendste Punkt des ganzen Psalms. Die jüdische Tradition mag uns helfen, diese Pointe zu verstehen. Sie sagt: „Es gibt drei Wege, auf denen ein Mensch seinem tiefen Kummer Ausdruck geben kann. Der Mensch auf der niedersten Stufe weint; der Mensch auf der zweiten Stufe schweigt; der Mensch auf der höchsten Stufe weiß seinen Kummer zum Lied zu wenden." Darauf kommt es an: Inmitten des Leids „das einfache Lied" zu lernen, das Lied von dem lebendigen Gott (42,3), der Fels (42,10) und Asyl (43,2) ist, und mit diesem „Lied", das in seiner Vollkommenheit auf die eigenen Worte verzichtet, Gott, wie das östliche Mönchtum über das „Herzensgebet" lehrt), unaufhörlich in der Seele gegenwärtig sein zu lassen. Das ist Mystik.

Alle Psalmen sind letztlich Einübungen für dieses Lebenslied, das zu singen jedem von uns gegeben und aufgegeben ist (vgl. Ps 150). Freilich ist es auch bei diesem „Lebenslied" wie bei allen guten Melodien: Sie lassen sich nicht herbeizwingen, sondern stellen sich ein. Doch nur dem, der darauf eingestellt ist.

Literaturhinweise

1. Allgemeine Literatur

H. Gunkel – J. Begrich, Einleitung in die Psalmen. Die Gattungen der religiösen Lyrik Israels, Göttingen 1933. [3]1975.

J. Becker, Wege der Psalmenexegese (Stuttgarter Bibelstudien 78), Stuttgart 1975.

O. Keel, Die Welt der altorientalischen Bildsymbolik und das Alte Testament. Am Beispiel der Psalmen, Zürich–Köln [3]1984.

K. Seybold, Die Psalmen. Eine Einführung (Kohlhammer-Urban Taschenbücher 382), Stuttgart 1986.

E. Zenger, Mit meinem Gott überspringe ich Mauern. Einführung in das Psalmenbuch, Freiburg [2]1988

N. Füglister, Das Psalmengebet, München 1965.

N. Füglister, Die Verwendung und das Verständnis der Psalmen und des Psalters um die Zeitenwende, in: J. Schreiner (Hg.), Beiträge zur Psalmenforschung (FzB 60), Würzburg 1988, 319–384.

E. Zenger, Was wird anders bei kanonischer Psalmenauslegung?, in: Ein Gott – eine Offenbarung. FS N. Füglister, Würzburg 1991, 397–413.

2. Ausgewählte Kommentare

Midrasch Tehillim oder Haggadische Erklärung der Psalmen, hrsg. von A. Wünsche, I und II, Hildesheim 1967

A. Deissler, Die Psalmen Band 1–3, Düsseldorf 1963–1965.

B. Duhm, Die Psalmen, Tübingen 1899. [2]1922.

H. Groß – H. Reinelt, Das Buch der Psalmen, Düsseldorf [3]1986 (1. Teil). [2]1984 (2. Teil).

H. Gunkel, Die Psalmen, Göttingen 1926. [6]1986.

H. J. Kraus, Psalmen, Neukirchen [5]1978.

P. Craigie, Psalms 1–50 (Word Biblical Commentary. Volume 19), Waco 1983.

L. C. Allen, Psalms 101–150 (Word Biblical Commentary. Volume 21), Waco 1983.

F.-L. Hossfeld – E. Zenger, Psalmen 1–50 (NEB), Würzburg 1991.

3. Ausgewählte Studien zu den ausgelegten Psalmen (in der Reihenfolge des Bandes)

Zu Ps 104: O. H. Steck, Der Wein unter den Schöpfungsgaben. Überlegungen zu Psalm 104, in: ders., Wahrnehmungen Gottes (ThB 70), München 1982, 240–261; K. Seybold, Psalm 104 im Spiegel seiner Unterschrift: ThZ 40, 1984, 1–11; H. Spieckermann, Heilsgegenwart. Eine Theologie der Psalmen (FRLANT 148), Göttingen 1989, 21–49; Ch. Uehlinger, Leviathan und die Schiffe in Ps 104, 25–26: Bibl 71, 1990, 499–526; E. Zenger, „Du kannst das Angesicht der Erde erneuern" (Ps 104, 30). Das Schöpferlob des 104. Psalms als Ruf zur ökologischen Umkehr: BiLi 64, 1991, 75–86.

Zu Ps 148: D. R. Hillers, A Study of Psalm 148: CBQ 40, 1978, 323–334; J.-L. Cunchillos, Le Psaume 148: Hymne au dieu inaccessible – Document religieux d'une mentalité conservatrice, in: Proceedings 8th Congress of Jewish Studies, Jerusalem 1982, 51–56; L. Ruppert, Aufforderung an die Schöpfung zum Lob Gottes. Zur Literar-, Form- und Traditionskritik von Psalm 148, in: Freude an der Weisung des Herrn. FS H. Groß (SBB 13), Stuttgart ²1987, 275–296; H. Spieckermann, Heilsgegenwart (s. o. zu Ps 104) 50–59.

Zu Ps 46: M. Weiss, Wege der neuen Dichtungswissenschaft in ihrer Anwendung auf die Psalmenforschung. Methodologische Bemerkungen, dargelegt am Beispiel von Psalm XLVI: Bibl 42, 1961, 255–302; H. Junker, Der Strom, dessen Arme die Stadt Gottes erfreuen (Ps 46, 5): Bibl 43, 1962, 197–201; L. Krinetzki, Jahwe ist uns Zuflucht und Wehr. Eine stilistisch-theologische Auslegung von Psalm 46 (45): BiLe 3, 1962, 26–42; E. Zenger, Von der Unverzichtbarkeit der historisch-kritischen Exegese. Am Beispiel des 46. Psalms: BiLi 62, 1989, 10–20; N. Lohfink, „Der den Kriegen einen Sabbat bereitet." Psalm 46 – ein Beispiel alttestamentlicher Friedenslyrik: BiKi 44, 1989, 148–153.

Zu Ps 65: G. Rinaldi, Gioele e il Salmo 65: Bibbia e Oriente 10, 1968, 113–122; S. Schroer, Psalm 65 – Zeugnis eines integrativen JHWH-Glaubens?: UF 22 (im Druck).

Zu Ps 93: J. Jeremias, Das Königtum Gottes in den Psalmen. Israels Begegnung mit dem kanaanäischen Mythos in den Jahwe-König-Psalmen (FRLANT 141), Göttingen 1987, 15–29 (dazu vgl. vor allem: E. Otto, Mythos und Geschichte im Alten Testament. Zur Diskussion einer neuen Arbeit von J. Jeremias: BN 42, 1988, 93–102; H. Spieckermann, Heilsgegenwart [s. o. zu Ps 104] 180–186; B. Janowski, Das Königtum Gottes in den Psalmen. Bemerkungen zu einem neuen Gesamtentwurf: ZThK 86, 1989, 389–454); R. Mosis, „Ströme erheben, Jahwe, ihr Tosen ...". Beobachtungen zu Ps 93, in: FS N. Füglister, Würzburg 1991, 223–255.

Zu Ps 99: É. Lipiński, La Royauté de Yahwé dans la Poésie et le Cult de l'Ancien Testament (VVAW.L XXVII, 55), Brüssel 1965, 276–335; P. Mommer, Samuel in Ps 99: BN 31, 1986, 27–30; R. Scoralick, Trishagion und Gottesherrschaft. Psalm 99 als Neuinterpretation von Tora und Propheten (SBS 138), Stuttgart 1989.

Zu Ps 100: J. L. Mays, Worship, World and Power. An Interpretation of Psalm 100: Int 23, 1969, 315–330; N. Lohfink, Die Universalisierung der „Bundesformel" in Ps 100,3: ThPh 65, 1990, 172–183; E. Zenger, Israel und Kirche im gemeinsamen Gottesbund. Beobachtungen zum theologischen Programm des 4. Psalmenbuchs, in: Israel und Kirche heute. FS E. L. Ehrlich, Freiburg 1991, 238–257.

Zu Ps 81: J. Jeremias, Kultprophetie und Gerichtsverkündigung in der späten Königszeit Israels (WMANT 35), Neukirchen 1970, 125–127; F.-L. Hossfeld, Ps 50 und die Verkündigung des Gottesrechts, in: FS N. Füglister (s. o. zu Ps 93) 83–101.

Zu Ps 82: H. W. Jüngling, Der Tod der Götter. Eine Untersuchung zu Psalm 82 (SBS 38), Stuttgart 1969; H.-J. Fabry, „Ihr alle seid Söhne des Allerhöchsten" (Ps 82,6): BiLe 15, 1974, 135–147; P. Höffken, Werden und Vergehen der Götter: ThZ 39, 1983, 129–137; F.-J. Stendebach, Glaube und Ethos. Überlegungen zu Ps 82, in: FS H. Groß (s. o. zu Ps 148) 425–440. F. Crüsemann, Meine Kraft ist in den Schwachen mächtig. Eine theologische Reflexion: Junge Kirche 48, 1987, 610–614; H. Niehr, Götter oder Menschen – eine falsche Alternative. Bemerkungen zu Ps 82: ZAW 99, 1987, 94–98.

Zu Ps 118: F. Crüsemann, Studien zur Formgeschichte von Hymnus und Danklied in Israel (WMANT 32), Neukirchen 1969, 217–223; J. L. Mays, Psalm 118 in the Light of Canonical Analysis, in: FS B. S. Childs, Philadelphia 1988, 299–311.

Zu Ps 125: W. Beyerlin, Weisheitliche Vergewisserung mit Bezug auf den Zionskult. Studien zum 125. Psalm (OBO 68), Fribourg-Göttingen 1985.

Zu Ps 127: H. Strauß, „Siehe, Jahwes Erbbesitz sind Söhne." Ps 127 als ein Lied der Ermutigung in nachexilischer Zeit, in: FS A. H. J. Gunneweg, Stuttgart 1987, 390–398; H. Irsigler, „Umsonst ist es, daß ihr früh aufsteht ..." Psalm 127 und die Kritik der Arbeit in Israels Weisheitsliteratur: BN 37, 1987, 48–72; O. Wahl, Lieder der Befreiten. Psalmen beten heute, München 1989, 115–125; O. Keel, Psalm 127: Ein Lobpreis auf Den, der Schlaf und Kinder gibt, in: FS N. Füglister (s. o. zu Ps 93) 155–163.

Zu Ps 129: F. Crüsemann, Studien (s. o. zu Ps 118) 169–174.

Zu Ps 134: F. Crüsemann, Studien (s. o. zu Ps 118) 78 f.

Zu Ps 6: K. Heinen, „Jahwe, heile mich!" Klage und Bitte eines Kranken: Erbe und Auftrag 48, 1972, 461–466; K. Seybold, Das Gebet des Kranken im Alten Testament (BWANT 99), Stuttgart 1973, 153–158; N. Lohfink, Was wird anders bei kanonischer Schriftauslegung? Beobachtungen am Beispiel von Psalm 6: JBTh 3, 1988, 29–53; H. C. Knuth, Zur Auslegungsgeschichte von Psalm 6 (BGBE 11), Tübingen 1971.

Zu Ps 44: H. Groß, Geschichtserfahrung in den Psalmen 44 und 77: TrThZ 80, 1971, 207–221; W. Beyerlin, Innerbiblische Aktualisierungsversuche: Schichten im 44. Psalm: ZThK 73, 1976, 446–460; E. Vogt, Das Klagegebet Psalm 44 und die Belagerung Jerusalems 701 v. Chr. (AnBibl 106), Rom 1986, 78–86; E. Zenger, Warum verbirgst du dein Angesicht (Ps 44,25)? Vom Leiden Israels an seinem Gott, in: R. Zerfaß – H. Poensgen (Hg.), Die vergessene Wurzel. Das Alte Testament in der Predigt der Kirchen, Würzburg 1990, 89–119.

Zu Ps 130: W. H. Schmidt, Gott und Mensch in Ps 130: ThZ 22, 1966, 241–253; W. Groß, Meditation zu Psalm 130: Erbe und Auftrag 55, 1979, 456–458; P. Lippert, Psalmen als Impulse für Pastoral und Gemeindeleben. Am Beispiel von Psalm 130: Theologie der Gegenwart 26, 1983, 49–54; H. Kurzke, Säkularisation oder Realisation? Zur Wirkungsgeschichte von Psalm 130 („De profundis") in der deutschen Literatur von Luther bis zur Gegenwart, in: H. Becker – R. Kaczynski (Hg.), Liturgie und Dichtung. Ein interdisziplinäres Kompendium II. St. Ottilien 1983, 67–89.

Zu Ps 51: J. Schildenberger, Psalm 50: Der große Bußpsalm Miserere: Benediktinische Monatsschrift 22, 1946, 114–124; H. J. Stoebe, „Gott sei mir Sünder gnädig." Eine Auslegung des 51. Psalms (BiblStud 20), Neukirchen 1958; G. Botterweck, Sei mir gnädig, Jahwe, nach deiner Güte. Eine Meditation über Ps 51 (50), 3–14: BiLe 2, 1961, 136–142; H. Groß, Theologische Eigenart der Psalmen und ihre Bedeutung für die Offenbarung des Alten Testaments – dargestellt an Ps 51: BiLe 8, 1967, 248–256; H. Haag, „Gegen dich allein habe ich gesündigt." Eine Exegese von Ps 51,6: ThQ 155, 1975, 49f. N. P. Levinson, Psalm 51. Schuld und Sühne, in: Aus den Psalmen leben. Das gemeinsame Gebet von Kirche und Synagoge neu erschlossen, Freiburg 1979, 91–102.

Zu Ps 103: F. Crüsemann, Studien (s. o. zu Ps 118) 302–304; K. Seybold, Das Gebet (s. o. zu Ps 6) 142–146; H. Spieckermann, „Barmherzig und gnädig ist der Herr ...": ZAW 102, 1–18; E. Zenger, Israel und Kirche (s. o. zu Ps 100).

Zu Ps 90: C. Westermann, Der 90. Psalm, in: ders., Forschung am Alten Testament (ThB 24), München 1964, 344–350; G. von Rad, Der 90. Psalm, in: ders., Gottes Wirken in Israel, Neukirchen 1974, 268–283; H.-P. Müller, Der 90. Psalm: ZThK 81, 1984, 265–285; E. Zenger, „Dem vergänglichen Werk unserer Hände gib Du Bestand!" Ein theologisches Gespräch mit dem 90. Psalm, in: R. Panikkar – W. Strolz (Hg.), Die Verantwortung des Menschen für eine bewohnbare Welt, Freiburg 1985, 11–36.

Zu Ps 49: H. Groß, Selbst- oder Fremderlösung. Überlegungen zu Psalm 49,8–10, in: FS J. Ziegler (FzB 2), Würzburg 1972, 65–70; A. Schmitt, Entrückung – Aufnahme – Himmelfahrt. Untersuchungen zu einem Vorstellungsbereich im Alten Testament (FzB 10), Stuttgart 1973, 193–252; P. Casetti, Gibt es ein Leben vor dem Tod? Eine Auslegung von Ps 49 (OBO 44), Fribourg-Göttingen 1982.

Zu Ps 73: F. Stier, Psalm 73. Von der Leidensgeschichte eines Glaubens, in: Aus den Psalmen leben (s. o. zu Ps 51) 104–116; J. Magonet, Psalm 73. Selbsterkenntnis und Gottesliebe, ebda. 116–130; A. Schmitt, Entrückung (s. o. zu Ps 49) 253–309: H. Irsigler, Ps 73 – Monolog eines Weisen (ATS 20), St. Ottilien 1984; D. Michel, Ich aber bin immer bei dir. Von der Unsterblichkeit der Gottesbeziehung, in: H. Becker – B. Einig – P.-O. Ullrich (Hg.), Im Angesicht des Todes. Ein interdisziplinäres Kompendium I, St. Ottilien 1987, 643–656.

Zu Ps 4: L. Dürr, Zur Datierung von Ps 4: Bibl 16, 1935, 330–338; W. Beyerlin, Die Rettung der Bedrängten in den Feindespsalmen der Einzelnen auf institutionelle Zusammenhänge untersucht (FRLANT 99), Göttingen 1970, 84–90; O. Wahl, Du allein, Herr, läßt mich sorglos ruhen. Die frohe Botschaft von Ps 4, in: FS H. Groß (s. o. zu Ps 148) 450–470; E. Zenger, „Gib mir Antwort, Gott meiner Gerechtigkeit" (Ps 4, 2). Zur Theologie des 4. Psalms, in: FS H. Reinelt, Stuttgart 1990, 377–403.

Zu Ps 139: H.-P. Müller, Die Gattung des 139. Psalms: ZDMG Suppl I, 1969, 345–355; R. Kilian, In Gott geborgen. Eine Auslegung des Psalms 139: BiKi 26, 1971, 97–102: H. Schüngel-Straumann, Zur Gattung und Theologie des 139. Psalms: BZ 17, 1973, 39–51; A. H. Friedlander, Psalm 139. Die Identität des Menschen vor Gott, in: Aus den Psalmen leben (s. o. zu Ps 51) 209–221; O. Wahl, Lieder der Befreiten (s. o. zu Ps 127) 127–141.

Zu Ps 42/43: J. Schreiner, Verlangen nach Gottes Nähe und Hilfe. Auslegung von Psalm 42/43: BiLe 10, 1969, 254–264; L. Alonso Schökel, The Poetic Structure of Psalm 42–43: JSOT 1, 1976, 4–11; M. Kessler, Response to Alonso Schökel: ebda 12–15; N. H. Ridderbos, Response to Alonso Schökel: ebda 16–21; E. Haag, Die Sehnsucht nach dem lebendigen Gott im Zeugnis des Psalms 42/43: GuL 49, 1976, 167–177.

Erich Zenger im Verlag Herder

Ein Gott der Rache?
Feindpsalmen verstehen
208 Seiten, kartoniert.
ISBN 3-451-23332-0

Kein Buch des Alten Testaments ist im Neuen Testament so häufig zitiert wie die Psalmen. Doch dabei werden einige Psalmen und Psalmenverse in der Regel ausgelassen, verdrängt, vergessen: die Feindpsalmen. Ihre aggressiven Töne stören das christliche Empfinden, scheinen weit entfernt von Jesu Gebot der Nächsten- und Feindesliebe. Diese meisterhafte Einführung vermittelt ein tieferes Verständnis dieser traditionell als schwierig, ja ärgerlich empfundenen biblischen Gebetstexte. Er zeigt, daß und wie ihre Leidenschaft für christliches Beten fruchtbar gemacht werden kann.

Ich will die Morgenröte wecken
Psalmenauslegungen
268 Seiten, gebunden.
ISBN 3-451-22458-5

Mit meinem Gott überspringe ich Mauern
Einführung in das Psalmenbuch
4. Auflage, 240 Seiten, gebunden.
ISBN 3-451-21094-0
Taschenbuchausgabe: ISBN 3-451-08810-X

„Der Münsteraner Alttestamentler Erich Zenger gehört zu jenen Glücksfällen unter den Theologen seiner Disziplin, die in den letzten Jahren dem Fach ‚Altes Testament' zu einer ungeahnten Attraktivität verholfen haben. Hier versteht es jemand, in einer auch für Nicht-Theologen verständlichen Sprache Wesentliches herauszuschälen, zum Kern vorzustoßen. Das Buch ist ein Gewinn für alle, die sich auf der Suche nach einer eigenen Spiritualität an Bewährtes halten wollen" (Kirchenzeitung, Köln).
„Selten wird über die Psalmen in solch einer geglückten Verbindung von Fachkenntnis und pastoraler Ausrichtung geschrieben" (Zeitschrift für kath. Theologie).

Verlag Herder Freiburg · Basel · Wien

Herausforderung für Glaube und Kirche

Otto Betz / Rainer Riesner
Jesus, Qumran und der Vatikan
Klarstellungen
224 Seiten mit vielen Fotografien, Pappband.
ISBN 3-451-23058-5

„Otto Betz und Rainer Riesner haben ein wegweisendes Buch geschrieben, das erklärt und weiterführt und jedem empfohlen werden kann, der endlich genau wissen will, was es mit Qumran, den Schriftfunden vom Toten Meer, den Essenern und dem frühen Christentum auf sich hat" (Rheinischer Merkur).
„Ein sehr gutes, systematisches Sachbuch, das die ‚Verschlußsache Jesus' zur Entsorgung ohne Recycling nahelegt" (Geist und Leben).

Georg Molin
Das Geheimnis von Qumran
Wiederentdeckte Lieder und Gebete
Neuausgabe
Herausgegeben von Otto Betz und Rainer Riesner
112 Seiten, Pappband.
ISBN 3-451-23324-X
Diese Neuedition der von Georg Molin erstmals 1957 herausgegebenen Originaltexte öffnet einen Zugang zum Geheimnis von Qumran: zu den spirituellen Wurzeln der rätselhaften Wüsten-Gemeinde, zu den Triebfedern und Quellen ihrer inneren Kraft.

Verlag Herder Freiburg · Basel · Wien